藏傳密宗氣功

那洛巴六成就法

馬爾巴上師◆譯
余萬治、萬果◆譯註

百通圖書股份有限公司

國家圖圓館出版預行編目資料

藏傳密宗氣功：那洛巴六成就法／馬爾巴上師
譯；余萬治，萬果譯註，--初版. --臺北市
：百通圖書，1998〔民87〕
面；公分
ISBN 957-802-070-8（平裝）

1.密宗　2.氣功

226.91　　87009732

藏傳密宗氣功——那洛巴六成就法

譯　　者／馬爾巴上師
譯 註 者／余萬治、萬果
功法配圖／侯榮
主　　編／劉智惠
校　　對／伊凡

出 版 者／百通圖書股份有限公司
登 記 證／局版台業字第6383號
地　　址／台北市大安區(106)通化街171巷17號1F
劃撥帳號／18411686百通圖書股份有限公司
電　　話／(02)2735-1325
傳　　眞／(02)2737-5344
E-mail:shushinbooks@hotmail.com
出版日期／1998年9月　初版一刷
　　　　　2002年9月　初版二刷

定價／360元

在那遙遠的亙古，

未知的時空

有一本穿梭過去、現在、未來的

智慧密碼之書

透過此書，古往今來大修行者，

將可以解讀與窺知人類覓尋千生萬劫的

生死之謎……

序言

藏傳佛教是人類文明寶庫中一顆閃亮的明珠，是人類高層次智慧的結晶。在當今這個知識和科技高度發達的現代社會裏，仍然有超乎尋常的吸引力，能吸引五湖四海不同膚色、不同信仰的億萬有情目光向它集中，這本身就具說服力，證明了它的文化價值。

藏傳佛教之所以具有如此巨大的吸引力，除了它那透視萬物本質的深邃哲理，和熱愛衆生、造福人類的道德價值觀念外，還有被當今國外學者稱作「人類思想發展最絢麗的花朵之一」，是揭示生命規律、改變智能，和生存狀態的特殊生命科學之金剛密法。

當前，藏傳佛教和雪域文化，已成爲國際藏學界，十分關注並著力研究的熱門學科，介紹藏傳佛教的影視、書籍也日益增多，但藏文經典原著，漢譯本所見不多，而這又是了解研究，和學習藏傳佛教不可缺少的部分。《藏傳密宗氣功——那洛巴六成就法》這本書可說對原文了解深透，翻譯準確，文字通俗流暢的經典譯本，如雪中送炭，給廣大讀者提供了方便，也在典籍翻譯方面，邁開了新的一步，因此，我願作序向讀者推薦。

「勝樂」是無上密中，母續部之法中之王，「拙火」即「猛厲火」，是脈氣的總稱；「方便道」是輔助法的意思，是表明「脈氣」圓滿次第修證中的輔助手段。本文作者馬爾巴，是印度金剛乘大成就師——那洛巴的親傳弟子，是得到密法眞傳，獲得大成就的噶舉派鼻祖，他的著作在藏傳佛教中，具有權威經典的價值。

《藏傳密宗氣功——那洛巴六成就法》這本書，比較詳細地

介紹了「那洛巴六法」的「拙火」和「幻身」的一些基礎知識，對初學藏密脈氣法，具有一定的指導作用。如果得到有眞傳承、有學問和有修練成就的上師灌頂、傳授和具體指導，並嚴格依法修練，定能獲得本文中所說的一切上乘成就，如果把它當做泛泛的氣功，盲修瞎練，不但出不了眞成就，反而會走火出偏，這一點首先要說明。

其次，脈氣法作為輔助手法，只在圓滿次第的修證層次上，加之其他主法配合，分主次，按要求修練時，要了解藏密脈氣修練的特點，和修練者的思想品質，方能發揮它的威力。不能像一般氣功那樣，不講修練者的思想品質，不了解藏密脈氣修練的特點，亂修亂練，非但徒勞無益，反而會造成不良後果，故須注意。

中國藏語系高級佛學院研究員
西北民族學院藏語系教授多識
一九九五年十月寫于蘭州

導 讀

《藏傳密宗氣功——那洛巴六成就法》是一部以人體科學，和生命科學爲依據，論述藏密氣功的機制、原理，以及具體修習方法的氣功典籍。那洛巴是古印度八十四位大成就者之一，是六成就法的開山祖師。本書所述密法，約于公元十一世紀，由那洛巴祖師口授，並經指導，西藏第一代承傳人馬爾巴譯師，譯成藏文，攜返藏區，後經噶舉派歷代大師承傳修煉，使那洛巴六法成爲藏密氣功中，集理論與實踐、師傳與修習結合互補的典籍精品。

本書全面系統地論述了以靈熱成就法、幻觀成就法、夢觀成就法、淨光成就法、中陰成就法和轉識成就法爲主體的那洛巴六法。詳細介紹了人體的形成、脈道的分布、風息的運向、生命的本質、思維的定勢等人體科學理論，注重修持，以及每個功法的修習方法、要點及利弊，並配有八十一幅圖示，圖文並茂，使讀者一目了然。

同時，爲了使讀者更容易獲得六法的精髓，本書特別將精華版——大修行者竹巴・白瑪噶波所著的《簡明六法草稿》，放到最前面，使讀者對六法有概要的了解後，再漸次深入那洛巴六法的堂奧。

本書注重藏密氣功的上師傳承風格，求眞尋源，保持原汁原味的正宗藏密特點，同時，還引用了大量的註解，是第一部全面翔實地介紹藏密氣功的譯著；爲人體科學和生命科學、佛學、藏學及藏密氣功的研究者和愛好者，提供了不可多得的參考資料。

目　錄

2 六種大樂與三十九支分功法 057

正行六法㈣：光明道寶炬教誡　311

9

正行六法㈤：中陰道的死心教誡　331

第一章——精華版

簡明六法草稿

竹巴·白瑪噶波◆著

頂禮神聖具德的上師。

掌握金剛身的心風緣起之樞紐，不由自主地證得俱生智。此處講解特殊方便道【註1-1】，分作兩點：證果者們傳承的歷史，和傳承所出教誡。其中，證果者們傳承的歷史，如傳承的祈禱文所述。傳承所出教誡分兩點：依據本續相屬的方便道，和依據加持相屬的耳傳。這裏介紹依據加持相屬的耳傳，分為前行和正行兩點。其中，前行儀軌，由別的前行文可知；正行是拙火、幻身、夢境、光明、中陰、轉識等六法。

第一節 拙火成就法

拙火成就法分三點：前行、正行和發揮效益。

前行分為：(1)外邊身體空明，(2)裏邊脈道的空明，(3)護輪，(4)修練脈道，(5)住於脈道賜加持。

◈◈◈前行

【譯註】

1-1 方便道，即密乘道。

1 外邊身體空明

修習上師瑜伽等法，觀想並守持心如下：自己是金剛瑜伽母（密宗一本尊名），身色紅如光芒四射的紅寶石，一面兩臂三眼，右手執持閃光的彎刀，揮向天空，斬斷虛妄分別引發的所有憂苦，左手執盛血的顱器，置於胸間，以無漏安樂的滋味，令人滿足，以脫水乾燥的人頭爲頭飾，以五十個鮮血淋淋的人頭，作環形項鍊，以淹泡骨灰的五種法印（手勢）爲飾，手肘挾持象徵陽體本尊，勝樂金剛的天杖【註1-2】，裸體，年華正茂，二八一十六，右脚蜷曲，左脚伸直，踩在屍體的胸間，周圍是熊熊的智慧火。

身體外表是本尊的行相、體內有空蕩院落之名，透明瑩潔，無遮蔽，連手指管道，都是空明的。周身如紅綢搭設的帳幕，或似吹了氣的薄膜，最初，大如自己的身量。繼而，大如房子，山嶽，最後充盈天空。又逐漸縮小，小如芥子粒，或芝麻粒。以其極清晰的身相、增相爲所緣。

2 裏邊脈道的空明

再次心中明白顯現，自己是瑜伽母，

【譯註】

1-2 天杖，佛教密宗本尊手中所持杖，上端有三重骷髏，上有三個鐵尖的一種標誌。

在相當於自己身量時，身體明亮清澈，正中中脈筆直，紅如紫梗液，明如油燈，端直如芭蕉樹心，空如紙卷。

具備以上四種性相，長約中等箭桿。觀想它大如細線、手杖、柱子、房子、山嶽，乃至身體，充盈整個虛空，脈道遍滿身體手指的表層以內各部分；觀想身體縮小，至芥子粒大小時，中脈細約髮梢的百分之一。（佛）說：「不明之時，承認有空間，不能守持時，承認有空間，不能安住之時，承認有空間。」

3 觀想護輪【註1-3】

應具備身體要點、風息要點、所緣要點等三要點。

1. 身體要點

是毗盧七法。

2. 風息要點

是三次呼出濁氣，壓抑上體氣息，短暫上引下體氣息，守持二者剛剛會合。

3. 所緣要點

氣息外行時，七次觀想所有汗毛孔，放出無量五彩光，五彩光的自性，充滿整

【譯註】

1-3 護輪，佛教密宗所說以藥物、咒語、觀想等構成，能防災難的保護圈。

個宇宙；吸氣時，彩光從所有汗毛孔進入，充滿整個身體。繼之，七次觀想五彩光化作形形色色的「ཧཱུྃ」字，氣息外行時，「ཧཱུྃ」字充盈宇宙；風息入體時，「ཧཱུྃ」字充滿軀體。

接著，七次觀想衆「ཧཱུྃ」字分別化作一面兩臂忿怒明王，忿怒明王右手持金剛，向天揮舞，左手放置胸間結期克印，忿怒威猛，身色五彩，小如芥子粒，觀想它隨著消氣，充盈宇宙，隨著吸氣入體，加以守持時，它充盈體內。以上觀想共二十一次。其後，觀想身體的所有汗毛孔中，忿怒明王面朝外，布滿全身，如披甲一般。

4.修練脈道

觀想中脈左右排列精脈、血脈，二脈從腦膜上方插入鼻孔，下端扎入私處的頂端。孔隙的左側【註1-4】內儲存著咒字「ཨ་ཨཱ། ཨི་ཨཱི། ཨུ་ཨཱུ། རི་རཱི། ལི་ལཱི། ཨེ་ཨཻ། ཨོ་ཨཽ་ །」【註1-5】，右側內儲存著「ཀ་ཁ་ག་གྷ་ང་། ཙ་ཚ་ཛ་ཛྷ་ཉ། ཊ་ཋ་ཌ་ཌྷ་ཎ། ཏ་ཐ་ད་དྷ་ན། པ་ཕ་བ་བྷ་མ། ཡ་ར་ལ་ཝ་ཤ་ཥ་ས་ཧ་ཀྵཿ」【註1-6】。諸字如蓮花瓔珞，相互重疊，細而又細，色紅。呼氣時，諸字一一到達遠處；吸氣時，從私處頂端，進入體內，如旋火輪【註1-7】，守持心於此，觀想氣息會合。這猶如在引水之前，清除水渠一樣，極端重要。

【譯註】

1-4 原文如此，疑爲「中脈左側精脈」。下同。

1-5 「ཨ་ཨཱ། ཨི་ཨཱི། ཨུ་ཨཱུ། རི་རཱི། ལི་ལཱི། ཨེ་ཨཻ། ཨོ་ཨཽ་ །」，念爲「阿(短音)阿(長音)，伊(短音)伊(長音)，甌(短音)，甌(長音)，紇里紇梨，里梨，藹(短音)藹(長音)，奧(短音)奧(長音)，盎(短音)盎(長音)」。

1-6. 「ཀ་ཁ་ག་གྷ་ང་། ཙ་ཚ་ཛ་ཛྷ་ཉ། ཊ་ཋ་ཌ་ཌྷ་ཎ། ཏ་ཐ་ད་དྷ་ན། པ་ཕ་བ་བྷ་མ། ཡ་ར་ལ་ཝ་ཤ་ཥ་ས་ཧ་ཀྵཿ」，念爲「迦佉伽伽（濁音）哦，者車社（濁音）若，吒陀荼茶（濁音）拏，多他陀陀（濁音）那，波頗婆婆（濁音）么，也囉羅嚩奢沙娑訶叉」。

1-7 旋火輪，迅速轉動線香，或柴頭餘燼，形成的環形火光。

5.住於脈道賜加持

觀想體內正中的中脈，粗細如中等麥穗，在心間的脈管內，安住根本師，根本師的頭上，疊羅漢似地，安住傳承六法的諸上師，猶如珍珠瓔珞一般排列，十分微小。祈禱說：「請賜予六法；或請賜予加持，使出現拙火的感覺；或請賜予加持，使出現幻變的感覺；或請賜予加持，使出現光明的感覺；或請賜予加持，使出現三身的感覺；或請賜予加持，使往生上升；或賜予加持，使我獲得殊勝成就。」觀想諸傳承上師，融入根本師，根本師融化為無漏安樂的本體，充滿周身。

◈◈◈正行

正行分為三點：羯磨拙火、經驗拙火、殊勝拙火。

1 羯磨拙火

分作三點：居住——身體要點、靜猛——風息要點、觀修——所緣要點

1.居住——身體要點

經書說：

身結金剛跏趺姿，
脊呂穿成珠寶鏈，
雙肩後張挺胸膛，
下頷俯曲喉結藏，
舌頭微微抵上顎，
手結定印貼臍下，
眼和神識無變化，
心風歸一猛調伏，
金剛跏趺正等覺。
或者身體端直坐，
雙脚交叉如格子。

以上說的內容是：右脚在上，結跏趺坐；手在臍下結定印，肘貼上體；脊呂似疊銅錢一般正直，挺胸；下頷壓喉結；舌抵上顎；眼視鼻尖或前方天空。或者，其他方面，如前文所述，身體端坐，雙脚交叉似格子；禪帶拐彎，其長度是，頭可轉動，將它拴在靴帶上，約束身體；尾椎骨觸及坐褥。坐褥寬一肘，高四指，有內架。

2.靜猛——風息要點

柔和的氣息，和剛猛的氣息二者之中，柔和的氣息分爲前行九節吐氣，和正行具備四加行。

前行九節吐氣是，由右鼻孔入息，流入精脈；由左鼻孔入息，流入血脈。由兩鼻孔逕直呼出，柔和得人不覺察，做三次；剛猛呼出，做三次；隨意呼出，做三次，共爲九節。

鐵鈎似地扭曲，
瓶子似地充盈，
空心結般束縛，
似箭向上發射。

或者：

吸入滿息和消除，
加上射出共四種，
倘若不知四加行，
功德化作過患險。

以上所說內容是，風息從體外十六指處，無聲地進入兩鼻孔內，叫做吸入；壓抑所納之氣，稍稍上引下體氣息，二者會合，守持之，叫做滿息；快要不能守持時，少量納氣，閉氣於血脈、閉氣於精脈，和二脈平衡閉氣，叫做消除；繼而，快要不能憋氣時，由鼻孔首尾，微弱呼出，中間猛烈呼出，叫做似箭射出。

其次，剛猛風息。不回氣是呼出的要

點；氣息進入本位，是納入的要點；風息自在圓滿，是滿息的要點；氣息被鼓入脈道，是消除的要點；內外風息混合是呼出的要點。

3.觀修——所緣的要點

分三點：外拙火、內拙火和秘密拙火。

⑴外拙火。如謂：

剎那觀想本尊神，
其身宛若幻術般。

如前文所述，心中明白顯現瑜伽母空明之身，其高略等自己的身量。

⑵內拙火。如謂：

觀想體內四脈輪，
如傘如車而存在。

觀想空明的身體之正中中脈，表自性，故空；色表安樂，故紅；功用爲清除蓋障，故明；性相表中柱，故直，即具備四性相。它從囟門，穿過兩鼻孔斷面，扎入臍下四指處。其左右側，是精脈和血脈，如木偶羊子的腸子一般，從腦膜的上方，朝前拐彎，插入鼻孔，其下端扎入中脈，因此狀若「ཆ」【註1-8】字的下半截一樣

【譯註】

1-8「ཆ」，讀爲「恰」。

。三脈會合處，在頭頂的脈瓣爲三十二，朝下；在喉間，脈瓣爲十六，朝上；在心間，脈瓣爲八，朝下；在臍間，脈瓣爲六十四，朝上，如傘之骨架，或如車輪與輻條【註1-9】。

(3)秘密拙火。所謂「形如垂筆的短音『ཨ』字拙火是對境之要點」，即觀想在臍下四指處，中脈內精脈、血脈會合的頂端，形如垂筆的短音「ཨ」字具備「སྦེ་ཏ」【註1-10】（意爲菩提）的行相，高半指，色紅黃，熱觸，如風吹毛梢一樣迅速晃動，發出「澎澎」之聲。頂間中脈內白色的「ཧཾ」字快要滴降甘露。吸氣進入精脈、血脈，二脈如吹入氣息一樣充盈。氣息進入中脈內，擊中形如垂筆的短音「ཨ」字，短音「ཨ」字變爲紅彤彤的，就在滿息和消氣之時，專心守持。呼氣時，觀想氣息從中脈，排出如青煙直冒。實際上是從鼻孔排出的。對此獲得心一境性【註1-11】後，第二次修練同樣的氣息時，觀想從形如垂筆的短音「ཨ」字燃起半指高，火舌十分尖銳的火，它具備四種性相，狀如鏢槍。

每次呼吸，拙火燃燒增高半指，八指高時便燃到臍間。呼吸十次，火充盈臍間脈瓣。再呼吸十次，火向下竄，直至脚趾尖，皆充盈火。繼之，呼吸十次，火上竄

【譯註】

1-9 原文寫作「རྒྱུད」，相續或本續、弦、地帶之義，當係錯字。

1-10「སྦེ་ཏ」，讀爲「菩（長音）打」。

1-11 心一境性，一心專注於所緣境，不另弛散。

，心間以下火滿盈。再呼吸十次，喉間以下火充盈。再十次，充滿脚趾尖以上的全身。一座呼吸一百零八次。最初每日，修習六座，以後修習四座，等等，應觀待呼吸長短來修持。除了進食和養身睡眠，不間斷地觀修。因爲針對身、心、風三者之業，故叫羯磨拙火。

2 經驗拙火

1.共通的經驗

詩云：

風息業已守持住，
首先出現靈熱感，
第二出現安樂感，
第三生起無分別。
繼而妄念自然滅，
出現煙子和陽焰、
螢光黎明的景象、
無雲晴空的景象。

以上說的是：精勤地阻止風息，向外轉移，令其住於原地，叫做守持；因此，氣息流動次數減少，叫做守持流動；又，手指之量縮短，叫做守持長短；向外流動的勢頭衰落，叫做守持勢頭；繼之，了知

顏色，叫做守持顏色。

接著，各個大種的功用隱沒，叫做守持威勢。如是，守持風息，拙火浪潮穩定。接著，置風心於本原，遂生暖，暖打開脈道，風息帶領明點而行，叫做脈道穿透，和明點穿透。出現淨治六道依止處，是第一勝會，叫做苦位或暖位。其後，脈道脆弱，風息和大種使之恢復，菩提心增長、成熟，隨即得到無量有漏安樂，是爲第二勝會，叫做安樂位。繼之，心貪著體內的安樂，對外邊的實有法，喜愛減退，此因熄滅恆常的分別心，心到達本原，出現無所分別寂止三摩地，熟悉它，是第三勝會，叫做無分別位。如斯之寂止，並非具備平等受的性相，煙、陽焰、螢光、燈，或黎明、無雲晴空之內心感受無量，特別明亮。瑜伽師在三次勝會的任何分位，皆不摒棄所出現的徵象，不成就無有，隨意地護持羯磨拙火，從而風息堪能，外邊的病老等任何外緣，不能加害，並出現有漏的五通等無量功德。

2. 特殊經驗

如云：

由此外緣於中脈，
諸種風息導入內。

在所謂「特別五徵象、八勝德」之時，勤勉地鼓氣入中脈，叫做命力導氣入中脈，又叫以瑜伽之力導入中脈。內外風息融合爲一，持命風和下行風渾然一體，從身體中心私處脈輪，進入中脈，且僅僅從四脈輪之中心，來往於脈間，拙火變爲智慧火力，菩提心聚集於諸脈，脈結鬆開；由此之故，出現五種徵象，叫做燃、月、日、羅睺、電，自己置身於黃光、白光、紅光、藍光、淡紅光五種彩光之中，獲得八勝德的證悟。

八勝德是：土德，具無欲子（遍入天異名）之力；水德，柔軟，火不能毀；火德，可生滅萬物，不沉水；風德，神行，身輕如木棉；空德，飛行，地、水等無質礙；月德，身如晶石瑩澈，無陰影；日德，清淨濁垢之身，化爲虹身，他人看不見，遍行功德，封閉身之九竅，阻塞語之四門，打開二意門，體內產生大樂。因此，隨時隨地，連續生起超越定【註1-12】。

3 殊勝拙火

如謂：

原品固有俱生智，

【譯註】

1-12 超越定，不是逐步修習，而是直接超越次序，而入根本定。

住於無漏三摩地。

因此，左側五蘊之氣息——如來之自性，右側五大種之氣息——如來佛母的自性，次第融入中脈，從而眞切地證悟無漏大樂，它是具備一切種相殊勝的空性無別，的原始心，之本體俱生智。在臍間、心間、喉間、頂間諸處等流果【註1-13】、異熟果【註1-14】、士夫功用【註1-15】、離戲果【註1-16】之四性使菩提心上行，中脈上端僵硬，成就無見頂相【註1-17】。

◈◈◈發揮功效

發揮功效分爲兩點：發揮靈熱的功效、發揮安樂的功效。

1 發揮靈熱的功效

分三點：身體要點、氣息要點，和所緣要點。

1.身體要點

端直坐，脚交叉，在腸的二穴（譯者注：原文如此。疑指胯下部位。），遠處手交叉，近處隨意摟抱，搓壓胃的左右部

【譯註】

1-13 等流果，與自因之性相同，相相等，如由前善生起後善。是同類因及遍行因二者之果。

1-14 異熟果，不善及有漏，善隨一異熟因，所生之果，如有漏取蘊。

1-15 士夫功用，人或補特伽羅的功力，如務農經商，所用功力或作用。

1-16 離戲果，依妙智力斷盡，各自應斷，即以修習聖道，永斷煩惱所證得者。

1-17 無見頂相，如未施捨精舍等殊勝淨室，故感得頂上有肉隆起，如髻之相。三十二大丈夫相之一。

位，各三次。繼之，盡量按摩。最後，像烈馬抖擻般地猛烈窸窸窣窣地抖擻，同時輕輕拍擊一次。同樣的動作，反覆做三次，最後重拍大關節，各一次。

2. 氣息要點

壓抑上體的氣息，束縛下體的氣息，修練寶瓶氣。

3. 所緣要點

觀想自己是瑜伽母，心中明白顯現空明體內三脈、四脈輪和形如垂筆的短音「ཨ」字。觀想下方手掌和脚掌，各有一太陽，手掌脚掌相貼。三岔口（指臍下三脈會合處）有一太陽。摩擦手、脚之太陽，火燃燒，照射臍下的太陽。臍下太陽燃起火，照射形如垂筆的短音「ཨ」字，「ཨ」字燃起火，全身充盈火。呼氣時，整個宇宙，作爲火的自性燃燒起來。一座重拍身體二十一次。若修練七天，勿庸置疑棉布衣服能禦寒。

2 發揮安樂的效益

分作三點：前行意生明妃、正行熾降、結行承認身之幻輪。

1. 前行意生明妃

觀想前方想像中的明妃，她是人世間美好的女子，令人愛慕。

2. 正行熾降

身體要點是火爐六綱；風息要點是具備四加行；所緣要點是，心中明白顯現自己是勝樂金剛，身體透明、空明，如藍綢搭設的帳篷，內中三脈、四脈輪、形如垂筆的短音「ཨ」字，以及「ཧཾ」字等，如上文所述。

風息吹動形如垂筆的短音「ཨ」字，從而燃起火，火的靈熱熔化「ཧཾ」字，逐漸滴降，落在形如垂筆的短音「ཨ」字上，伴隨著爆裂聲，火舌下竄，更加猛燃，到達臍間，「ཧཾ」字熔化，滴降到火上，火往下竄，熔化的菩提心液滴使火勢更大，火舌到達心間。此狀況使火舌竄到喉間和頂間。「ཧཾ」字熔化發出絲絲聲，菩提心液流落下來充滿喉間脈輪，在愉悅安樂、各種剎那加行，【註1-18】和空的境界中，入根本定。

繼之，菩提心液，充滿心間脈輪，在勝喜、異熟剎那加行【註1-19】和極空的境界中，入根本定；充滿臍間脈輪，在殊喜、非異熟剎那加行【註1-20】，和大空境界中入根本定；菩提心液最後，落到私處頂

【譯註】

1-18 剎那加行，一剎那頃，現證圓滿菩提之加行。逐次修習三智行相，所生大乘聖者究竟瑜伽。

1-19 異熟剎那加行，一剎那頃能證一切，從異熟無漏布施，乃至八十隨好之間，所有功德的大乘聖者究竟瑜伽。

1-20 非異熟剎那加行，一剎那頃能證，一切從非異熟無漏，所有功德的大乘聖者究竟瑜伽。

端，通達俱生喜、無相剎那加行【註1-21】、一切空和光明，守持菩提心液不滴漏。菩提心液充滿臍間、心間、頂間諸脈輪，通達喜乃至俱生喜。

3. 結行

承認身之幻輪，修練根本幻輪——那洛巴六法法類、《二十頌》、《三十頌》等。

第二節 幻身法

幻身成就法分作三點：修練不淨幻身爲幻變、修練清淨幻身爲幻變、修練二攝諸法【註1-22】爲幻變。

◈◈◈修練不淨幻身爲幻變

修練不淨幻身爲幻變，即所謂異熟幻身。在自己前邊小棍上，繫一鏡子或其他的什麼均可，自照身影，觀想有財施、榮譽、稱頌、安樂加於鏡中影像，其心歡喜。復又觀想，其財用被奪，受他人加以惡名、譏毀和苦痛，鏡中影像，心生不喜。

【譯註】

1-21 無相剎那加行，一剎那頃現證，施等諸法諦實空的大乘聖者，究竟瑜伽。

1-22 二攝諸法，世間和出世間所攝萬物。

同樣，在自己與鏡子之間，觀想如斯影像，有種種苦樂之事加於其身。然後觀想自己，與鏡中影像無異。繼之，以十六喻觀諸法，皆如幻術。以此修心，視爲要點，斷除執實之心。

◈◈◈修練清淨幻身爲幻變

修練清淨幻身爲幻變，分兩點：生起次第幻變，和圓滿次第幻變。

1 修練生起次第幻變

有偈云：

秘密灌頂諸分位，
潔淨無垢明鏡上，
繪畫金剛勇識像，
表象同於彼影像。

因此，設一面鏡子，令其照映金剛勇識，或本尊神的妙肖聖像，學者眼和心神，專注鏡中影像。繼之，心中如實明白顯現聖像。聖像栩栩如生，顯現於前。又觀想鏡中影像，與自己之間無異。其後，觀想自己，就是鏡中本尊之聖像，設想現在

可觸及鏡中聖像，觀一切所見之色，均是此本尊之身。若觀想清晰明白，則心中明白所觀一切色，均是本尊神，所有景象，全是本尊的遊戲神變，叫做本尊的眞實性，又叫做「生起次第幻變」和「清淨有法本尊與佛母」。

2 修練圓滿次第幻變

偈云：

彼為遍知之種子，
即將眞正得成就。

此成就法是毗盧七法坐姿，心勿追念過去，不預念未來，不寄念於現在，一心不散逸，專注前方空明的天空，於是風心進入中脈，分別心寂滅，隨即出現煙等五種徵象，尤其是在無雲的晴空中，顯現佛像，如水中月、鏡中影一般明亮、瑩潔。其後出現顯現為聲音的報身。聖天說：

佛教徒們都說道，
諸法宛若夢幻般，
與我加持相悖逆，
不見諸法如夢幻。

◈◈◈修練二攝諸法為幻變

有偈云：

無有遺漏地成就，
三界情器諸世間。

等引穩定，在類智【註1-23】感受之上，引入空色，進行觀察，顯現與世間出世間兩類，諸法無二的智慧，世俗諦在幻變三摩地出現，對此入定觀修，加以清淨，成為光明。

第三節 夢境法

夢境成就法分作四點：守持、修練、學者觀修為幻變、修習夢境的眞實性。

◈◈◈守持

分作三點：以希求力來守持、以風息

【譯註】

1-23 類智，類證悟之智。緣上二界所攝諸法，如見四諦，永斷見所斷惑，領納離戲果之解脫道。

之力來守持、以所緣之力來守持。

1 以希求之力來守持

所謂「最初守持夢境」是，使連續的憶念尾隨希求。白天所有時間，設想諸法是夢，需修練，於是憶念。晚上睡時，祈禱上師加持自己守持夢境。由於心中強烈生起想望守持的願望，故必能守持。有偈云：

一切諸法皆是緣，
安住希求一境上。

2 以風息之力來守持

身體右側向下，呈獅子臥姿，以右手拇指和無名指，輕壓頸部顫動之脈管，用左手手指緊捂鼻，貯藏津液於喉間。

3 以所緣之力來守持

分作三點：主體、摻雜儀軌、防止夢境散失。

1. 主體

觀想自己是佛母，心中明白，顯現喉間脈輪正中，有語金剛的自性紅色「ཨཿ」【註1-24】字。觀想紅色「ཨཿ」字放光，使萬物如鏡中影像，既顯現卻無自性，是幻術，從而可明悉夢境。

2. 摻雜儀軌

傍晚時，守持明天的那個所緣，黎明作寶瓶氣呼吸七次，心想守持夢境，希求十一次。繼而，一心傾注所緣——眉間骨頭上的白色明點。若血液過盛，當觀此明點爲紅色；若神經過敏，則改觀爲綠色。若尚不能守持夢境，當傍晚時，作如上觀想，黎明時，作寶瓶氣呼吸二十一次，希求明悉夢境二十一次，再傾注所緣——私處頂端羊糞大小的黑色明點，則能守持夢境。

3. 防止夢境散失

(1)醒時散失。人在夢中，雖已守持夢境，但方欲淨治立即醒來，遂散失其夢。其對治之法是，食用有營養的食物，做疲勞身體之事，使睡眠深沉。用此術，便能消除醒時散失。

(2)油滑散失。經常重複夢見以往的夢境，無有變化。其對治之法是，再三觀想夢境，心想現在要明悉夢境，精勤地希求

【譯註】

1-24「ཨཿ」，讀爲「疴」。

，並觀想眉間明點，和修練風息。

⑶苦時散失。夢境頻繁，根本不能以憶念來守持。對治之法是，避諱晦氣和不淨之物，接受三摩地灌頂。

⑷空亡散失。根本無夢境。其對治之法是，觀想私處的明點和修練風息，尤其是用薈供朶瑪，供養勇父和空行。

◈◈◈修練

所謂修練，例如在夢中夢見火，心想夢中之火何以畏懼，遂跳往其上。如斯等等，足踏所夢之物。修習熟練後，應觀各種淨土。睡眠時，觀想喉間脈輪正中紅色明點內，明白出現欲觀的淨土之功德，虔誠地守持心於此。親見兜率天，或極樂世界、妙喜世界等，所欲之淨土，是修習純熟的標準。

◈◈◈認證夢境爲幻變

認證夢境爲幻變。有偈云：

認證爲幻境，
其時當斷除。

故夢見火，顚倒地轉變爲水；夢見微小，轉變爲大；夢見大，轉化爲小；夢見強者，轉變爲弱者；夢見弱者，轉變爲強者；夢見一，轉變爲多；夢見多，收攝爲一。修練以上諸法純熟後，觀想夢中所見一切，均是如幻的本尊身，從而出現萬物本來如幻的景象。

◈◈◈修習夢境的眞實性

修習夢境的眞實性，有偈云：

修習眞實的眞情。

故按照夢中所見來觀察，夢境的習氣遂清淨，守持心於本尊身，入定於原品，在無所緣的境界中，寂滅本尊的顯現，隨即出現，具備一切空性相的光明。此法修習純熟後，睡眠和醒時無差別，所有顯現，作爲光明而出現，幻象與心交融爲一。

第四節 光明法

光明成就法分作三點：基位光明、道位光明、果位光明。

◈◈◈基位光明（原文缺）

◈◈◈道位光明

道位光明分三點：白天道位與自性融合爲一、夜間道位與自性融合爲一、中有道位與自性融合爲一。

1 白天道位與自性融合爲一

有偈云：

了知空性誰安住，
三種智慧【註1-25】必清淨，
應知此即正等覺。

【譯註】

1-25 三種智慧，即所知境之三智：基智、道智和一切種智。

以上所說即五法。誰先行？上師行。以嬰兒剛從母胎出生爲喩來說明。以何爲中介？明增得三相來連結。實際上守持於前念已滅、後念未生之間，道位以諦洛巴之「六法」來激發光明。「六法」是不思、不想、不伺察、不禪定、不動念、維持原狀。如斯觀修，所出現的明空景象爲子光明；在前後念之間，無遮蓋地出現心之本性，爲母光明；認證之，叫做母子光明融合，或者叫做道位與自性融合爲一。

2 夜間道位與自性融合爲一

如謂：心間妙蓮開，觀想四個花瓣及正中的「ཨ・ནུ・ད・ར・ཧཱུྃ」五字。或者，如云：對於蘊、界、處、根等，兩種神識【註1-26】現在猛收攝，變爲大空方睡眠，風息之力使之見夢境。故夢境法以深睡爲前行，以海濤不能搖撼爲喩來說明，以睡境初至，明增得三相爲中介。實際上，是守持心，於白天妄念已滅，夢境未出現之前，其道是以靜慮，與睡眠融合之教誡，來激發光明，即修習如下：

祈禱上師，加持自己守持光明，強烈地渴望守持光明。睡時右側向下，呈獅子睡姿，觀想自身爲本尊，心間四瓣妙蓮開

【譯註】

1-26 兩種神識，指根識與意識。

放，花心正中有一「ཧཱུྃ」字，前花瓣有一「ཨ」字，右花瓣有一「ནྲྀ」字，後花瓣有一「ཏ」字，左花瓣有一「ར」字。在睡意朦朧時，觀想一切見聞覺知融入自身，自身融入四瓣妙蓮。繼之，睡意漸濃，觀想四瓣妙蓮融入前瓣的「ཨ」字，「ཨ」字融入右瓣的「ནྲྀ」字，「ནྲྀ」字融入「ཏ」字，「ཏ」字融入「ར」字，「ར」字融入「ཧཱུྃ」，「ཧཱུྃ」字的元音符號「ུ」融入聲母「ཧ」字，「ཧ」字融入上端的新月「ྃ」，「ྃ」融入圓圈，圓圈融化入於眞空。隨即不做觀想，安住於光明。

如是觀想後而入睡，是為隨融瑜伽。

或者，心僅專注於閃耀的「ཨ・ནྲྀ・ཏ・ར」四字中心之「ཧཱུྃ」字，是為全食【註1-27】。

如是，未入睡時證得的境界，叫明相；睡意朦朧時證得的境界，為增相；入睡證得的境界，叫得相。深睡時出現的光明，叫做母光明。以隱沒次第為所緣境，保持原品心，隱沒次第出現空的景象，是子光明。宛若同故友重逢，一見即認證基位光明，叫做母子光明融合。

4 中陰道位與自性融合為一，據謂是中陰。

【譯註】

1-27 全食，本意為羅睺，全部吞食日月的狀況，此為引申義。

◈◈◈果位光明

果位光明，由光明而明知。清淨幻身如魚冒出水，或如睡眠醒來。所修金剛持有所淨、能淨，是有學雙運身，爲極喜地等十二地。有偈云：

粗分細分色功德，
周遍功德輕功德，
證得眞實和堅住，
極光明和如意德，
世稱共同八悉地。

所淨能淨修習完畢，便是無學道，之妙果金剛持正等覺。有偈云：

身自在和語自在，
神變遍行意自在，
隨欲事業八功德，
是爲妙果八自在。

第五節 中陰法

中陰成就法分作三點：轉初中陰光明法身爲道用、轉二中陰雙運受用圓滿身爲道用、轉三中陰幻化身爲道用。

◈◈◈轉光明法身爲道用

有偈云：

明相和粗分隱沒，
妄念和細分隱沒，
隱沒後修習純熟，
自然地出現光明。
光明之後雙運身，
出現形態分兩種：
有道無學共兩類，
化作無學的分位，
我説證得妙果報。

死亡爲先行，以無雲晴空爲喻來說明，臨終明、增、得三相作中介，實際上，

今生之分別心已滅，下世之分別心未生，守持心於其間，道和自性合一的教言，名爲道用。

又，眼等五根之風息，隱沒於內，色等景象消失，是爲明相隱沒。繼之，地隱沒於水，自身的元氣喪失，水隱沒於火，身體乾枯，口鼻乾燥。火隱沒於風，體溫消散。風隱沒於靈魂，其時，有罪者出現解支節【註1-28】之苦；行善者出現本尊、上師和空行，前來迎接的景象。繼之，外氣繼絕，粗分隱沒。其後，在內氣尙存之初，分別心隱沒的次第是：外象似明月升空，內象爲煙，是明相之分際；明相隱沒於增相，憎恨所轉化的三十三種分別心泯滅，外象是如旭日東升，內象是螢光，是增相之分際；明相隱沒於得相，貪欲轉化的四十種分別心泯滅，外象是漆黑似羅睺，內象勝似瓶內的油燈，是爲明得；明得隱沒於光明，愚痴轉化的七種分別心泯滅，是爲細分隱沒，外象是出現曙光的景象，內象是猶如秋天無雲的天空。

光明分位，是死有的主體。中陰開始之初，教誡派叫做初中陰。其修持是，臨終割斷愛憎之牽掛，在隱沒次第的基礎上，放鬆心，不造作，隱沒次第，迅速散開，是爲子光明。四中陰所出現的光明，是母光明，它看見子光明如故友相逢，叫做

【譯註】

1-28 解支節，佛書所說身體筋絡根節，在病死被氣息分解，橫死時被兵器等割裂爲解支節。

母子光明融合。隨意安住光明境界。三種逆次景象，使中陰有情成就雙運之身，從頭頂轉移而去。修練優異者，成就佛地的金剛持，修練稍差者，成就十地各類金剛師。

◈◈◈轉雙運受用圓滿身為道用

有偈云：

中陰體態的亡靈，
器官齊全無質礙，
具有業的神變力。

由於未認證光明，愚痴轉化的七種分別心顯現，出現明得相，是爲大空。

繼之，貪欲轉化的四十種分別心顯現，出現增相，叫做空。繼之，遍行風的造作活動，靈魂從屍體的九竅中任何一門道，轉移出來，成爲中陰有情。

將要受生的中陰有情，亦即具備中有體態的意生身，各種器官齊全，除母體胎藏外，無其他任何質礙，具備業力之神通，只要一想，即能行三千世界，在中陰有情中，能見同類，叫做以天眼覺知。它以香氣爲食，感覺不到日月，既非光明，又

非黑暗，故叫明暗光中陰。

另，三天半之內，中陰有情處於昏迷狀態。其後認證業已死亡，悲傷之至。此時，認證自己是中陰有情。在此之前昏迷，以後幻景繁多。因此，就在此時應憶念關於中陰的教誡，故叫時地。

關於轉爲道用，有偈云：

自是處於中陰生，
變作幻身雙運身，
獲得受用圓滿身。

故認證死亡，觀想自身爲本尊，接著憶念隨融【註1-29】、全食，從而融爲光明。繼之，以逆次序三種景象爲因，妙果是成佛爲雙運金剛持。

◈◈◈轉受生幻化身爲道用

轉受生幻生身爲道用。若不跨越二中陰，當有四種恐怖之聲：由地風產生宛如山崩之音、由水風產生海濤澎湃之音、由火風產生森林燃燒之音、由風風產生萬雷齊鳴之音，於是驚惶逃竄，進入之處所，便是胎藏。

令人恐怖的三深淵是，墜入白、紅、

【譯註】

1-29.隨融，無上密乘生起次第修習時，在本尊無量宮，融成光明以後，自身亦隨而融成光明的先後次序。

黑任何一種深谷，它就是胎藏，登清淨白光道等五彩光路，遂入胎。

又，出現明點、小圓圈燃燒、被暴雨驅趕、猙獰可怕的忿怒明王、忿怒佛母等景象。被劊子手帶走，和進入鐵堡【註1-30】的景象標誌，轉趨地獄；躲藏於斬斷的枯樹幹和土穴，標誌往生餓鬼和旁生；出現沉沒於天鵝湖的景象，當受生東勝洲；出現牛之景象，當受生西牛賀洲；出現馬的景象，當受生北俱盧洲；看見華屋中父母結合，當受生於南瞻部洲；看見天神的無量宮，隨即入內，是受生於天的徵象。幻景繁多，是找尋胎藏的徵象，故叫做尋香尋覓胎藏產門之位。

關於修持，有偈云：

斷除愛憎諸感受，
憶念佛明作中介，
選擇產門且附著，
滿懷喜悦地轉趨，
受生所欲之境地。

將恐怖等所有景象，設想爲幻術，則堵塞了下劣之胎藏；憶念空，想像上師爲本尊，則堵塞了下劣之產門。繼之，一面思索胎藏妙好、種姓高貴、財用富裕、有信仰和修習佛法的緣分，一面前往受生，

【譯註】
1-30鐵堡，鋼鐵鑄成的房屋或堡壘。

叫做幻化身。修練功力深厚，雖未證得光明，但受生於極樂世界，或妙善世界等淨土，隨即成爲有學不還【註1-31】。

第六節 轉識法

往生成就法分作三點：上等者轉識爲法身、中等者轉識爲報身、平凡者受生。

㈠上等者轉識爲法身，即在初中陰時證得光明。

㈡中等者轉識爲報身，即在中陰成就雙運身。

㈢平凡者受生。

彼三者均算是果報，不是所修轉爲道用的教誡有差別。這裏介紹「靈魂是上師的轉趨」。有偈云：

預先修練寶瓶氣，
二十一次氣息淨。
猛從依止處提升，
觀想脊椎的內中，
上方廿一蓮花輪。
從一節至另一節，
修練種子上下行。

【譯註】

1-31 有學不還，外有表明決定不墮有寂，隨一邊際，住於加行、見、修三道的大乘聖者。

念誦咒字一個半，
發音聲調猛且響，
極樂世界心傾注，
一旦臨終便往生。

此法有常修，和結合宿業修練兩部分。其常修部分是：

為菩提而發心，觀想自己是佛母，身體空明，體內正中中脈正直，如空屋之柱，下端閉合，上端如打開的天窗，頭頂上安住上師金剛持，其空明之體內有智慧之中脈，同自身的中脈二者連接。觀想上師心間藍色的「ཧཱུྃ」字和自身心間靈魂之本體「ཧཱུྃ」字，二者細小如用毛繪畫的一般。修練瓶氣，觀想上師心間「ཧཱུྃ」字的元音符號「ུ」延伸，垂入自己心間，纏繞靈魂本體的「ཧཱུྃ」字，向上提升。呼氣時，伴隨「嘿、迦」之音，「ཧཱུྃ」升降，念「嘿」時，觀想「ཧཱུྃ」字沖到頭頂，呼「迦」時，「ཧཱུྃ」字下降，共閉氣二十一次。練習此法直至出現徵象。

結合宿業來修練時，觀想自身，融入上師的胸間，上師逝往密嚴剎土，住於不可思議之境。

在古日菩提藏之頂，
經阿里桑迦大僧王先潘桑波勸勉後，

比丘凱巴．白瑪噶波著。
拉達克特喬寺僧白瑪曲杰，
捐資刻此書版的千道光芒，
照得講修蓮池開國土幸福，
祝量等虛空有情速證菩提。

說明：

藏文版由中央民族大學土登彭措和中甸．喜饒嘉措整理，四川民族出版社出版。

祈請文

敬禮，具德金剛持。

無所不見一切知，

祖師演說內外別，

消除四位【註】諸惑亂，

敬禮，具德的先師。

——班覺頓珠・編著《那洛巴六法實修明炬》

【註】：四位，身中具備風、脈、精，故有四位，不識三者本來體性，執著二取，六識暗昧，斂入藏識為沉睡位；此時易識發起造作，為夢幻位；六識正常感知外境，為覺位；體驗從此轉取往生，為等至位。

第二章

六種大樂與三十九支分功法

第一節 勝樂耳傳拙火及方便事功

頂禮師尊神佛空行母，
解開脈結除障妙肯綮，
消除身體疾病無遺漏，
認明心識智慧之自性。
施予神通功德無保留，
只爲變成大樂明點身，
演説金剛偈句之旨義，
六種功法三十九支分。
撰寫耳傳妙法如明鏡，
首先修練瑜伽幻化身，
繼而甘露精華塗抹身，
終趨四種皈依而發心。
如意珍寶頭頂作飾品，
命力【註2-1】報身綱目堅而穩，
融匯法身眞如法爾界，
自當吹起宇宙氣囊袋。
抑制命力上引下行風，
何須轉動等味【註2-2】神妙舞。

【譯註】

2-1命力，如來金剛云：「由於臍處修細音韵阿利噶利加行瑜伽，或於心處修習明點等瑜伽靜慮，能遮命力向外轉，故名命力。」

2-2等味，使功能自性平等。藏傳佛教噶舉派修法之一。

第二節 勝樂耳傳六根本功

◈◈◈獅子嬉戲功（圖2-1）

1. 口訣

獅子嬉戲跏趺坐，雙手交叉聚於脚，向上提升緩放鬆，以此守持身明點。

2. 法要

跏趺坐姿，修持瓶氣，雙手自然伸直，放置小腿上。伴隨喉音握脚趾，擊拍腋下，解散跏趺坐姿，深呼吸三次。猝然睜眼。

3. 功效

守持明點。

◈◈◈大象傲岸功（圖2-2、3）

1. 口訣

大象傲岸事體功：五指拳【註2-3】放

【譯註】

2-3五指拳，四指並屈，伸拇指微露箕斗紋，壓於食指中節，其長度，相當於五指並列的寬度。

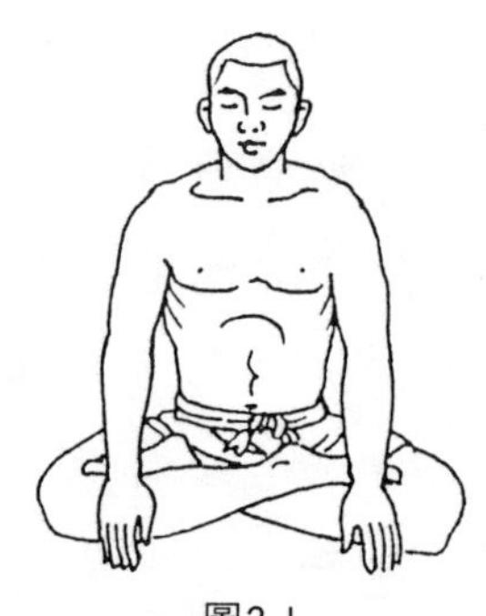

圖2-1

圖2-2

圖2-3

雙腳間，右手放置左手上，九拍臀部和腓脛，明點因此向上引。

2. 法要

(1)修持瓶氣，以角力狀俯身，兩腳相距五指拳寬。兩手握拳交叉，右手放於左手上，背部氣息上引，深呼吸三次。

(2)之後抬腰，上下體保持平衡，擊拍臀部和脛尾各九次，結束角力狀，運氣。

3. 功效

提引明點。

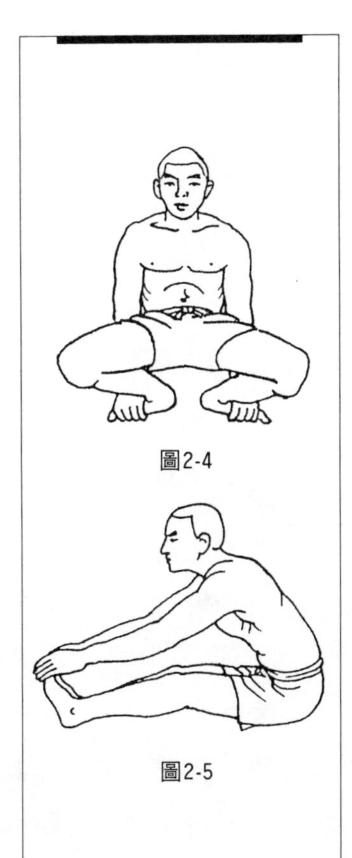

圖2-4

圖2-5

◈◈◈孔雀飛翔功（圖2-4、5）

1. 口訣

孔雀飛翔事體功：雙手握住腳拇趾，交替拍擊臀和踵，明點因而隱體內。

2. 法要

(1)滿息分腿立地，雙手握腳拇趾，引氣入背後佛脈。

(2)其後，以臀部擊地，手腳朝天舉。收縮腳，運氣。

偈頌云：雙手握住腳拇趾，交替擊拍

臀與踵。

3. 功效

明點灌於體內。

◈◈◈虎嘔功（圖2-6）

圖2-6

1. 口訣

老虎嘔吐事體功：跏趺腿間兩手放，挺直上身九佯吐，以此守持身明點。

2. 法要

雙手伸直，手心向上，置於跏趺坐姿之下。上身挺直，深呼吸九次，伴隨哈聲佯嘔九次，最後解散跏趺坐姿，舒息。

3. 功效

守持明點。

◈◈◈烏龜收縮功（圖2-7）

圖2-7

1. 口訣

烏龜蜷曲事體功：兩脚相距一肘寬，大腿內側手外伸，握住雙脚的趾頭，體內明點向上提。

2. 法要

分腿立地，頭朝下，向前胸後背呼氣吸氣各三次。雙手從大腿內側伸出，握脚趾。

3. 功效

上引明點。

◈◈◈靈鷲飛翔功（圖2-8、9）

1. 口訣

靈鷲飛翔事體功：結成跛脚交替跳，晃抖雙手舞十方，以此隱匿身明點。

2. 法要

(1)修持瓶氣，分腿立地，頭朝下。左脚立地，右脚跟觸抵陰部，左手拍肩三次。

(2)左右交換，要點如上所述。手朝十方抖舞。

3. 功效

明點隱身。

修練六事功法時，
勢如逆泉揮大纛，

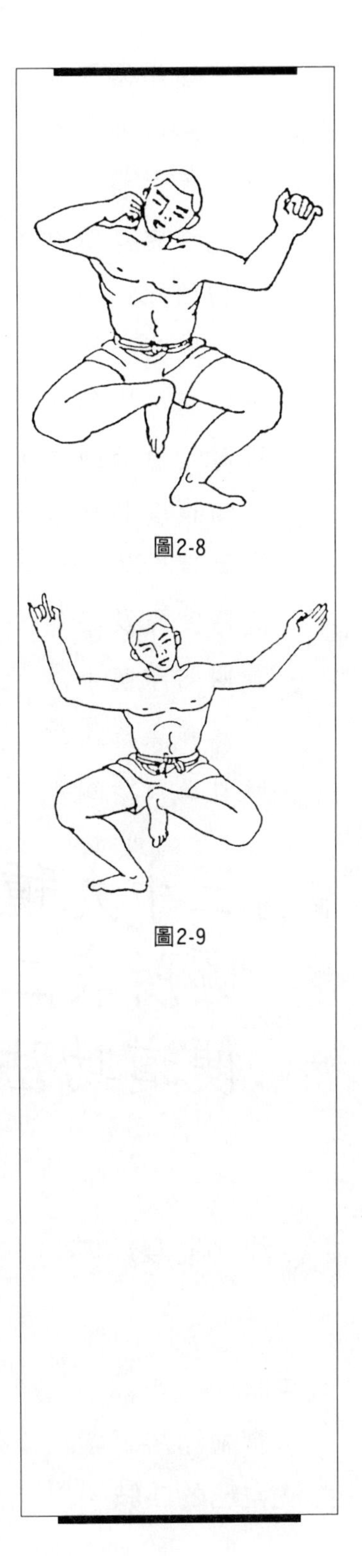

圖2-8

圖2-9

海浪拍岸須彌崩，
各個關節如獅抖。
休息等引結定印，
以此穩定身明點，
能夠消除以下病：
風病膽病和涎病，
解開粗分脈結症，
因魔附體而遺精，
因緣遺精和病遺，
自然遺精均可除；
消除業障及晦氣，
強阻明點向下滑。
所緣師尊親傳授，
每日堅持修習之。

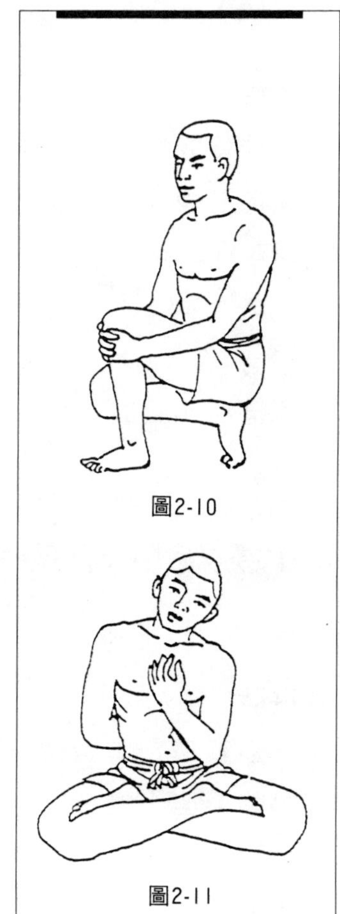
圖2-10
圖2-11

第三節 三十九種支分功插圖所表二十一種方便道功法

◈◈◈洗幢功（圖2-10、11）

1. 口訣

寶幢沐浴事體功：宛若沐浴寶幢般，擦洗自己的四肢，以此消除身疾患。

2. 法要

(1)洗濯似地從踝骨按摩至髖骨。繼而結跏趺坐。

(2)三次合十，如洗濯似地雙手擦肩、胸和背。雙手旋轉指掌做轉蓮印，收功。

3. 功效

消除髮、身和頭部的病患。

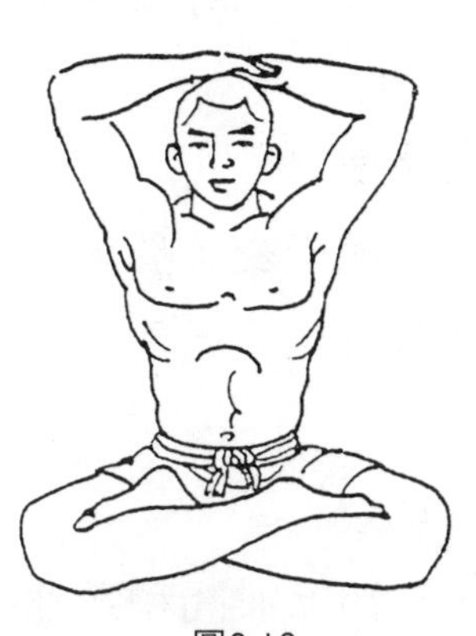
圖2-12

圖2-13

◈◈◈四種須彌功之1：揉蛇功（圖2-12）

1. 口訣

四種須彌事體功：恰似揉蛇把頭搓，任何二孽頭疾消。

2. 法要

如洗濯似地擦揉頭。繼而，雙手交叉抓胸前。

3. 功效

消除頭部諸疾。

◈◈◈四種須彌功之2：筒車功（圖2-13）

1. 口訣

旋轉頸脖如筒車，喉間頸部諸病消。

2. 法要

雙手交叉抓胸前，頸部向左右正反旋轉各三次。

3. 功效

消除喉間和頸部諸疾。

圖2-14

◈◈◈四種須彌功之3：養息牢獄功（圖2-14）

1. 口訣

養息牢獄須彌功：擊拍四方各三次，消除頭鼻諸病患。

2. 法要

雙手擊拍上體，前後左右各三次。

3. 功效

消除頭疾和鼻疾。

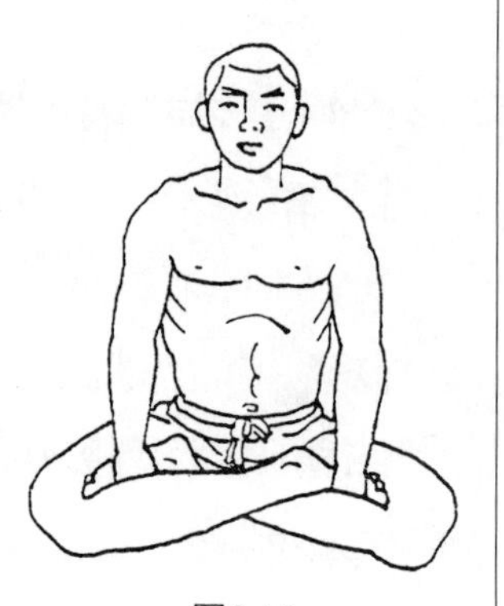

圖2-15

◈◈◈四種須彌功之4：泉水功（圖2-15）

1. 口訣

凝視十方之泉水，眼內翳障全消除，
防止聾瞎和乏味，不生瘻疣與皺紋，
解開頭部脈結症。

2. 法要

眼珠向左右上下，旋轉各三次。繼而，凝視十方。插雙手於膝彎，舒息。

3. 功效

消除翳障等眼疾；預防眼瞎、耳聾、舌頭味覺遲鈍；身不生瘻疣，臉不長皺紋；解開頭部脈結。

◈◈◈四種樹木功之1：三山功（圖2-16）

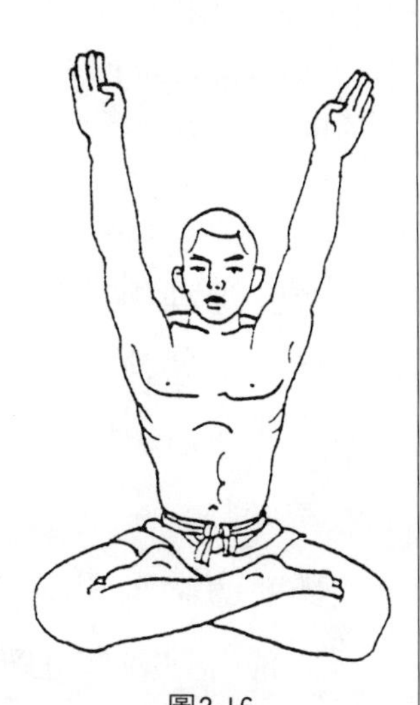

圖2-16

1. 口訣

樹木事體功有四：頭手脚部三山功；
用力提至肩部位，消除胸肋的病患。

2. 法要

脚、頭和手盡力向上提升，擊拍左右肩各三次。

3. 功效

消除胸脅疼痛諸疾。

◈◈◈四種樹木功之2：放線團功（圖2-17）

1. 口訣

伸展線團事體功：握拳拍打左右肩，肩周疼痛全祛除。

2. 法要

雙手握拳，交替擊拍左右腋窩，各三次。繼而，同時擊拍三次。接著，向左右方向做張弓之姿態各三次。

3. 功效

消除肩疾、心臟和命脈（生命所依之脈），以及前後疼痛諸疾。

圖2-17

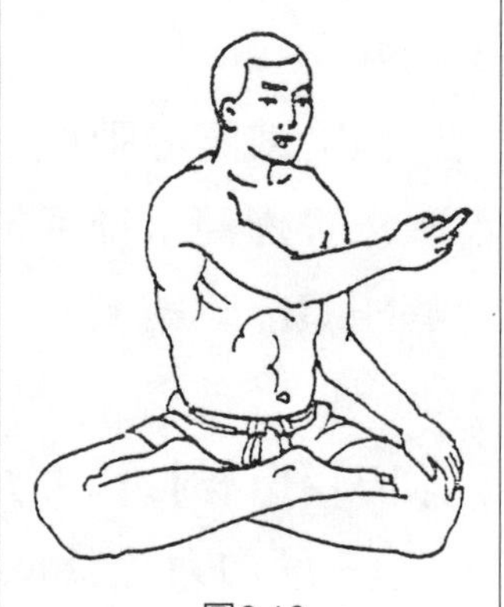

圖2-18

◈◈◈四種樹木功之3：器官盈滿功（圖2-18）

1. 口訣

感官盈滿事體功：輪番展臂如張弓，祛除手臂乏力症，以及上身疼痛病。

2. 法要

如挽滿弓似地交替伸張雙手。

3. 功效

緩解手和上身疼痛等症。

◈◈◈四種樹木功之4：拇指腰間功（圖2-19）

1. 口訣

右手拇指頂腰間，如拋繩般連轉動，左拳擊背達三遍，同樣握拳拍右肩。手臂手腕諸疾消，鼻血流淌可阻止，可防四肢僵直病，樹木脈結亦解開。

2. 法要

(1)右手做拋繩之姿，旋轉並抖擻；左手握拳擊背三次。如是左右手交換做功法。

(2)其後，左右手握拳，各擊拍上體三次。

3. 功效

消除手部脈病和關節疼痛、流鼻血症；預防癱瘓僵直病，解開樹木脈結等。

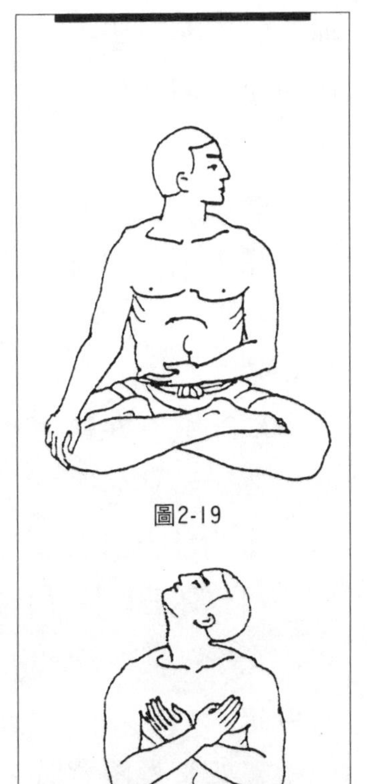

圖2-19

圖2-20

◈◈◈上體四種功之1：流星交叉功（圖2-20）

1. 口訣

單是上身四種功：流星交叉雙手功；

抓住雙肩左右扭，上下寒熱諸病除，前後疼痛可以消。

2. 法要

雙手交叉抱肩，交替拍擊腋窩。

3. 功效

消除上下寒熱往來症，止胸背疼痛。

◈◈◈上體四種功之2：「裹日」作揖功（圖2-21）

1. 口訣

裹如交疊兩臂肘，交替牽曳向上舉，胸部肝肺百病除。

2. 法要

雙手互抱肘，用力向上舉三次。

3. 功效

消除神經紊亂症、肺部病變和肝病。

◈◈◈上體四種功之3：夾擊須彌功（圖2-22、23）

1. 口訣

擊須彌功用雙手，獨股金剛舉端正，

圖2-21

圖2-22

圖2-23

左右胸膛輕輕拍，胸膛中間拍一次，復又向下拍三次，消除脾疾與肋痛，以及上身脹悶疾。

2. 法要

⑴雙手緊握，豎中指，擊拍左右乳根，上下抖三次。

⑵繼而，手心貼胸間，旋轉十指。上述功法做三次。

3. 功效

消除脾疾、胸肋疼痛和上體悶脹等病患。

上體四種功之4：吹笛功（圖2-24）

1. 口訣

吹笛功爲左膝蓋，右手掩肩倒豎立。上身左右交替扭，可除胸肺諸病患，心風【註2-4】下泄病症消，腮炎痞塊可預防，解開上身脈結症。

2. 法要

左手抱右膝下部，右手掩左肩，舉肩翹指，上身左右交替扭。

【譯註】

2-4心風，輕微癔病。無端生起憂傷等情，風入於心，故名心風。

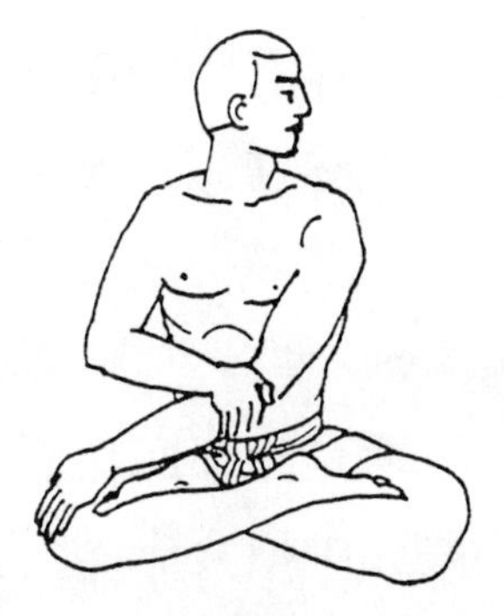

圖2-24

3. 功效

消除肺部病變、煩躁、心風（輕微癮病）、下體氣息降沉，預防腮頰顫動和痞塊，解開上身脈結。

◈◈◈腰部四種功之1：攪海功（圖2-25）

圖2-25

1. 口訣

單是腰部四功法：腹似攪海轉臍輪，消除腹中積食症。

2. 法要

左右旋轉腹臍，復轉腹中三次。

3. 功效

消除積食症。

◈◈◈腰部四種功之2：美女仰身功（圖2-26）

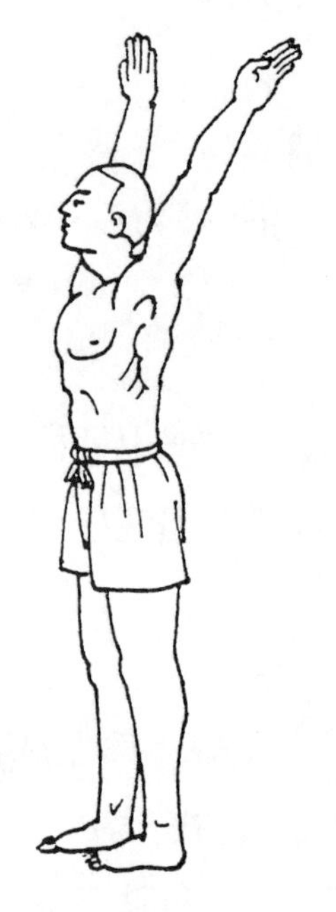
圖2-26

1. 口訣

美女挺身猝然起，雙手用力向後揮，腰部用力向後伸，消除腎病和胯痛。

2. 法要

身體猝然直立，兩手用力後張，腰部

使勁向後仰三次。

3. 功效

消除腎病和髖骨疼痛。

◈◈◈腰部四種功之3：壓抑欲界功（圖2-27）

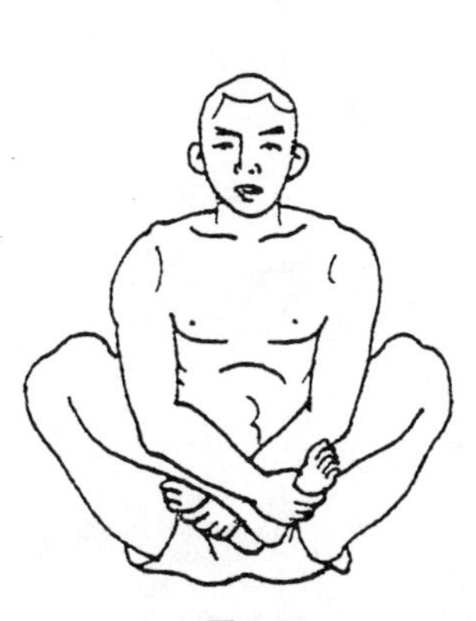

圖2-27

1. 口訣

鎮天界功腿交叉，雙手交叉握拇趾，向上提拉緩緩放，消除痞塊水腫病，以及淋病與尿阻。

2. 法要

兩脚交叉，危坐。兩手交叉，握脚拇趾，向上拉引，輕輕放下，收功。

3. 功效

消除痞塊、腎型水腫、小便淋漓及阻塞等病患。

◈◈◈腰部四種功之4：鹿馬和合功（圖2-28）

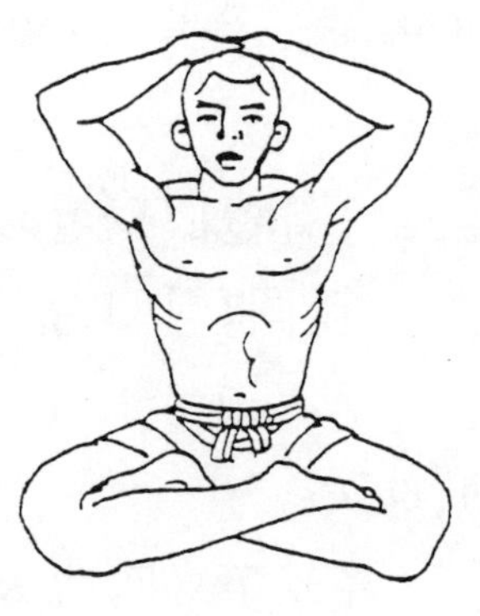

圖2-28

1. 口訣

鹿馬野合指交叉，先放頭頂後拍臍，手掌揉擦肚腹部，痞塊水腫腰疾消，所有

寒熱蟲疾除，解開腰部脈結症。

2. 法要

十指交叉放頭頂，然後拍臍間。用手掌揉擦臍部。

3. 功效

消除痞塊、腎型水腫、腰椎疼痛、熱性和寒性蟲疾（肺臟、頭部及皮膚等處寄生蟲所致疾病），解開腰部脈結。

◈◈◈下體四種功之1：金剛步功（圖2-29）

1. 口訣

單是下身四功法：金剛步法是何狀？叉手膝彎當舞跳，懷間平放兩隻手，可防邪風向上湧，以及持命風【註2-5】僵滯。

2. 法要

兩手交叉於膝彎，左右跳躍。繼而，擊拍下體三次。

3. 功效

消除風疾（體內氣息錯亂引起的血管和神經系統諸病，分癔病、神經官能症等六十三種）、風邪上湧（風邪侵入上體肺

【譯註】

2-5持命風，居於頂門腦腔之中，功能在於靈活智慧，明利器官，持續思維。

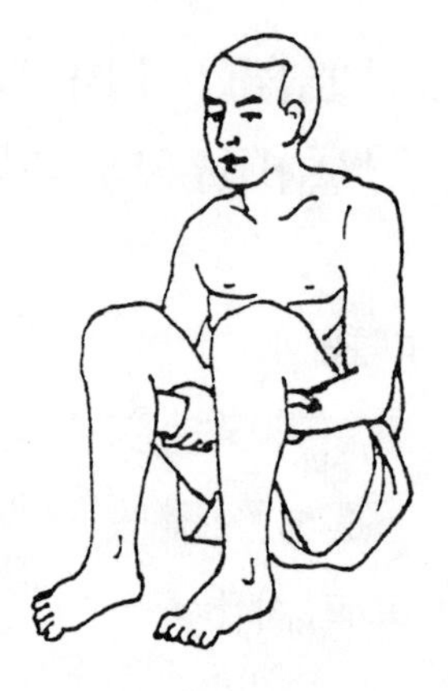

圖2-29

臟等處，引起胸膈脹痛，呼吸困難等症）和神經官能症。

下體四種功之2：鰲魚伸縮功（圖2-30）

圖2-30

1. 口訣

鰲魚伸縮事體功：雙手搓揉腿外側，輪流抖動一雙脚，消除身痛和佝僂，以及脚疾關節痛。

2. 法要

雙手輪流穿過大腿外側，抬舉膝彎，雙脚交替伸縮，抖動三次。其後，結跏趺坐，舒息。

3. 功效

消除全身病患、四肢關節疼痛和脚疾。

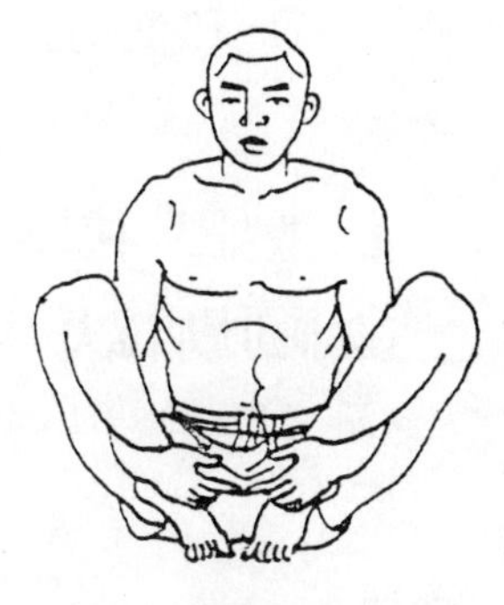
圖2-31

下體四種功之3：蛙步功（圖2-31）

1. 口訣

蛙步功法是何狀？有時匍匐有時跳，黃水水腫即可消。

2. 法要

雙手從大腿內側伸出，握住脚拇趾，蹦跳三次。

3. 功效

消除黃水病（黃水，存留於關節、眼部和皮肉之間，血液沉澱，與膽汁精華所生赤黃色稀薄粘液。此量過多過少，均轉成黃水病）和涎分虛腫。

◈◈◈下體四種功之4：金剛跏趺坐功

（圖2-32、33、34、45、36）

1. 口訣

一結金剛跏趺坐，下身百病自然消。粗細脈結易解開，守護九竅明點滴，是爲功法妙肯綮，長壽功德不可思。罷後加蓋廻向印，每日修持不間斷，是爲練功之概要。消除氣障殊勝功，臍火妙法十一種，獅子解脫法可知，譯師本人馬爾巴，依據那洛巴功法，爲了門生寫成文，不使耳傳成謬誤。未得圓滿傳授前，擅自修習此功法，大黑天和衆羅刹、以及空行劈頭顱。

2. 法要

⑴結金剛跏趺坐，正襟危坐，右手握左手手腕，置於下腹，引導氣息下降，觀

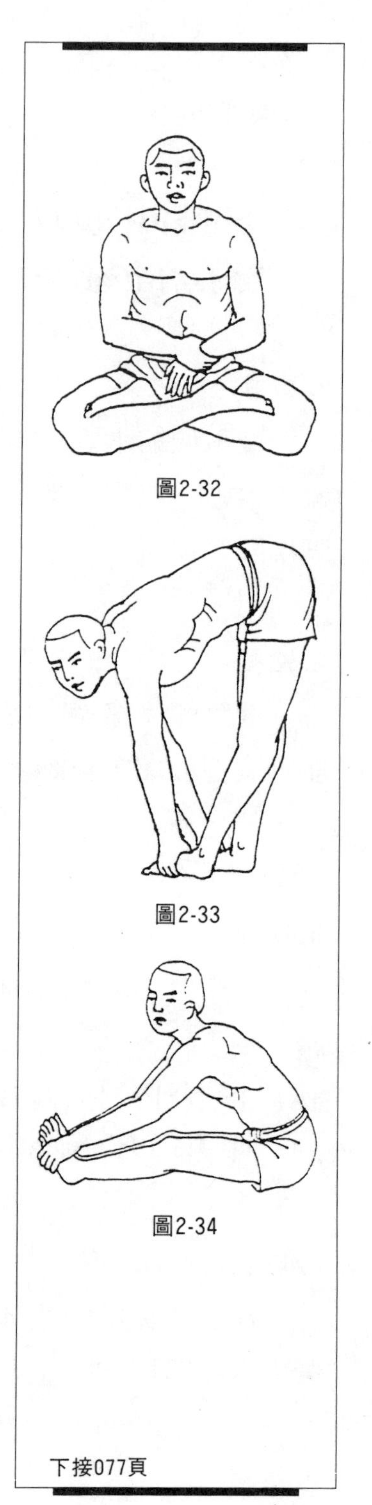

圖2-32

圖2-33

圖2-34

下接077頁

想解開左、中、右之脈道。舒息。

⑵直立，彎腰，手握脚拇趾，運氣盈滿全身。手脚伸直，下體磕碰地面。

⑶脚踵觸地，脚掌上蹺，用手按摩三次。

⑷收脚，手握脚趾，曳拉三次。

⑸放鬆身體，仰坐，手握脚尖拍擊地面。此功法連續做三次。

3. 功效

消除下體寒病，解開粗細脈結，是防止遺精的最佳要點。

施人以殊勝和共同成就或延年增壽功德的《事體功・明鏡記》到此完畢。上師和空行的禁令云：無一錢金子之曼荼羅作供養者，不得傳授。

第四節 三十九種支分功插圖中十八拙火功

頂禮師尊！
拙火功法十八種，
深奧要點寫成文：
淨治風疾一功法、

上接076頁

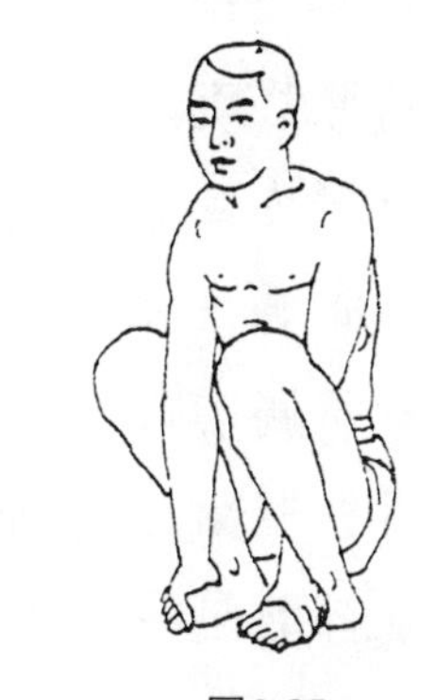

圖2-35

圖2-36

穴道安住四功法
暖樂強降二功法
消除昏沉二功法
夜間安臥一功法
行走時候二功法
除障關鍵二功法
引升明點四功法
總計數目一十八

圖2-37

圖2-38

◈◈◈消除氣症功

(圖2-37、38、39、40、41)

圖2-39

1. 口訣

主治氣疾一功法：交叉胸前如輪轉，雙脚金剛跏趺坐，雙手拇指互交叉，按住無名指握拳，反覆擰扭達九次，徐緩吐出體內氣，此功消除諸氣疾。

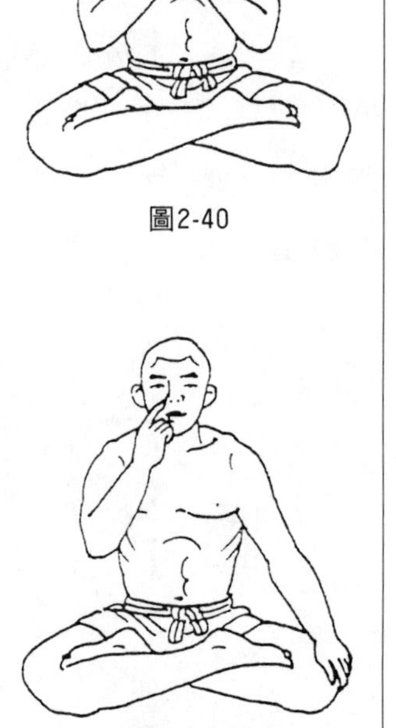

圖2-40

圖2-41

2. 法要

(1)修練氣息之前結跏趺坐，用手搔刮脚心三次。

(2)解散跏趺坐，雙脚著地，擦刮從右脚踝始，一直至髖骨間。同樣，擦抹左腿。

(3)結跏趺坐，雙手手心相對，磨擦三次。繼而，用左手手掌按摩右肩以下內外側。同樣，用右手手掌擦抹左肩以下內外側。

⑷繼而擺臂，從肩部到臂部左右分別擦刮三次，最後轉三次蓮印放下，收功。

⑸上體挺直，伸直手，握拳，以右手食指捣右鼻孔，呼吸三次。同樣，用左手食指捣左鼻孔，呼吸三次。繼而，置兩手於大腿之間，如是三次。

圖2-42

◈◈◈和風四功
(圖2-42)

圖2-43

1.法要

身體結毗盧七法坐姿。任運自在地呼吸四次。

◈◈◈猛烈瓶氣功（圖2-43）

1.法要

伴隨「絲絲」喉音，盡量呼氣。繼而，吸氣，盡量留住。滌蕩血脈、精脈和中脈，次第呼出。

圖2-44

◈◈◈練身增長功

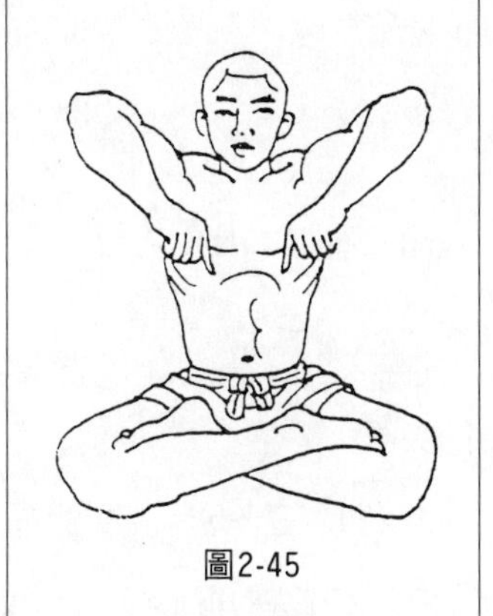
圖2-45

1.法要

(1)（圖2-44）結跏趺坐，修練瓶氣。

(2)（圖2-45）修練瓶氣後，上身做三次

欲跳狀。

(3)（圖2-46）用左手從肩部擦刮，擊拍兩腋。

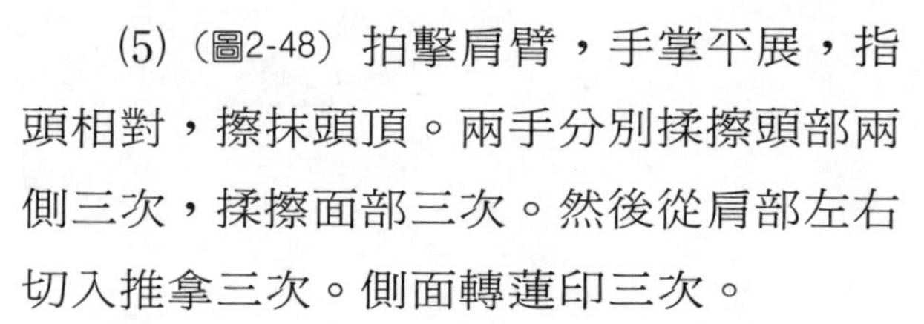
圖2-46

(4)（圖2-47）左手握右手小臂。

(5)（圖2-48）拍擊肩臂，手掌平展，指頭相對，擦抹頭頂。兩手分別揉擦頭部兩側三次，揉擦面部三次。然後從肩部左右切入推拿三次。側面轉蓮印三次。

(6)（圖2-49）然後體側轉蓮印，最末一次蓮轉時做跳姿。繼而，伸直右脚，左脚蜷曲。從脚尖至髖骨，雙手轉蓮印三次。同樣，彎右脚，伸左脚，從脚尖至髖骨，雙手轉蓮印三次。

(7)（圖2-50）按摩脚拇趾。

(8)（圖2-51）坐地，左大腿壓左小腿，左手握右脚掌，左膝跪立，上身右轉。左右交換，做同樣的功法。繼而，結跏趺坐，舒息。

◈◈◈練五肢功

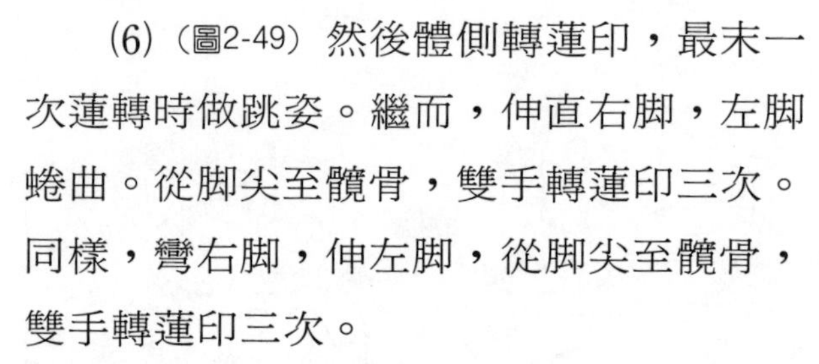
圖2-50

1.法要

(1)（圖2-52）修練瓶風。頸向左右扭動，拍擊左右前後各三次。頸部左右扭動各三次。

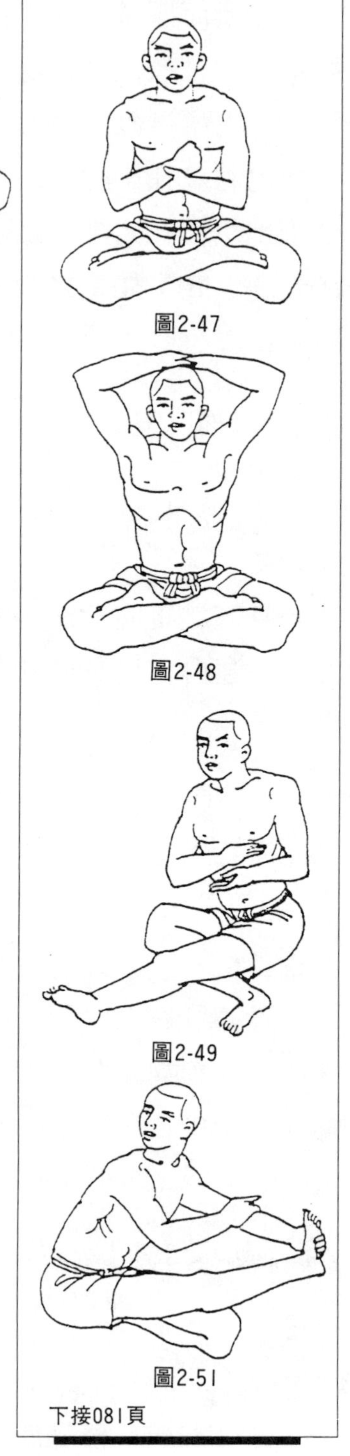
圖2-47

圖2-48

圖2-49

圖2-51

下接081頁

(2)（圖2-53）雙膝著地，左手叉腰，右手伸直，反覆三次。如是左右手交換做同樣功法。接著，雙手伸直，向十方搖抖。

(3)（圖2-54）蹲地，雙手和左腳觸地。右腳伸直，舉腳面，向左、中、右三個方位舉移。左腳做同樣功法。繼而，結跏趺坐，舒息。

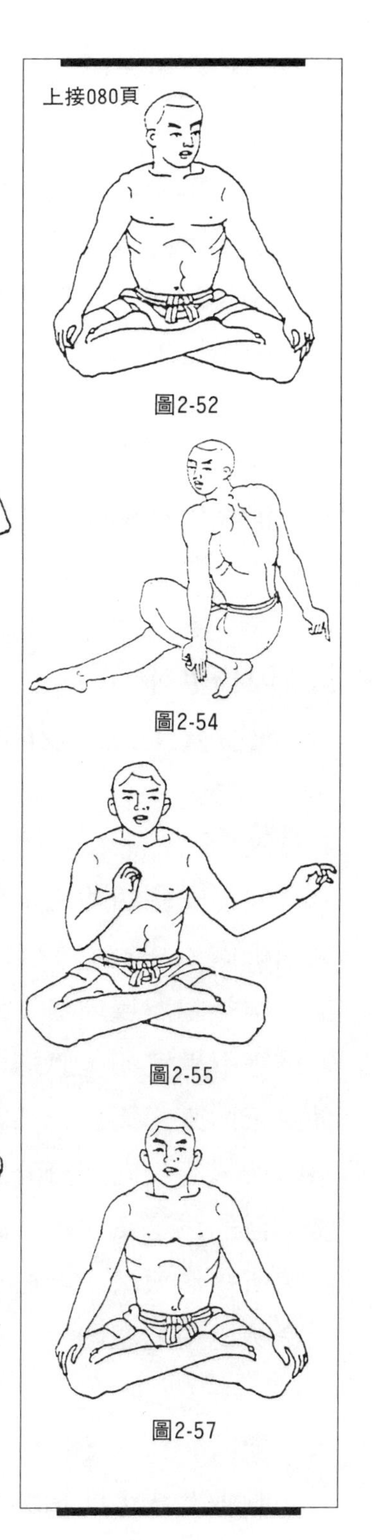
上接080頁

圖2-52

圖2-53

圖2-54

圖2-55

圖2-56

圖2-57

◈◈◈射箭拋繩功

1.法要

(1)（圖2-55）修練瓶風。張手掌，左手貼乳根，右手伸直，做張弓之姿三次。左右手交換，做同樣功法三次。

(2)（圖2-56）伸直右手三次，左手三次。伸直雙手三次，舒息。

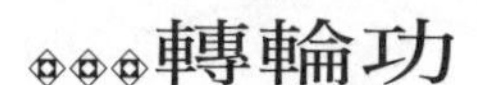

◈◈◈轉輪功

1.法要

(1)（圖2-57）修練瓶氣，雙手置於膝部，向腹部左右旋轉各三次，在腹部中間轉動三次。消氣（消氣，持氣不能忍時，應予消散，分為內消與外消。內消，觀想氣入左右二脈，充滿中脈，消失於心間；外

消，觀想氣先滿中脈，後滿四脈輪，復遍滿全身及毛孔）。

(2)（圖2-58）鼓盈瓶氣，伸直雙手，平展手掌，置於膝下。

(3)（圖2-59）向外消氣，向左右扭轉上身，做傲慢相三次。

2. 功效

消除周身風症，使體內氣息暢通，身體爽快。

◈◈◈四種坐功：毗盧七法功（圖2-60）

1. 口訣

穴道安住四功法：德洛七法跏趺坐，世稱毗盧七法旨【註2-6】，兩脚金剛跏趺坐，靈熱隱隱遍周身；手放臍下四指處，緊結等引與定印，脈道開解生安樂；脊椎骨節正而直，氣息自然歸原處；頸脖如鈎略微彎，心尖向上無分別；肩如靈鷲展翅膀，目的爲了氣疾消；眼睛直視鼻子尖，觀想所緣形象淸；身心集中似裏日（？），樂暖迅速遍體內。

2. 法要

毗盧七法，即結跏趺坐，雙手在臍下

【譯註】

2-6毗盧七法，佛教所傳一套靜坐姿式：兩脚跏趺、手結定印、脊椎正直、頸部微俯、肩臂後張、眼觀鼻尖、舌尖抵上顎。

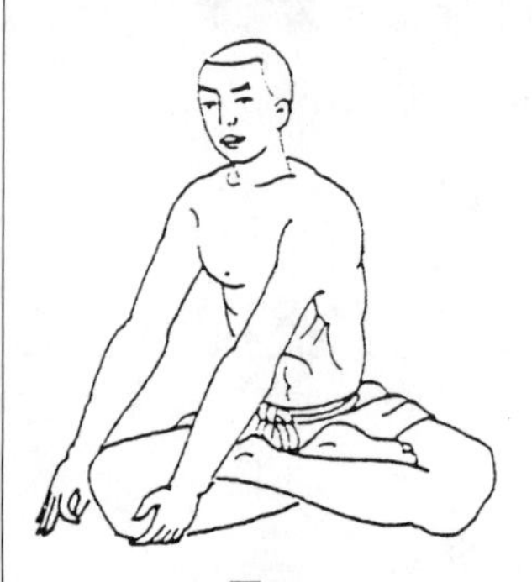

圖2-58

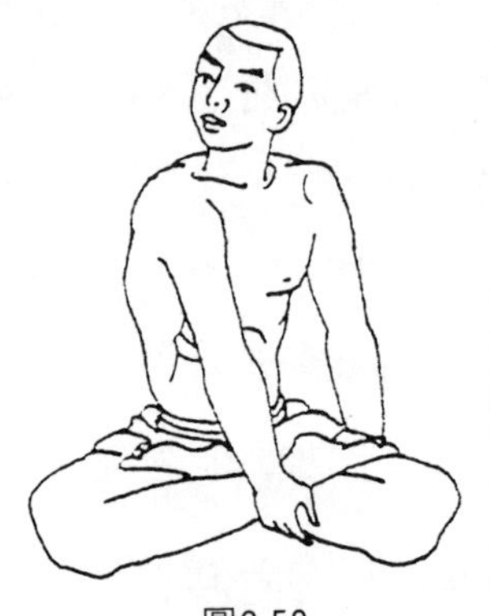

圖2-59

圖2-60

四指處結等引之定印，脊椎挺直，頸部微俯，雙肩如鷲張翅一般後張，眼視鼻尖，舌抵上顎。

3. 功效

結跏趺坐，靈熱任運而生；手結等引狀印能打開脈道，舒心；脊椎挺直，氣息自然入位；頸部俯曲，心尖向上，生無分別心；雙肩後張，使風疾消失；眼視鼻尖，視角清晰，身心專注，生起樂暖。

【譯註】
2-7禪帶，佛教徒靜坐時，套在雙膝及頸上的帶子。

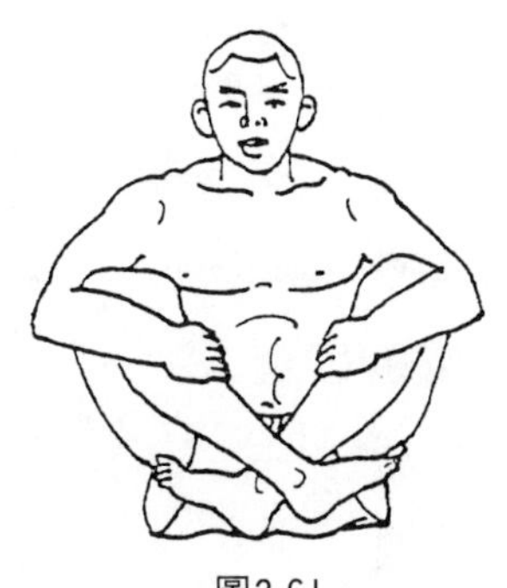

圖2-61

◈◈◈空心結束縛功（圖2-61）

1. 口訣

空心結束縛功法：諸種要點如前述，叉腳蹲坐套禪帶【註2-7】，功德如前所述及，此功特能生靈熱。

2. 法要

做上文所述毗盧七法功，端坐，雙腳交叉，右腳在外，左腳在內，雙手抱禪帶。繼而，伸直腳，向外消氣。

3. 功效

如上文所述，尤能產生靈熱。

◈◈◈樹木交叉功（圖2-62）

1. 口訣

樹木交叉事體功：雙脚交叉似格子，緊縛雙手於腕間，雙膝外側雙手抱，寒症能夠隨即消。

2. 法要

雙脚交叉如格子，雙手互按手腕，並抱膝。

3. 功效

寒症即除。

圖2-62

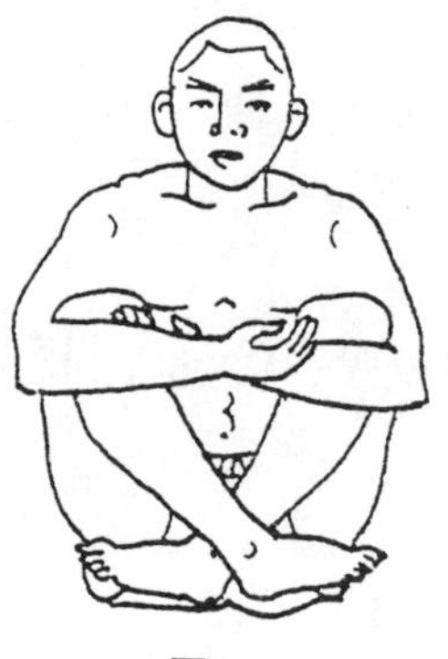

圖2-63

◈◈◈三身交叉功（圖2-63）

1. 口訣

三身交叉事體功：左脚脚背的上面，放置右脚的掌彎，雙手抱住雙膝蓋，諸脈邪症得糾正，體內氣分入命根。歸結以上四功法，世稱靜坐事體功。

2. 法要

右脚膝彎放於左脚背，雙手緊緊抱膝。

3. 功效

諸脈得到矯正、疏通，氣息進入命脈。

◈◈◈強降靈熱之
束縛六空心結功（圖2-64）

1. 口訣

空心結功速生暖，亦即強力暖降功。上述六功綱要是：雙腳交叉如格子，雙手交叉腿中間，握住腳趾左右轉，靈熱如火燒起來，消除積食和痞塊，裸身可躺雪地上，力大氣壯似獅子。

2. 法要

修持瓶風，雙腳交叉如格子，雙手交叉於小腿前，握腳拇趾，左右旋轉。

3. 功效

消除積食症和痞塊，體內靈熱如火燒，能裸身臥雪地。

◈◈◈肯緊捨棄功（圖2-65）

1. 口訣

蛇鵬拋棄肯緊功：手腳拇趾立地上，

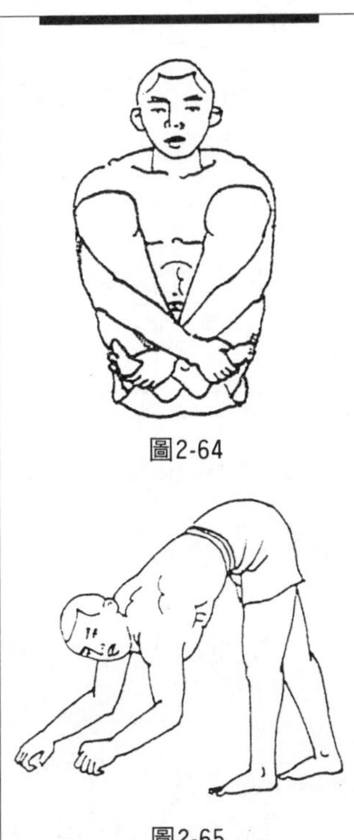
圖2-64

圖2-65

把頭彎至雙膝間，盡力晃動全身軀，功德如上所述及，小便淋漓可收斂。

2. 法要

以角力狀俯身，兩手相距五指拳寬，兩脚相距一肘，手脚四個拇指觸地，下體向左搖三次。隨後，置頭部於兩膝之間。繼而，結跏趺坐，舒息。

3. 功效

其他如上所述，尤能使小便淋漓收斂。

◈◈◈兩種消除掉舉之靈鷲翔空功（圖2-66、67）

圖2-66

圖2-67

1. 口訣

消除昏沉事體功：倘若悶倦纏繞身，功法好像鷲翔空，舉起雙手騰躍狀，在那空中觀明點，再三呼氣隨念「帕」。

2. 法要

結跏趺坐，舉雙手向天，於虛空中觀想明點，口念「帕」咒三聲。

3. 功效

消除神志昏沈。

◈◈◈神志持瓶功（圖2-68）

1. 口訣

消除神志不清功：神志掉舉持瓶風【註2-8】，雙手交叉放膝上，把頭放在手旁邊，觀想腳掌的光點，散亂掉舉自能除。

2. 法要

雙手交叉互抱胳膊，雙腳交叉，兩肘置於兩膝，俯曲頭部於兩手、雙膝之間，觀想腳掌的光點。

3. 功效

消除分別心和掉舉。

◈◈◈夜晚安臥功（圖2-69）

1. 口訣

夜晚臥眠事體功，又稱狼臥事體功：右手按住腎臟處，左手抱膝貼胸部，樂暖熊熊燃燒起，夜間只可單衣睡。

2. 法要

(1)狼臥功（圖2-69），修持瓶氣，右脅

【譯註】

2-8瓶風，下體氣息向上提升、上體氣息向下壓抑，留住臍間，如瓶閉口的一種氣功修習法。

圖2-68

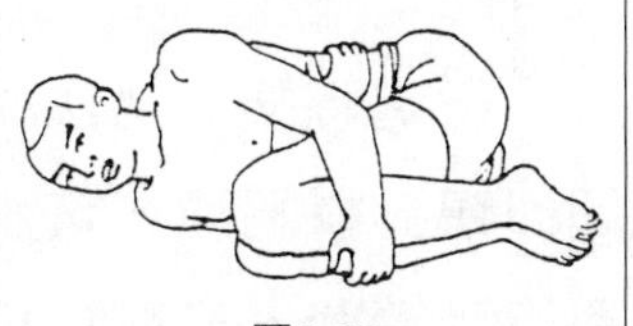

圖2-69

著地，右手放在左腎部位上，雙膝貼胸，左手抱雙膝。

(2)獅臥功（圖2-70），臥姿同上，右手無名指搗鼻孔，左手掩臀部。

3. 功效

樂暖熊熊燃，可單衣過夜。

◈◈◈兩種行走功之如堡倒塌功（圖2-71）

1. 口訣

行走時候二功法：所謂如堡降落功，仰面踢脚抖軀體，黃水病症自然消，明點隱沒無庸疑，身材自然長得美。

2. 法要

仰臥，四肢朝天，抖身三次。

3. 功效

黃水就地退，明點隱身。

◈◈◈老鷹輪休功（圖2-72）

1. 口訣

老鷹輪休事體功：強抑不忘下行風

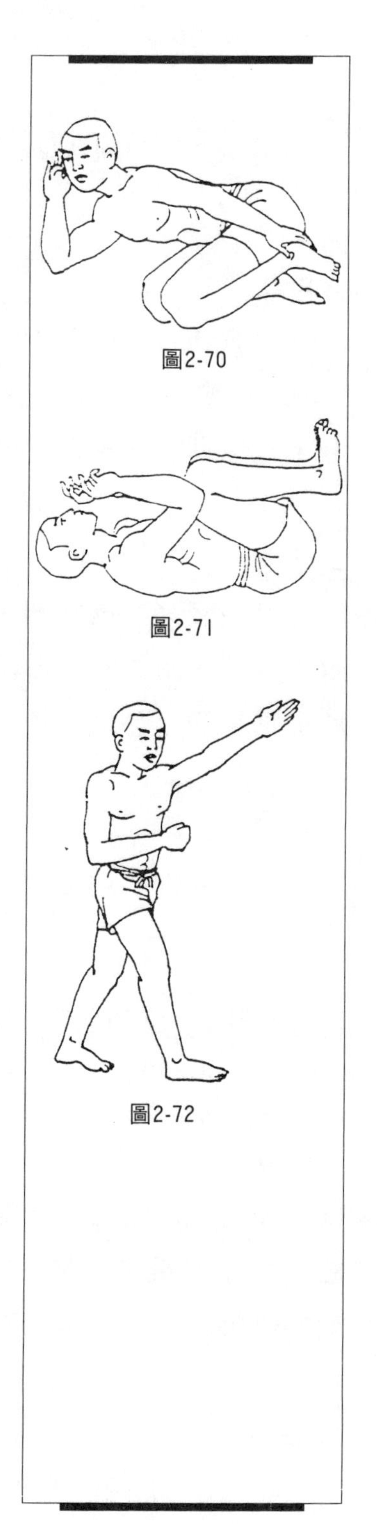

圖2-70

圖2-71

圖2-72

註2-9】，觀想行空兩神女，用翅托腋滿天飛；觀想脚下的風輪，好似神弓的一端，旗幡嘩嘩飄不斷；兩手緊緊握成拳，右手拍打左脚面，左手拍打右脚踵，這使七日的行程，只需一天即到達。

2. 法要

強烈守持下行風，身站立。觀想具翅二女神，架起腋窩飛翔。再觀想脚下，弓形風輪之一端旗幡「嘩嘩」飄。雙手握拳，伸右手和左脚於身前，左手和右脚向身後挪。如是守功，行走步履敏捷。

3. 功效

徒步一天行七日程。

◈◈◈兩種除障肯綮功之獅子抖擻功

1. 口訣

消除障礙肯綮功，亦名獅子抖擻功：首先結成跏趺坐，然後雙手置膝上，放聲誦咒「帕哈哈」，止風明點自然隱，上身強健如獅子。

2. 法要

(1)（圖2-73）結跏趺坐，雙手抱膝。

【譯註】

2-9下行風，存在於會陰之中。

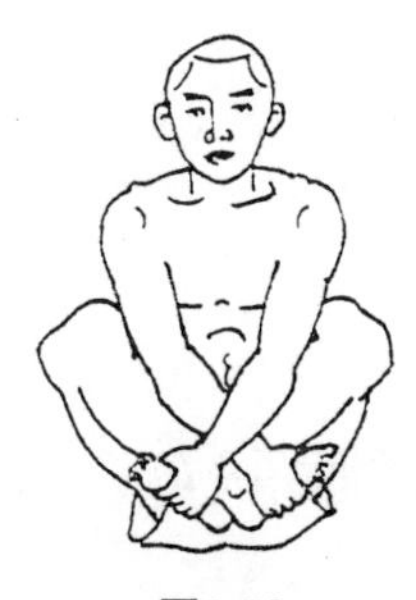

圖2-73

(2)（圖2-74）口念咒語「帕哈哈」，舒息。

3. 功效

排除體內濁氣，使明點隱身，上體宛若獅子。

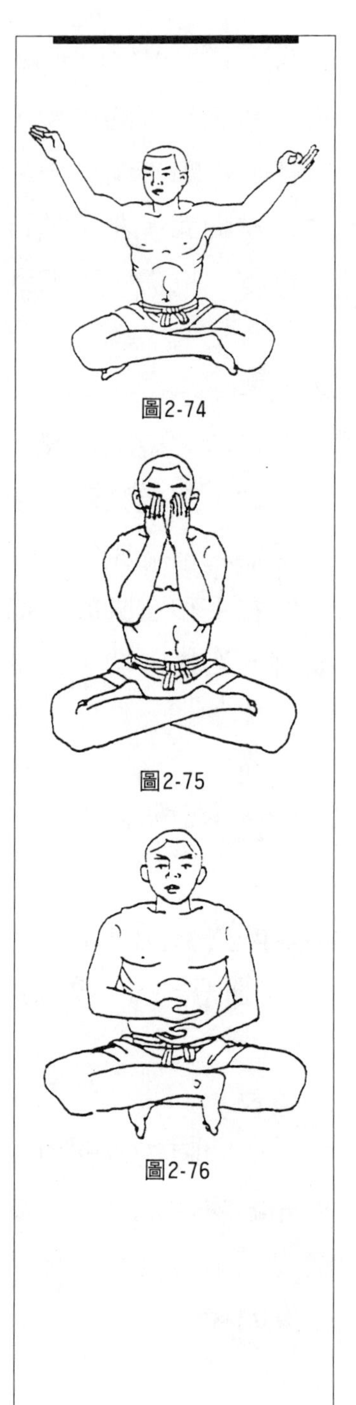

圖2-74

圖2-75

圖2-76

◈◈◈獅子嬉戲功

1. 口訣

獅子嬉戲事體功：運用自己手指頭，掩閉口鼻和雙眼，上身轉動如車輪，風脈明點障礙消，精氣散布四脈輪，修練往生妙肯綮。

2. 法要

(1)（圖2-75）結跏趺坐，用兩隻手掌和十指，遮掩臉和口、鼻、眼等五竅，旋轉上體如輪。

(2)（圖2-76）繼而，念咒語「嘛哈哈」三次，舒息，平攤手掌。

3. 功效

消除風、脈、明點之障礙，使精氣散布於四脈輪。

◈◈◈四種引導明點功之饋贈須彌功

1. 口訣

提升明點事體功，亦稱饋贈須彌功：雙脚金剛跏趺坐，拇指壓住無名指，搓揑拳頭揷腿彎，念誦廿一長短「吽」，止住遺精向上引。

2. 法要

(1)（圖2-77）結金剛跏趺坐，雙手拇指分別壓無名指，深呼吸三次，口念咒字「吽」長短二十一次。

(2)（圖2-78）繼而，握拳，揷入大腿旁。此後，兩手平攤相疊，貼下腹部，猛解跏趺坐姿。上體向左右扭動，舒息。

3. 功效

防止遺精，提升明點。

圖2-77

圖2-78

圖2-79

◈◈◈狐狸發笑功（圖2-79）

1. 口訣

狐狸發笑事體功：雙手握拳置膝上，雙脚金剛跏趺坐，念誦「吽」字上吸氣。

2. 法要

深呼吸三次，鼻哼咒字「吽」，並發出聲，雙手握拳置乳根。解跏趺坐姿，平攤手掌，置於腹部，舒息。

◈◈◈野獸功（圖2-80、81）

1. 口訣

繼後野獸事體功：雙腳合攏身站立，雙手掩住兩膝蓋，猛念「嘿噶嘿噶」咒。

2. 法要

(1)（圖2-80）蹲坐，腳尖著地，臀部觸兩踵，雙手掩膝，深呼吸三次。

(2)（圖2-81）繼而，口念咒語「嘿噶」，平攤雙手，相疊於腹部，，舒息。

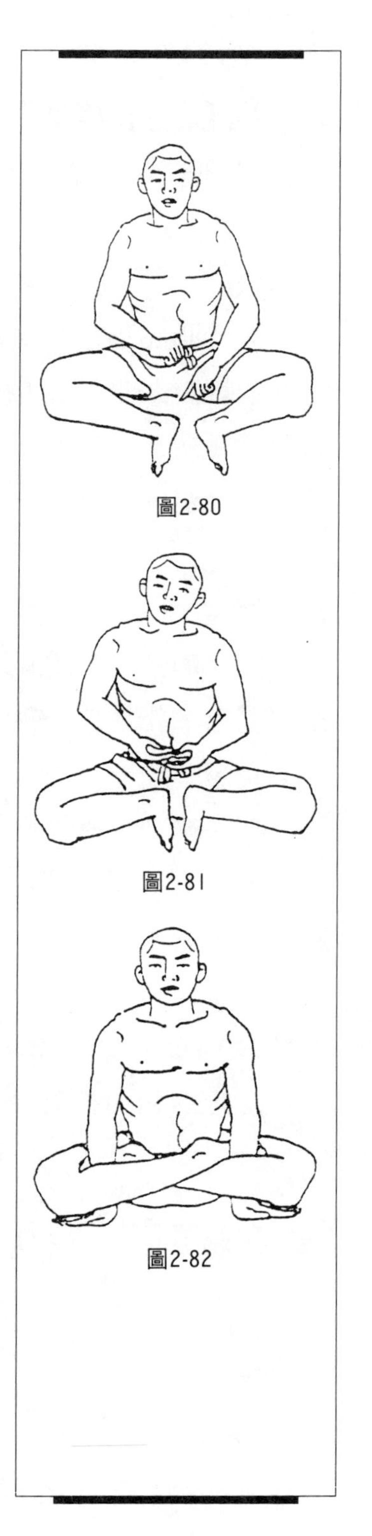

圖2-80

圖2-81

圖2-82

◈◈◈獅子仰臥功（圖2-82）

獅子仰臥加行功：雙腳金剛跏趺坐，雙手放置盤腳間，猛念「嘿噶嘿噶」咒，繼之如獅抖威風，然後聚神漸放鬆。修練四種功法時，勢如逆泉揮大纛，海浪拍岩須彌崩，導引下氣收四洲。上述功法勤修

練，馬陰藏相明點持，粗細脈結全解開，容光煥發體態美。延年增壽不衰老，脈陷皺紋不出現，返老還童容顏俊，內具空行本尊相，是為各功的要點。

2. 法要

結金剛跏趺坐，雙手置於跏趺坐中，猛念咒語「嘿噶」。繼而，做獅子抖擻姿。最後，在等引狀態中放鬆身體。

3. 功效

勤練上述功法，若獲得妙果，男根隱沒於陰囊，粗細脈結，全部自然解開，容光煥發，威光赫奕，長壽，返老還童，身體的脈管不突出，不長皺紋。如斯等等，功德不可思議。這在諸多密宗典籍和秘訣中，均有記載。

以上風、脈、明點的功法之圖釋，係依據原有插圖的註語，揉合噶舉派先輩大德們的秘訣，和實修經驗的文字資料。有關深奧難懂之處，代以通俗行文。

基位實有法之體性

第一節 引　論

一般而言，依佛所說的大乘殊勝道之教誡，不可勝計。但是，即身證得金剛持果位的具德大師那洛巴之功法，分作「以典籍爲道」和「以教法爲道」兩種內容。

首先，應知以典籍爲道，和以佛語修持。上師傳承，即由正等覺金剛持、金剛手菩薩等次第傳承。由四位佛語傳承師傳承者，龍樹、聖天、月稱和瑪當格等師爲南傳；毗哇巴、毗那巴、拉哇巴、因陀菩提等師爲西傳；魯嘿巴、丁格巴、達日噶巴、蘇噶達日等師爲北傳；蘇噶瑪斯底、塘洛巴、恆洛巴、噶爾納日巴（別稱金剛鈴尊者）等師爲東傳。

具德諦洛巴大師，示現依止以上諸師之景，實際上是世尊金剛持加持，並與諸師圓滿俱生的諦洛巴，授法給具德那洛巴，那洛巴傳馬爾巴，馬爾巴傳密勒日巴，密勒日巴傳喇嘛拉吉，喇嘛拉吉傳都松欽巴，都松欽巴傳卓袞熱欽，卓袞熱欽傳邦扎巴，邦扎巴傳噶瑪巴，噶瑪巴傳桑噶拉喀，桑噶拉喀傳名爲讓尙者。衆師尊的業績，它書有載，閱而可知。

典籍和教言的品類有：世尊金剛持匯集諸母續之密意，演述六法大手印《耳傳・金剛偈句》、薄伽梵佛母金剛瑜伽母，傳給諦洛巴的敕言《根本總括》、最早的經籍《大密靈熱論書・大密藏》、《肯綮底本》、諦洛巴大師傳給那洛巴大師的散文論書——諦洛巴的《金剛道歌》、《六法述略》、那洛巴的《金剛語道歌》、《那洛巴之偈句論書》、世稱那洛巴六法的《卡康瑪》十

五卷本，等等。它們皆係典籍的異品。

關於教言，有馬爾巴譯師的《六法・色敦瑪》、俄巴尊者的《六法詳論》、粗敦和梅敦二師所著《六法記》、密勒日巴的《六法三顯相》和《六法耳傳》、宛若熠熠的珍珠鬘，年梅塔波所說《六法講義》、尊者都松欽巴的《六法教言》、噶瑪拔希寶師所著《深法無邊海・靈熱五輪》、一切智讓尙多吉所著《六法注釋》、瞻林・曲季扎巴匯集以上講義，錄寫爲《筆記》、仲・喀決巴的《六法詳述》等等，均爲教言之極品。

本書爲一切智讓炯多吉的《注釋》之補遺。書云：

> 實有法的自性是
> 道和生果的次第。

故論述根、道、果有三。尊者都松欽巴說：「實有法之體性，爲道和生果的次第。實有法之自性有二：心實有法之自性，是大手印的秘訣；身實有法的自性，是拙火靈熱之秘訣。道次爲四種能成熟的灌頂，和能解脫的生圓次第二者。道次又有修持甚深者，爲圓滿次第大手印秘訣；不甚深者，爲風、脈、精。甚深的生起次第爲，風、脈、明點。不甚深的生起次第爲，實修本尊身。以上均爲道次。妙果分位是靈熱、安樂和無分別心；究竟果是自利的法身，和利他的二色身。

第二節 身體實有法之體性

基位實有法的自性爲身、心二者。身體實有法若加以區分，雖有三，但於此概述。《密集》云：

人身分作五菩提【註3-1】、
以及風脈菩提心、
不淨實體和清淨，
人身之法遂存在。

以有垢之心，觀察體內光輝熠熠的心性，由於貪住，始有人身。然而，暫以身心之所依、能依的正理來剖析，三界六趣的衆生，皆出自識的「能所」二取。除器世間和情世間，（法界）是無所區別的。至於因位和果位的差別，《時輪》等續釋都有論述，但恐行文冗長，略而不述。在有關教誡的本章，身者由心之支分而顯現。守持所依之心，約束所依之身，甚爲緊要。（我）憑依出生於瞻部洲，具足六界【註3-2】的人身來宣說。分作三點：成就人身的因緣、如何成就人身，和講述的目

【譯註】

3-1 原註：年梅塔波寶師說：「在基位空性現證菩提，在月蓮座紅、白菩提心二者，混雜的明點，由其語密咒字，形成金剛般的幻化輪；由其意密，現在這般人身爲本尊身；該身圓滿，即現證菩提。」

3-2 六界，指六種造成有情世界的基本原素：地、水、火、風、空和識。

的。

◈◈◈成就人身的因緣

染污之心和合造作，以實有的業爲因，以父母交媾爲緣。由於三者聚合，父母健康的精和血、中陰身之識，彼三者取名爲月、日、羅睺，方出現身、語、意。《初佛續》曰：

> ཨེ字中央的ཝཾ字【註3-3】，
> 三時諸佛大安樂，
> 虛空金剛勇識尊，
> 和合身語意三者。
> 身爲明點月液精，
> 語爲日血涅槃點【註3-4】，
> 意爲阿字闕口識，
> 身語意三者和合，
> 安住廣袤虛空中。

此白分、紅分和識三者，亦名菩提五地：白分爲大圓鏡智、紅分爲平等性智、中陰識如分明的「ཨ」字【註3-5】爲妙觀察智諸識混合爲成所作智、身體圓滿爲法界體性智。《喜金剛續》云：

【譯註】

3-3 「ཨེ」，讀音爲「厄」；「ཝཾ」，讀音爲「旺」。

3-4 涅槃點，梵文中一種字符，或作「ཿ」形。

3-5 「ཨ」，讀音爲「阿」。

男精具備圓鏡智，
第七【註3-6】具備平等性，
獨神種子的標幟，
世稱所謂妙觀察。
切實統一一切者，
圓滿法界清淨後，
智者稱之爲儀軌，
修持五種如來智。

此語將如來藏，和合於能淨。【註3-7】

胎生的此人身，是在父母二者作愛時，中陰身的尋香，來到跟前，領納觸之頑固習氣，遂生起土大種。土大種清除愚痴，即爲毗盧遮那，故由毗盧遮那成就人身。由於菩提——父母精血的自性，遂執持我所有（的意識），這是出現水大種的外因。瞋恚清淨了的水大種是不動（佛）的自性。由動而生起暖之火大種，貪欲清淨了的火大種是無量光（佛）的自性。由動和輕，生起了風大種，忌妒清淨了的空大種是不空成就（佛）的自性。樂是空大種，清淨了吝嗇是寶生（佛）的自性。《喜金剛續》云：

波拉、噶郭和合，
形成堅實的觸感，
堅實愚痴係法故，

【譯註】

3-6 此指第七識末那識。

3-7 能淨，密乘生圓二次第所攝之道。喻義光明，淨不淨幻身，有學雙運身等瑜伽行，譬如能洗淨污垢的水和洗滌劑等，故名能淨道。

愚痴即爲明照佛。
因爲菩提心潤濕，
潤濕變爲水大種，
水靜不動是色故。
二者作愛相和合，
從而恆常生靈熱，
無量貪欲是金剛，
由暖生起那貪欲。
心在私處悄流動，
具足風大的自性，
不空成就爲忌妒，
不空成就由風生。
樂與貪欲變作血，
空大性相是歡喜，
空和吝嗇變金剛，
從空遂起那吝嗇。
妙好心性是本原，
五種精氣來圍繞。

如是，由於識、五大種即智慧界相聚會，從而成就了人身。

◈◈◈身體是如何成就的？

分作成就脈、風、明點三點。

1 脈是如何成就的？

入胎完畢，在五大種之中央，除阿賴耶識外，七聚識不分明，宛如酒醉似的。繼而，染污意（即末那識）自阿賴耶識突起，隨即由紅、白精氣生起持命風，遂有造作活動。業風【註3-8】剎那間生業，（胎藏）如牛奶變爲酪一樣，結爲凝酪位【註3-9】，（父精母血）混合匯聚，堅實不朽，發育生長，從阿賴耶識出現使心造作活動的作用。

胎藏的第一個七日爲凝酪位，第二個七日爲皮包位，第三個七日爲血肉塊片位，第四個七日爲堅肉位。四位共計二十八天。《律生續》云：

酪凝自性不動佛，
皮包胎位寶生佛，
不空成就血肉位，
毗盧遮那堅肉位。

下面介紹住胎的第五期。第五個七日，是肉團位。在其第一天，形成彼有情的十一又半指的中脈，即命脈。中脈一端，同母體的脈道連接。第二天，出現心臟正中部位的十脈，它們是根本，和支分十風

【譯註】

3-8 業風，業力所感猛風。中陰時所現恐怖景象。

3-9 凝酪位，胎藏五位之第一位，或結胎第一個七日，父精母血初成，凝酪尚未形成。

息的發祥地。

住胎一個月後，每天出現兩百條脈道，每月出現六千條脈，住胎九個月，共形成五萬四千條脈。體表的三部位，在十二個月中，每月增長脈道六千條。所以，共形成七萬二千條脈。

現略述以上諸脈。住胎第一個月，出現胸間脈輪的八脈，和以十二宮來劃分的臍間六十四脈。在第二個月，下行風成就下半身。在第三個月，形成上行風【註3-10】，成就上半身，喉間脈道爲三十六，頭頂脈道爲三十二。眉間風息清淨脈有六，是頭頂肉髻的自性；肉髻頸部守持火大種的脈道有三，二者共爲九。它們從胸間散射出來。下行風運行的（脈道之）下有秘密脈三十二條。六空脈從臍間下行。以上皆屬輪脈。在輪脈的外邊，頭頂有十六條脈，額部有四脈，共計二十條。涎分脈和喉間脈爲三十二，胸膛有八脈，共計四十。膽脈和臍脈爲六十四，圍繞私處有十六脈，共計八十。它們是風息流動的脈道。集聚在私處內層有十六脈。如斯等等，形成人體六千條脈。下行風和上行風，如魚一般增長的原因，即胎藏同母體的血脈【註3-11】和臍間相連，故氣血旺盛。

在第四個月，遍行風【註3-12】發育出手足。胎藏之手足與頸脖等同，勝似烏龜。

【譯註】

3-10 上行風，人體五根本風之一。功能爲發出語言，引氣上行等。

3-11 血脈，黑色命脈等一切血脈，所依附的主要脈道之一，男在中脈之左，女在中脈之右，是運轉血液的脈道，其色赤，其本性爲修行的智慧分。

3-12 遍行風，人體主要五氣之一，依存於心，散布血液精華於全身，專司舉措手足，活動身軀等作用。

在第五個月，出現等住風【註3-13】，胎動並顫抖，形成血、肉和三百六十個骨節。胎藏形同野豬。

在第六個月，以地大爲性的龍風，發育出胎藏的雙眼。

在第七個月，以空大爲性的龜風發育出胎藏的鼻孔。

在第八個月，蜥蜴風發育出以水大爲性的胎藏的耳孔。

在第九個月，天授風造就火大之性。

在第十個月，財王風發育出以風大爲性的胎藏身體的觸覺。

自第六個月後，（胎兒）始有苦感。從第七個月後，長出三百五十萬根頭髮和汗毛。據說，此時亦能出現神通。在第八個月中未長舌頭，由母體的脈提供滋養。第九個月後，同母體連接的脈道斷了，遂食不淨之物，感受饑渴而生苦。此時，驅除之風息，使胎兒變身、出生。以上係人中獅子（胎藏）的分位。

在概述胎藏之身成就情況後，若不知體內脈道的狀況，便不知風息和明點的情況。故略述脈道狀況，分六點：中脈【註3-14】、精脈【註3-15】、血脈、四脈輪【註3-16】、六脈輪【註3-17】、十八脈輪、七萬二千條脈和微脈道。

【譯註】

3-13 等住風，人體五根本風之一，隨消化膽分即胃中陽氣一同存在者。此風功能流布全部內臟，消化飲食。

3-14 中脈，人體中央以頂上卤門爲上竅、以私處爲下竅的想像脈道。

3-15 精脈，人體白色精液等水界，所依附的主要脈道之一。男在中脈之右，女在中脈之左，是運轉精液的脈道，其色白，其本性爲修行的方便分。

3-16 四脈輪，密乘所說在體內，由三主脈分出瓣狀旁枝，在頂間形成三十二瓣的大樂脈輪，在喉間形成十六瓣的受用脈輪，在心間形成八瓣的法輪，在臍間形成六十四瓣的變化脈輪。

3-17 六脈輪，四脈輪之上增加私處護樂輪，和末尼中央輪。

1. 中脈

分為修行脈和依止脈二條。其中依止脈被認為，在人體死亡時，要散滅的，是居中者，其中央僅有馬尾粗細，被認為事實上，不是存在的。《密集》說：

中脈自身本有三：
方便中脈在正中，
那裏流動白菩提；
智慧中脈是命脈，
那裏流動紅菩提；
人體秘密的中脈，
正直住於二脈間。
比方說是蜘蛛網，
被那日光照射般，
此脈扎根於私處，
上竅契入頂間輪，
存在梵淨穴當中，
貫穿諸脈輪正中，
宛若輪子的軸心。

以上係引述諸續，釋來敘述的。前文在成就人身的行文說，持命風貫穿六脈輪，每段長為個人指寬的12.5倍，從私處直達囟門。上竅咒字「ཧཾ」【註3-18】的自性被白分阻攔，臍下處下竅紅分，被咒字短「ཨ」阻攔，二者之間，充滿阿賴耶識

【譯註】
3-18「ཧཾ」，讀音為「夯」。

所依止的持命風，猶如空明的虛空一般。臍處以下的中脈，叫做「東欽瑪」，據說白分降落於此。其異名有：阿哇杜迪（即中脈）、蘇蘇拉、衰達瑪、微細色。下竅叫做「東欽瑪」；上竅叫做羅睺、命脈、命線、內中一樹、大道、卡噶穆噶、甲東瑪（意爲鳥面女）、中脈。總之，應知諸有情的命脈是中脈。

2. 血脈和精脈

在臍下三脈（中脈、血脈和精脈）會合處分岔，同腎脈相連，復在胸間會合，腋下的大脈叫做塵聚脈，（二脈）在喉間會合，形成頸脈，穿過耳下部位，同腦、梵淨穴、所有感官相連，特別是通過兩個鼻孔，與體外相通。其功用是，上部十二變遷風息流動之門，得氣後，滋養脈外一切有情之身，滋養中脈內持命風等。臍下（三脈）會合處以下，右邊的血脈，控制血液和大便，左邊的精脈操縱小便。

3. 四脈輪、六脈輪

在上文敍述胎藏時已作介紹。十八脈輪，在手脚十二處大關節【註3-19】各有三十條脈，共爲三百六十條。二十根手指、脚趾的三個關節各有六條脈，故其數同上。

【譯註】

3-19 十二大關節，人體腕關節二、肘關節二、肩關節二，爲手部六大關節；踝關節二、膝關節二、髖關節二，爲脚部六大關節。共爲十二。

4.七萬二千脈道

囟門等處各有二十四脈，以融入脈（人體內中脈）、受用脈（人體內右脈）和主人脈（人體內左脈）來區分，共爲七十二脈。七十二脈各個分出千條脈道，共爲七萬二千。七萬二千條脈復分出生長汗毛的三百五十萬條微脈道。

如是，了解了（人體的）根本狀況，便知道它並非是一個單純的整體，而是以諸多脈道組成。而且還應知道，脈道系統的形態，在從煩惱之網解脫時，要知佛陀化爲色身。

2 風息是如何成就的？

成就風息的情況有四點：五根本風、五支分風、氣息如何在鼻內流動，和守持氣息的辦法。

1.五根本風

(1)首先是持命風，存在於中脈「ཨཧཾ」【註3-20】二字符之間，染污意和阿賴耶識，同持命風彼此觀待。部分持命風，現在出現爲應時風息【註3-21】，主要部分在人體死亡時，流動一晝夜。其功用是，現在生起我執和分別心；若竄他處，使人悶絕、狂亂和死亡。它與明而不悟的智慧風息

【譯註】

3-20「ཧཾ」，讀音爲「訶木」。

3-21應時風息，體內外一晝夜出入，二萬一千六百次的呼吸氣息。

【註3-22】混雜俱來，無色，如虛空一般。

⑵下行風，存在於臍下三脈，會合處以下。其功能是操縱大、小便和精液。若竄它處，引起下身諸病患。此風以地大爲性。五根本風、五支分風均存在於胸間八瓣脈的以地大爲性的地風。

⑶上行風，來自身體前部之畢宿脈。功用是，在喉間操縱語音。若竄它處，引發上身大多數疾病。它是以風大爲性的風息。

⑷等持風（別譯隨火風），來自（人體）東南隅象舌脈，進入胃中。功用是區分食物的清濁。若竄它處，引發腹鳴和胃病。它是以火大爲性的火風。

⑸遍行風，來自（人體）南部方位的毗紐脈，它同中脈之右的血脈相連，遍布全身。其功用是發育體力。若竄它處，引發目盲和四肢僵直。它是以水大爲性的水風。

2.五支分風

⑴龍風，來自（人體）西南隅鬼宿脈。其功用是取色（視物）、俊美身體等等。它是以空大種爲性的空風。

⑵龜風，出自（人體）後部方位的佛脈。其功用是取聲（聽覺聲音）、伸縮手脚等。它是以風大種爲性的風風。

【譯註】

3-22智慧風息，如羅睺羅強而有力，故別名羅睺風；如虛空界有容有間，故別名虛空風。方便智慧無二以爲性，意金剛以爲體。每晝夜流行六百七十五次。

⑶蜥蜴風，生自（人體）西北部位懸垂脈中之永巴脈【註3-23】。其功用是專司嗅覺。若竄入它處，引生腹鳴等症。它是以火大種爲性的火風。

⑷天授風，出自（人體）左部方位的伊扎脈。其功用是專司味覺，它同脚相連，又司伸腰打哈欠等。是以水大種爲性的水風。

⑸財神風，出自（人體）東北方位的嬌作脈。其功用是司觸覺，人體死亡後，它在一天之內不消失。它是以地大種爲性的地風。

3.氣息如何在鼻內流動？

鼻內流動的氣息，吸氣入體內，通過臍間脈輪流布體內旁枝脈道。呼出的氣息也是出自臍間。

又，中脈首先分出四旁枝脈，四旁枝脈各個分出三脈，共爲十二。十二支脈復分出五細脈，共爲六十四。它們同血脈、精脈相連，復在三脈會合處同中脈相連，與部分持命風流出鼻孔。

再者，根本風和支分風等，全部流經所有旁枝脈道，復流經臍間十二宮，生起命力，後在鼻孔流動。因此，右鼻爲金牛宮、巨蟹宮、室女宮、天蝎宮、摩羯宮和雙魚宮（的氣息），是爲六參差；左鼻爲

【譯註】
3-23永巴脈，人體心間八脈分入枕骨之脈名。

白羊宮、雙子宮、獅子宮、天秤宮、人馬宮、寶瓶宮（的氣息），是爲六平等。右鼻孔六天流動的氣息爲一大轉氣【註3-24】。首先出現地風，三百六十次。同樣，次第吸入以水大、火大、風大、空大爲性的氣息，次第呼出，各個三百六十次，全部共計一千八百次。其後，左鼻流出太陽風息【註3-25】，首先空風每晝夜，流出三百六十次。繼而，以風、火、水、地爲性的氣息，流出同樣的次數。晝夜十二個轉氣，流出氣息二萬一千六百次。

鼻柱是兩個鼻孔的中膈，兩鼻孔的氣息是水風；二外部是地風；二上部是風風；正中者是空風和智慧風。其色是，地風爲黃，水風爲白，火風爲紅，風風爲黑，空風爲藍。在體外從地風至風風，其厚度次第是十二指寬、十四指寬、十五指寬，乃至十六指寬。

其中，在一晝夜流出兩萬一千六百次的風息中，智慧風占六百七十五次。每次轉氣中，智慧風占五十六又四分之一次。一次小轉氣，智慧風爲十一又四分之一次。據說智慧風存在於轉氣（呼吸）之間。總之，是一次呼氣的三十二分之一。老人因智慧風流動，從而出現死兆。然而，瑜伽行者之功力，使之留於體內，從而成就不死金剛身。

【譯註】

3-24大轉氣，藏醫所說一晝夜間，無病之人呼吸氣息21600次的1/24。

3-25太陰風息，自臍下深處精血二脈經，左鼻孔外出，大種漸增之風息。甘露智慧以爲性，身金剛以爲體，每晝夜流行一萬零四百六十二次半。

百年的業風，總共爲七億七千七百六十萬次。其中智慧風爲二千四百萬次，出現在三年零三個博叉【註3-26】內。瑜伽功力卻可清淨百年全部業風，使之轉變爲智慧風。若此，則證得佛果。鑒於此，（佛）說：「用三年零三個博叉，即能成就金剛持正果。」

總之，一晝夜呼吸二萬一千六百次，其中智慧風爲六百七十五次。在器世間一年有三百六十天零二萬一千六百個時辰【註3-27】。由於日月星宿的周期未繞回，步度有盈餘，多出六又八分之一天，因而全部曆算均有差錯。復因步度虧缺分，故在世人感覺中，一年多出十又四分之一天，積三十二點五個月，置爲閏月。體內智慧風，和器世間的閏月和諧，是內外（時輪）一致的表徵。

質而言之，世間、出世間的一切，皆是風的自性，一切利弊，皆憑依風而有。《金剛鬘》云：

諳熟氣功到彼岸，
風息轉動此世間，
阻斷氣息獲成就。

關於此事，大婆羅門沙熱哈巴說：「風和識無差異，修習識，則間接斷絕風息

【譯註】

3-26博叉，半個月。

3-27時辰，古印度分一晝夜，爲六十等分之一，名一個時辰，相當於現代的24分鐘。

，隨即契入佛境。」又說：「龍樹大師和海生金剛無差異，正如利刃和銳利程度一般。」仲毗口四嚕加菩薩說：「自性同一，性相相異，識即心，風爲能生之色法。」以上諸師一致地說：「宛若有眼跛脚人騎瞎眼馬一般，風息驅動識，遂出現迷亂，把握氣息，即能守持識，由此生起樂明無分別智，故應掌握修氣。」《密集》說：

如是風與心二者，
作用同一性相二，
自證性相念且明，
風息性相動迷物。
二者性空舉例說，
心似有眼的瘸子，
氣如瞎眼的駿馬，
二者結合遊四方。
同樣識被風驅動，
遍行五門【註3-28】之行境，
心風因緣相和合，
世間諸業生功效。
人馬分離不成行，
道之加行也一樣，
修習中脈住氣時，
猶如無馬的跛子。
缺乏風息心不動，
明智之心雖堪能，

【譯註】
3-28五門，眼、耳、鼻、舌、身五種根門。

卻如瞎眼之駿馬，
能動風馬缺乏心。
不能行走得自由，
此時直指那眞實，
風心自澄登佛位，
珍惜實修守風息。

4.守持氣息的辦法

住持風息的方法有六：學習計數（風息）、束縛放任的無分別心、學習（觀想）顏色、風金剛的念誦、強力運氣、寶瓶氣修練。

無上的塔波寶師說：「（我）所說的中脈之內，本有的杜迪（中脈）、貝巴（風息），即留住風息於中脈。留住風息於心者有三：九身門、四語門和二意門。色聲等六境的感覺全部消失，所出現的感受均是樂滋滋的，是爲阻塞九身門；阻塞四大種之中風息流動，風、心會合於中脈，是爲阻塞四語門；作爲遠離各種（雜念）的標誌，打開心間和眉間脈（輪），因諸脈會合於彼處，是爲打開二語門。一切感覺無二致，出現安樂，風息契入光明。」

⑴學習計數（風息）

最初分別心頗多，應計數體內穴道等處的風息運行，並守持心，乃至時辰等。

⑵束縛放任的無分別心

放縱風息後，各個收攝，如斯等等，處於無分別心狀態，從而生起三摩地，由此獲得靜慮之心。因獲得靜慮之心，隨即出現五眼【註3-29】和六種神通【註3-30】。《根本續》云：

禪定具足五支分，
獲得五通人主啊!

⑶學習（觀想風息的）色彩

由於心專注五種風息的顏色，故能清晰地顯現，使之隨欲變化。以穩定之心專注體內外為所緣，從而成就遍處【註3-31】，即邊清淨，地、水、火、風、空其色分別為藍、黃、紅、白、青，是為成就遍處，亦即幻化通。自心和他心相會後，在定中出現他心通。同樣，以過去和未來為所緣，回憶前生。再又，出現能見三千世界之色，和聞悉三千世界之音的天眼通和天耳通。

⑷念誦風金剛

吸氣時默念「ༀ」（讀音「嗡」），住氣時默念「ཨཱཿ」（讀音「阿」），呼氣時默念「ཧཱུྃ」（讀音「吽」）。自然地默念，它是命力寶瓶氣的加行。《續》云：「日月阿、索扎、噶索三咒文以及衆生證悟身金剛，等等。」《密集》云：

【譯註】

3-29 五眼，係唯佛具有的五眼：肉眼、天眼、慧眼、法眼和佛眼。

3-30 六種神通：神足通、天眼通、天耳通、宿命通、他心通和漏盡通。

3-31 遍處，於禪定獲得自在的瑜伽師，憑依定力，以四大等為所緣，使之隨欲變化。所謂遍者，廣大無量之義。

語風三字之輪者，
交替吸住呼氣息，
如來諸佛妙精華；
吸氣『嗡』字住氣『阿』，
呼氣『吽』字氣爲三，
或留或生依止母。

⑸強力運氣

有時爲了納氣入中脈，於是保持風息的原狀，眼正視前方，心不散逸，用自己左手或右手的拇指、無名指適度地撳壓頸部的動脈。如是，再三反覆，氣息便進入中脈、生起無分別心。《喜金剛續》云：

受用脈搏共有二，
自己左手和右手，
無名指和大拇指，
瑜伽行者撳壓之，
此時生起原始智。

⑹修練寶瓶氣

①寶瓶氣的主體，首先住氣時，如《密集》所說：

右側鼻孔氣流動，
方便風爲煩惱風，

不留若住氣逆返。
左側鼻孔氣流動，
因係般若智慧風，
住持無過證悟增。
兩個鼻孔同呼吸，
方便智慧無二風，
齊聚體內中脈門，
此時勤練生智慧。

住持風息的方法。《密集》云：

先憋下體氣息往上引，
念誦長「吽」三聲猛吐氣，
下體氣息隨之緊憋後，
吸氣壓抑留住上體氣。
練氣功力達到標準時，
鼻孔排氣似箭射一程。
頻頻再吸再留再吐氣，
住持依止風息時間增。

如所述，首先念誦三聲長「吽」咒字，呼出濁氣。繼而，閉嘴，用兩個鼻孔，緩慢適度地深吸氣，咽吞一次口水，壓抑所吸氣息至臍下。同時上提下體氣息。和合上、下體的氣息，氣息充盈腹部，是爲寶瓶氣。觀想風息進入中脈；此若不能，則觀想所有風息，自汗毛孔滲入體內，復

徐徐排出。《續》云：「閉口，由兩個鼻孔吸入體外全部風息。下行風從命脈正中喇叭口，如電火一般進入（中脈）。由於熟習合時【註3-32】，日、月與火等在中脈平等，從而身體齊備食物，雖有饑渴，但不致死亡。」（原文是偈句，爲便於翻譯，改爲長短句）

②寶瓶氣之性相，爲兩個鼻孔吸入的風息，進入中脈後不流動。《續》云：「命和力之道是：二者變輕浮，或者諸持命風進入中脈。」

③修習寶瓶氣的定準。修練得光線繞身，頭生痱子，頭疼，此時不可更多地修練。繼而，收功，舒息，安住於靜慮。超此限度，可能導致死亡，故不可多練。《續》云：「命和力普遍平等，給人以安樂。應知習功直至頭疼；更多地修練，面臨死亡之恐怖，故決定毀滅蘊之量不可毀。其間髮髻被（氣息）沖穿後，一定獲得殊勝的安樂境界。瑜伽師棄蘊進入安樂境，卻在世間留臭名。」

④寶瓶氣穩定之度。能留住風息一合時、三合時、六合時；或者以手旋繞膝部三次，算一次彈指，若能憋氣三十六、七十二、一百零八次彈指，即是修持寶瓶氣上、中、下之度。

⑤諳熟風息的標誌。《密集》云：

【譯註】

3-32合時，一天劃分爲多少段時間，本是任意的，爲了與十二宮配合，劃分爲十二個「合時」。

風入中脈諳熟時，
能生風旗不飄動，
神志所及如蜂叮，
其時風息可堪能。
平庸心智心中醒，
諸法咸是那眞如，
證悟原品菩提心，
煩惱自消智慧盛。
識別密氣智慧奇，
諳熟修氣三標誌，
即爲內外密之狀：
體表熱得身顫抖，
懸崖疾馬也無畏；
內證現分是幻化，
不感氣動氣不流，
出現無限衣食等；
樂明無執爲密記，
原品大樂堅而穩，
是爲金剛般禪定。

《密集》又說：

如果除障修風息，
六種神通是功德，
出現五眼無貪著，
心不守持自然靜。

堅穩守持出智慧，
往生奪舍遊虛空，
過石留迹不沉水，
役使神鬼和神行，
自證自在不費力，
長壽自在持明等，
功德無量說不盡。

⑥修練寶瓶氣的妙果是，左右的合時清淨，不遭寒熱等過患折磨，不分晝夜放光明，神通穩定，受到安住其他世界的衆菩薩贊頌。《續》云：「命與力清淨，日月遠離，菩薩供養。」

若能阻塞風息六個月，即能以手印和氣功消除麻瘋病患，返老還童；若能更長久地阻塞風息，則入見道【註3-33】。《續》云：「用六個月時間，消除殊勝人身白麻瘋，除此之外，何可讚？相逢智慧母，隨即守持自己的菩提心，恆常堵住持命風，老人年輕七十歲，兩年之後，必定消除白髮和皺紋，由此趨轉至上道，十天左右成就（大）手印法。」

⑦消除修習風息的過失。《密集》云：

未得上師的訣竅，
無用風息危害身。
總之吸留呼氣息，

【譯註】

3-33見道，五道之一。往趨解脫歷程之中，新見前所未見本性，登聖者地，現觀諸法無我，如所有性，應了知一切有法，盡所有性，修七覺支，以根本斷除一切見所斷惑，離五怖畏，證得十二個一百功德之道。

不知留住守持量，
脈輪錯亂也危害；
風息漫游命脈後，
若有漏失成狂癲；
風息侵入皮肉間，
痳瘋水腫虱病生；
風入心中患心風；
下行風息若錯亂，
紅白菩提大便漏；
逆反上行頭眩暈，
心煩上體和鼻疼，
練氣過失不可思。
如日除暗消毒法：
修習氣功各座間，
三次念誦長『吽』咒，
連續猛烈哈氣息，
上身平衡銘記心，
從而練功不差池，
是爲獨斷方便王。

風息不是時候地顛倒運行，是死亡的徵兆。其防止的氣功是：

首先消除身體的疲勞，
觀想清除脈道的過失，
脚結跏趺上身正直坐，
雙手撳壓腋窩的動脈，

均衡束縛上中下風息，
氣息充盈身體各部分，
七日之後死兆自然消。

矯正長時流動至一側的偏風，其辦法是，風息從一側流動之手，捣住鼻孔，用另一隻手，撳壓風息流動一側腋窩的動脈和乳根，以風息滯流一側的鼻孔，修習寶瓶氣。若風息仍邪流，在該側，施以如是舉措。《續》云：「憋氣後，用力撳壓左右腋窩和乳根，用右手阻止左側（動）脈猛流動，乃至以左側腋窩，阻止右脈。具有瑜伽功力的瑜伽師，能消除死期爲半月的死兆。」

⑧修習長壽和運氣消毒，是觀想頂間大樂脈輪【註3-34】的體相，爲被梵文元音串圍繞的白色明點【註3-35】，其甘露流落至小舌。張開嘴，上下牙齒互不觸及，觀想運氣至小舌後面，吸吮、吞咽甘露流，使之充盈體內所有要害處，從而生起大樂，住持風息於臍間。《續》云：「脚結跏趺，口微張，上下牙齒彼此不觸及，吸入體外之氣，與甘露一起，納入肚腹正中。觀想殊勝體內，極端的燥熱、饑渴已被消除和眞正地根除了。毒也如此。觀想額間白色明點，圍繞梵文元音字母，正在滴漏甘露。」

【譯註】

3-34.脈輪，密乘所說人體中脈，分出若干瓣狀旁枝形成的輪形脈道。大樂脈輪在頂間，有三十二瓣。

3-35明點，精液。密乘所說體內風、脈、明點三者之中的明點，是大樂精髓或種子，以種種精華和糟粕形式，存在於體內脈道之中。

⑨住持風息的功德。尊者噶瑪拉說：

啊！識【註3-36】被風翻攪，
風息堪能可作事；
風息點燃臍輪火【註3-37】，
風息治療雜合病【註3-38】，
調和四大保健康，
禁戒妙行消危難，
生活中的攝生術，
風生大樂「ཨ」和「ཝཾ」【註3-39】，
由知緣起而升起【註3-40】，
神行【註3-41】成就將修得，
風入中脈是大印【註3-42】

3 明點是如何組成的？

明點組成情況有三：根本離戲明點、迷亂無明明點，及其對治明點。

1.離戲明點

即自心俱生智。其依止處係持命明點。《密集》云：

堅守命的菩提心，
心中血液的精髓，
如鹽裸露蛋大小，
內有光點閃閃亮，

【譯註】

3-36識，了別對境的主體，分別思維各自所緣之心。總指眼識，乃至意識等六識。

3-37臍輪，人體心脈輪中北支脈名。臍輪火別譯拙火、靈熱。密乘圓滿次第根本法之一。集中堅守風、脈、明點，以使臍中針影（形如倒豎梵文字母短阿）燃起樂暖。功能猛厲燃燒一切不淨蘊界，滅盡一切煩惱尋思，迅速生起俱生妙智。

3-38雜合病，三病齊發之症，風、膽、涎三毒合病，如胃潰瘍等涎分雜合病。

3-39原註（藏文原書註，下同）：「ཨ」，由經血獲得大樂之故；「ཝཾ」，指男精、空分、金剛智。「ཝཾ」，讀音「汪」。

3-40原註：示現明空。

3-41神行成就，將修練之藥，塗於腳上，瞬息即可環遊世界。

3-42原註：憑依風息證得金剛持之成就。

大小豆莢合和般，
能念之心寓中間。

此處所說能念之心，其性質是，自性空、自然明潔、不滅。此三者，作爲三身的自性而存在，這就是根本離戲之明點。空與離戲，是法身的自性；明爲報身的自性；無滅之力爲化身的自性。有如是之性相，顯現於現在，並不違越一切實有法【註3-43】自性空。如是，一切顯現爲空；報身的性相，在眼所行境，出現法界本智的十種性相；化身的性相是六聚【註3-44】各個出現現見外境的功用。此三者，眞實無欺的性相現在顯現爲外境。

有境【註3-45】之智【註3-46】是與此相聯繫的識，其體相爲眞實、遠離分別、無誤。修習原始智和諳熟風、脈，若掌握元氣明點，則於持命明點堅守心，眞實地了知離戲明點。《密集》云：

強烈傾心守持心口間，
由此放射傾注放射處，
鬆弛片刻眞正來堅守，
宛若無雲蒼穹自證分【註3-47】。
悠閑明亮維持著原狀，
猶如明鏡之中的影像。
瑩澈內外空明勿執著，

【譯註】

3-43實有法，具有功用，能生起各自取識和各自後續自果的一切色法、心法及不相應行法。

3-44六聚，眼、耳、鼻、舌、身、意六識。

3-45有境，能涉入自境，而與之相應的事物。指一切能解脫之聲音、內心、感覺器官及補特伽羅。

3-46此指一切有情心中，本來自然存在的明空了別的意識。

3-47自證分，爲「四分」之一。四分爲相分、見分、自證分、證自證分。相分是見分的對象。見分是認識能力，但見分不能自知見分，如刀不能自割。故必有知見分之用，此名自證分。自證分不能自知，需有證自證分。又作自明。按噶舉派的說法，指直指自心之名。

若是明示直指此自心，
若此則是持命菩提心。
樂空醒悟心的正中間，
遍知一切皆是智慧力，
在那認定俱生智慧時，
心和樂明以及無分別，
自然而然出現彼三者。
再又無有煩惱是安樂，
不滅且無執著無分別，
如是直指自心見自性。
自性清澄本智且明潔，
察見先前從未見過事，
法性本色不染自性淨，
明而不滅無執是安樂。
如是眞實了知之正見，
心不散逸專心去修持，
乃是不損空性的行爲，
回遮最終親切之感情，
憑借證悟正見之威力，
無心貪戀斬斷諸牽累，
遠離能所二取勇武者，
回遮貪戀勇毅機靈者。
若是實修清淨無倒義，
臨終身體力行享果報。
上述持命以及菩提心，
講説無明醒悟無生智，
和那天成自現原始智，

離戲無滅利濟諸有情，
三身任運天成堪稀有。

聖者龍樹說：

諸識之主的諸法，
遠離分別和尋思，
諸法空而無自性，
我説它是法爾界。

2.迷亂無明明點

離戲明點，缺乏自知之明，遂出現五大種的實體明點。關於實體明點有三：介紹兩種元氣、糟粕之出現、三十六界的形成。

⑴介紹兩種元氣。作爲「ཧཾ」（哈木）字的體相，白分存在於中脈的上竅，作爲短「ཨ」（阿）的體相；赤分存在於臍下，三脈匯合處；阿賴耶識和持命風，穩住二者之間。有情臨終之際，白分下行，赤分上行，持命風散開，識逝往並依附它處。其時白分和赤分，二者之間的持命風和識根基，如《初佛經》云：

在那有情死亡時，
月亮甘露向下行，
上方游塵羅睺狀，

識呈輪廻之相狀。

⑵糟粕之出現。赤、白二分的清濁，是如何出現的呢？由於在胎藏期間，同母體的脈相連，遂生起各種生理結構。出生時，風、火在胃中均勻、研磨涎液【註3-48】，膽囊改色，三者加熱、消化和吸收食物精華部分，經肝臟四條大脈，轉變成血，血之精華變為肉，肉之精華變為脂肪，脂肪之精華變為骨骼，骨骼之精華變為骨髓，骨髓之精華變為精液，精液之精華化作力和身。它們叫做七種元氣精華。它們的糟粕，是胃中糟粕，有濃淡兩類，其中濃的一類，經過腸子而去；淡的一類，通過「居卓」脈到達膀胱；元氣的糟粕，亦即血液的糟粕為膽，肉之糟粕，為皮膚和汗，脂肪的糟粕，為肉疣子（淋巴腺），骨骼的糟粕，為牙齒和指甲，骨髓的糟粕，為管道中的淚水和鼻涕，精液的糟粕下流（意為所排男精），元氣化作力量和顏色。

⑶三十六界的形成。三十六界，是由兩種精華（指男精女血）蛻變的糟粕，它們是三十六種生理構造。《桑跋扎續》詳述說：

米切蘇米熱瑪脈【註3-49】，

【譯註】

3-48研磨涎液，人體五根本涎液之一，存留於胃中，功能在磨細胃中食物，使成糜粥。

3-49人體心間八脈，分入髮際之脈名。

長出牙齒和指甲，
……

同樣，《戒律源流》云：

蘇米熱脈在頂間，
牙齒指甲的生處【註3-50】；
頭頂折蘭達熱脈，
毛髮生長的根基【註3-51】；
右耳一側鄔堅脈，
生長皮膚和腸子；
阿魯達脈在頸前【註3-52】，
生長肌肉的根基；
郭扎哇日在左耳【註3-53】，
生長骨骼的根基；
熱米夏熱在眉間【註3-54】，
恆常生長骨骼脈；
德畏郭扎在眼部，
生長肝臟的脈道【註3-55】；
瑪拉雅脈在兩肩，
恆常生長膽汁脈【註3-56】；
噶巴如巴在腋下，
眼珠肌肉之所依【註3-57】；
沃折雅脈在乳根，
恆常生長出膽汁【註3-58】；
直夏古臍在臍間，
生長肺臟之所依【註3-59】；

【譯註】
3-50原註：即米厄瑪脈。
3-51原註：即查素瑪脈。
3-52原註：即孜瓦瑪脈。
3-53原註：即云巴瑪脈。
3-54原註：即土通瑪脈。
3-55原註：即貢巴莫脈。
3-56原註：即旺瑪脈。
3-57原註：即厥瑪脈。
3-58原註：即久瑪脈。
3-59原註：即瑪莫脈。

郭夏拉脈在鼻間，
鬘狀腸子的出處【註3-60】；
噶凌噶脈在嘴部，
恆常糟粕形成處【註3-61】；
朗薩噶脈在喉間，
肚臍恆常生長處【註3-62】。
均是精脈的分支。

又云：從血脈分出的脈道有：

幹基脈是心間脈，
操縱大便排泄脈【註3-63】；
多吉嘿巴在子宮，
確瑪之間所流脈【註3-64】；
哲達布日在私處，
它是分泌涎液脈【註3-65】；
止哈迪哇在肛門【註3-66】，
恆常控制膿液生；
梭布熱喀在兩腿【註3-67】，
恆常控制血液生；
兩隻小腿的賽林【註3-68】，
它是分泌汗液脈；
那噶熱脈腳趾根【註3-69】，
據說恆常長脂肪；
斯杜脈在腳背上【註3-70】，
分泌淚水素堅瑪；
瑪如奪哇在拇指【註3-71】，

【譯註】
3-60原註：即村莫脈。
3-61原註：即色津瑪脈。
3-62原註：即查瑪脈。
3-63原註：即尋瑪脈。
3-64原註：即瓊塘脈。
3-65原註：即辛杜素堅瑪脈。
3-66原註：即瓊瑪脈。
3-67原註：即居津瑪脈。
3-68原註：即覺折瑪脈。
3-69原註：即杜古瑪脈。
3-70原註：即楚瑪脈。
3-71原註：即厥瑪脈。

恆常分泌出唾液；
古穆達脈在膝部【註3-72】，
恆常分泌出鼻涕。

以上二十四處穴位，同體內二十四脈相對應。除此之外，尚有五界、三如是、四如是，在此處是指體內心臟內，眞實存在的五條脈，那是支分風息流動的五條脈。

關於血脈、精脈和中脈的功用，《邦阿續》云：

此爲向下的三端，
此爲向上的三端，
羅睺脈端在正中，
尼瑪脈端排右側，
達瓦脈端在左邊，
水火和空在運行，
中脈下竅左右匯，
大便小便精液流。

此語是說，在三條脈匯合處，風息向上流動，清濁（廢物）向下流動。

《瑜伽母續》載（體內）有三十二脈。在此基礎上，除去流動五根本風的大命脈外，另增加四脈，則爲三十六脈，是爲《方便續》之明述。故共是三十六類。

如是，依附於上述脈道的界（生理機

【譯註】
3-72原註：即盒桑瑪脈。

構）是風息和白分、赤分的主體，它布滿並流動，在三千五百萬根厚厚的汗毛中。

特別是上述諸界的精髓月液，從囟門流下十六滴至喉間；從喉間流下一半，即八滴至心間；從心間流下一半，即四滴至臍間；從臍間流下全部，至三脈交匯處的靈火上，從而在「東欽瑪」脈道內，生起安樂，衆有情心情喜悅，首先生起貪欲。繼之，因不理解俱生喜，尾隨愚痴，遠離安樂，遂生憎恨，從而成爲生死連綿輪廻的種子。而遺精狀態的安樂等，乃是苦的種子。《時輪續》云：

智慧【註3-73】會合彼遺精，
此時增長彼之樂，
彼因未獲不滴漏，
以漏爲樂實是苦。

又云：

野獸之王啖野獸，
一年之中若交媾，
瓦礫蚊蠅爲食物；
鴿子經常行淫欲，
二者均無最上樂。
猶如牠們常排精，
情欲者和苦行者，

【譯註】
3-73智慧，緣各自對境所觀察事物，對其本性、特性、自相、共相、若去若取詳細地辨別之最勝心所，具有除治猶豫之作用者。

醒和夢中皆排精，
二者咸無最上樂。

《簡略續》云：誰排精，誰就缺乏解脫，和最上瑜伽之樂。排精，是投生的種子。因此，應以特殊的方法，束縛精液，使之不遺漏。」

3. 對治明點

堅守對治明點，是說臍火熾降【註3-74】，生起無漏樂空。《密集》云：

臍下四指法源處，
事實臍火針尖大，
向上燃燒紅彤彤，
「ཧཾ」（哈木）字顛倒頭朝下。
變成光明熔化後，
降下月液十六滴，
此是大樂快活林，
降至腦中生歡樂；
其半八滴降喉間，
生起殊勝的大樂；
其半四滴降心間，
生起離喜空樂喜；
其半兩滴降臍間，
生起等同虛空喜。
樂空無別最上樂，

【譯註】
3-74臍火熾降，融化頂門百會穴中短阿，成爲大樂菩提即月液，下降全身。

俱生智慧生歡喜，
不可言表其感受，
認定諳熟彼者時，
樂空無別常證得。

按照佛的教誡，和上師的訣竅，以三法印【註3-75】之火，堅守明點，生起樂空智，又以寶瓶氣之威力，使菩提心不滴漏，堅守在「東堅瑪」脈的下端，並淨治一千八百種分別心之風息。若此，則修得見道。繼而，若能次第地，憑借提升明點於六大脈輪，並使之安住於囟門，則次第登十二地，獲金剛持之果。《續》云：「從慧和智得安樂。倘若明點釁不移動，從而不滴漏，刹那俱生智，將使今生證得法爾界，摧毀生生世世積累的煩惱魔，在今生證得神通、遍知地和三界瑜伽師果報。」

◈◈◈風、脈、明點的意義

論述風、脈、明點的意義有五：知悉所淨基【註3-76】和能淨、守持所依，從而堅守能依、證悟人身是等覺（佛的稱號）、證悟人身是方便智慧的體相、理解果報的意義。

【譯註】

3-75三法印，印證佛語的三種標幟：諸法無我、諸行無常和有漏皆苦。

3-76所淨基，生有、死有和中有。

1. 守持身體

分內外別三點。此處所說的五脈、五氣、五大種、五蘊是五佛的行相。五支分風、五脈、五界是五佛母的行相。五根、五境、五根識【註3-77】，共為十五，世稱菩薩的天母。六識智之界，謂之為金剛持。分別詳述無可估量，此處不贅述。

2. 守持所依，從而守持能依

勝義菩提心，是本智明空法身的自性，依止於世俗之心，它憑依色法的菩提心（指男精女血）。色法菩提心，憑依風息；風息憑依脈；脈憑依身。所以守持脈，則能守持風息；守持風息，則能守持明點；守持明點，則能守持分別心；守持分別心，則能生起無分別智。無分別智使身體殊勝。

3. 領悟人身為等覺

如是，介紹身中穴道，即能領悟人身就是等覺。

又，應理解「出生」，相當於佛的化身；住胎十月即十地；從胎降生即出家；衣胞即法衣；母親即親教師；合掌於頭頂即敬禮；懂事即為戒律；誦咒即「ཨ」和「ཧཱུྃ」；裸身而來即削髮和剃鬍鬚。《喜金剛續》云：

【譯註】

3-77 根識，依存於有形諸根之識，如五門識。

胎藏衣胞是法衣，
同親母是親教師，
頭頂合十表敬禮，
利濟衆生表持戒。
念誦咒字「ཨ」和「ཧཾ」，
裸身而來剃鬚髮，
生起咒義是比丘，
衆生皆是正等覺。
上述因緣勿置疑，
住胎十月登十地，
十地自在是衆生。

同樣，該書又說，依止四位爲報身或四身。《無垢光》說：「沉睡、愚鈍、無知位是法身；夢幻位、持命風彷彿有生和無生，是報身；醒覺位有感知等，爲化身；貪戀位是智慧身。衆有情有蓋障，諸佛無蓋障。」

雖然體驗到死亡時，宛若法身，但死亡時，六識收斂，色、聲、香、味、觸隱沒，叫做感覺隱沒，是爲收斂化身。此時，由瞋恚所變的三十三種分別心斷滅。清淨意隱沒，叫做增相隱沒【註3-78】。生起的識隱沒，叫做收斂報身。此時，由貪著變化而來的四十種分別心斷滅，阿賴耶識會合於光明自相，叫做得相隱沒【註3-79】

【譯註】
3-78增相，密乘修習隱沒次第中，唯見天空日光映射，一片空明紅霞，別無所的微細意識景象。
3-79得相，隱沒次第中唯有深夜一片漆黑，別無所見的微細意識景象。

，即阿賴耶識隱沒後，現見光明法身。此時，由愚痴變現的七十種分別心斷滅。雖然如此，但經典說：

所有有情死亡時，
隱沒感覺和尋思，
粗細意識均隱沒，
隱沒之後成習慣，
升起自性光明相。

4.領悟身體是方便、智慧的自性

如是，生、住、死也是作爲方便、智慧的自性而存在【註3-80】。成就身體，父母是方便、智慧；白分、赤分是方便、智慧；五界和中是方便、智慧；住世時，骨骼和肌肉是方便、智慧；死亡時風心【註3-81】隱沒，是方便，光明作爲智慧自性而存在。《喜金剛續》云：

因爲方便是大種，
壞滅智慧滅輪廻。

此外，分別詳述在《時輪經》有明載，茲不贅言。

《俱舍論》云：「這些雖然可以說成是色蘊，但是在此應知脈是人體的自性。風息清淨、時間的形式，以及心意清澄，

【譯註】

3-80方便，謂菩提心；智慧謂證悟無我的空性慧。

3-81此指煩惱惑。

被認爲同菩提一起往返，因此身體構造，正如體外宇宙一般。」關於它們壞滅，和收攝的情況，關於脈斷、氣阻、生理機構變化的情況，《時輪經》闡述頗多，在此不贅述。

5. 理解果報的含義

果報是由風、脈、明點化作佛之三身，或（佛的）身、語、意。下文將述及。

第三節 心實有法的實質

介紹心實有法有三：有垢【註3-82】心性、離垢的心性，和迷亂的邪分別。

有垢心性

《阿毗達磨論集》說：「心蘊是儲藏被界【註3-83】和處【註3-84】的習氣【註3-85】雜污的全部種子之阿賴耶識。」《再啓幻化匙》說：

例如泥土不稱濁，

【譯註】

3-82 原註：離意，不思維；也不了別自境，不想念；遠離外境，不伺察；遠離所緣，不修習；遠離希冀，不思念；僅住於光明，即心自然而住。是爲諦洛巴六法。

3-83 界，指識、根、塵。

3-84 處，內能取根，外所取境，均爲心及心所諸識未生者新生，已生者增長之處，或生長之門。

3-85 習氣，內心對種種善、不善，處中之外境，長期慣習之氣，隱存沾染於心識之上者。

水也一樣不叫濁，
土水混合取名濁。
同樣天下衆有情，
普遍依存有法身，
對此不名阿賴耶；
存於清淨性相時，
不能取名阿賴耶。
法身宛若水一般，
沾染習氣的泥土，
方能取名阿賴耶。

《喜金剛二品續》也說：

一切有情即是佛，
卻被客塵所遮覆，
清除客塵即是佛。

◈◈◈離垢的心性

無垢心的本質，就是阿賴耶識的清淨分。心的本性，是自然地清淨，空，明無阻，遍布一切，無變化，息滅諸戲論。此自性同諸佛的密意，無二致，是原始智，如來藏。《大手印明點續》云：

遍布衆生如來藏，
無一衆生非法器。

《喜金剛續》云：

世間有情皆爲佛，
非佛有情無處尋。

又云：

心者就是正等覺，
我説没有別的佛。

如是之心，作爲佛陀三身的自性而存在。

再又，心之自性空，就是法身；自性光明，就是受用身；悲憫無阻，就是化身；彼三者無差別就是自性身。《密集》云：

心性空者是法身，
明而不滅是報身，
憶念連篇是化身。

《菩提心集續》又云：

心性本是離戲論，
遍及一切爲精華，

其性空而離戲論，
唯它才是佛法身。
心性明而無分別，
光明心有口眼耳，
無所不在周遍行，
它是佛的受用身；
心的各種自證分，
隨境紛紜意識生，
示現本智佛化身。
三身自現自證知，
為利衆生而明現。

◈◈◈迷亂的邪分別心

如是之心不能自知，遂生迷亂。它分為俱生無明，和遍計【註3-86】迷亂無明。

1.俱生無明

俱生無明從何而有？來自守持基位的無明。何謂無明？心本身不認識自己。從何時謂無明？從佛同有情混沌不分的無始以來，遂有。心和無明誰為早？無所謂早遲，二者俱生。故稱心性為俱生智慧，無明為俱生無明。何處俱生？乃法界也。二者是一是異？非一非異，唯有心是否自知的差別。無明之狀為何？由於遍計所執，

【譯註】

3-86遍計，起世俗分別心。遍計無明，由於雜染宗派異說染污之見，使人愚昧，不能如實了知事物的本質。

迷亂之故。

2.遍計迷亂之無明

如是之心，不能自知，執他（即阿賴耶識）爲「我」，思慮「我」，內向執持，故叫染污意。心意變動的瞬間，（心之）造作活動如水的波瀾一樣變動，將心的自光，誤認爲外境，於是現起能所二取。接著，意識朝外，五門識尾隨其後，生起各種分別心。隨即取名爲自、他、內外、情器、處所、家宅、父母、夫妻、兒女、財食、敵友等等，並以愛憎對待之。從而造出各種業，此因造就三界六道衆生之果位，經受種種苦。苦，不是他人造作的，而是自心迷亂，造孽所現起的幻象，猶如蠶蟲吐絲，自縛自身而死一樣。六道衆生的種種苦，出自於各自的迷亂心，而無令他受苦的其他一個造作者。《密集》說：

阿賴耶識在最初，
無有做作和染汚，
決定遠離那偏袒，
空而周遍虛空般。
自力造作風吹動，
無明尋思的造作，
頑固捨棄虛空名，

力不自主陷被動，
念力放逸和愛憎，
輪廻三界焚自心。

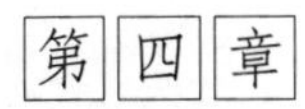

道次與生果次第

第一節 清除煩惱惑的道次

清除煩惱惑的道次【註4-1】有四：能成熟的灌頂、能解脫之道（門徑、方法）生圓次第、堅穩的三昧耶【註4-2】和究竟的行爲。

◈◈◈能成熟的灌頂

能成熟的灌頂。譬如在具備水、肥和溫度的沃土中，播種生命力健全的種子，便可萌芽。佛說，同樣，因密咒之旨，從資糧道【註4-3】乃至究竟道，灌頂甚爲重要。

再又，隨順所淨基，成就身體的次第是：胎藏位等爲加行等；出生後沐浴爲水灌頂【註4-4】；蓄頂髻是寶瓶灌頂；耳廓穿孔是飄帶灌頂；模仿動作姿態是金剛鈴灌頂；學習說話是禁戒灌頂；取名是名號灌頂；授記爲自類（本族）是隨許灌頂；娶妻是秘密灌頂【註4-5】；領納安樂是智慧灌頂；四位無心【註4-6】是四種灌頂【註

【譯註】

4-1 道次，依次序學習佛法，以修自心。

4-2 三昧耶，密宗戒律。三昧耶者，即是欲得果者不應違越之事，隨順本尊所喜身語意行，進趣善法，遮不善爲相。

4-3 資糧道，通往涅槃之本，集積順解脫分善業所攝廣大資糧；由聞及思通達無我總名總義；修四念住、四正斷及四神足，以厭患斷除引輪迴苦粗分應斷；證得天眼、神通，及法續定所有功德之道。

4-4 水灌頂，寶瓶灌頂的支分，爲能淨除弟子無垢故，名水灌頂。

4-5 秘密灌頂，三上畢竟灌頂之一，在上師雙身世俗菩提心壇場中，爲弟子語門灌頂，使語門諸垢清淨，有權修習風脈瑜伽，及念誦咒語，於身心中留植證得果位，語金剛圓滿報身緣分的一種無上密乘灌頂。

4-6 四位無心，心識暫時休止的四種狀態：滅盡定無心、無想定無心、極睡眠無心，和極悶絕無心。

4-7】；被指定爲衆弟子之導師是大光明灌頂。

以上爲所淨基。隨順它們施以淨治，即世間十自在【註4-8】、出世間的大手印自在，均係金剛阿闍黎的諸種灌頂。《般若五十萬偈經》云：

天下孩子出生時，
母親施以水灌頂；
存留兒童螺頂髻，
附會爲寶瓶灌頂；
兒童耳廓穿孔洞，
人稱爲寶帶灌頂；
兒童說話和顫抖，
乃是金剛鈴灌頂；
同樣命名是灌頂，
隨許授記是灌頂，
母親常授誦讀課，
如是世稱七灌頂。
孩子長大把妻娶，
世稱最上的灌頂；
授給孩子以慧觀，
使之雙手辦事情；
方便智慧相交合，
領受終極的安樂。

以上相應的果報是：資糧道、加行道

【譯註】

4-7 四種灌頂：寶瓶灌頂、秘密灌頂、句義灌頂和智慧灌頂。

4-8 世間十自在：命自在、心自在、資具自在、業自在、受生自在、願自在、神力自在、智自在、解自在、法自在。

【註4-9】、十地、佛地和大光明灌頂等。《時輪經》云：「施授七種灌頂，由於其善行，將成七地自在。再次對不退轉（精進者）等授給寶瓶、秘密灌頂，彼將入定地。若傳給智慧灌頂【註4-10】，彼即滅除世間怖畏的文殊自在。」《金剛骨盧和合續》說：

經歷十地十灌頂，
因彼之樂而成佛。

如是，菩薩的三種註釋，和諸續論述甚多，《灌頂儀軌》有詳細的表述。此處恐行文冗長，不再贅述。

灌頂的本質，是使未成熟者成熟。因此，首先獲得灌頂甚爲重要。雖然諸種灌頂，是道所清淨之基石，而著手入道，從領悟身心之義的角度而言，也是道。

◈◈◈能解脫的道次

能解脫的道次有二：生起次第【註4-11】、圓滿次第。

1 生起次第

【譯註】

4-9 加行道，徑趨解脫歷程之證得，順抉擇分善根者，行諦現觀，以修所生慧觀境無自性，修五根、五力，斷除一切遍計所執應斷，能證等持、總持、神通功德之道。

4-10 智慧灌頂，三上畢竟灌頂之一。在手印女壇場中，爲弟子意門灌頂，使意門諸垢清淨，有權修習圓滿次第之道，於身心中留植證得果位，意金剛法身緣分的一種無上密乘灌頂。

4-11 生起次第：爲求淨治四生習氣，解脫凡庸見、聞、覺知之縛，現見本尊、眞言、智慧本性而修習之瑜伽。

如所說：「身體安住於正等覺之身的自性，隨順安住，觀想本尊。在道位，應斷除視身體爲平庸之身，淨治四生【註4-12】。初學者們，應守持心，將內外別時輪【註4-13】合而爲一。在成就果報分位，爲利濟衆生，顯現衆多自在色身，從獨雄乃至無量。總而言之，有多少分別心，就觀想同樣數量的本尊，其面和手，也如此觀想。塔波寶師說：「修持生起次第，上乘者見諦（現證空性），一般者可得轉輪王，差者也可證得天人之果報。」

正如《六法根本》所說：

秘密灌頂等時候，
淨潔無垢寶鑑上，
巧繪金剛勇識像，
恰似顯現其影像。

應觀想（諸法）既顯現，卻無自性。

2 圓滿次第

圓滿次第有二：依賴風、脈、明點的不甚深之圓滿次第，和甚深身大瑜伽【註4-14】。

依賴風、脈、明點的不甚深圓滿次第，這是主要的。

【譯註】

4-12 四生：胎生、卵生、化生、濕生。人畜是胎生，鳥蛇從卵生，天神是化生，昆蟲皆是濕生。

4-13 內外別時輪。外時輪指須彌山、四大洲和八中洲等器世間；內時輪指五欲界、六欲天、十六色界、四無色外邊等三十一有情世間；別時輪指生起次第的能依、所依壇場和圓滿次第的風、脈、明點等地道。

4-14 身大瑜伽，密宗瑜伽部四印瑜伽之一。消除阿賴耶識客塵迷亂，現見自性大圓鏡智。

「圓滿」即次第修心的方法。《作喜續》云：

觀想心性即成佛，
珍寶自心向外變，
沒有衆生無佛陀。

圓滿情況是，性圓滿，七萬二千脈圓滿於中脈，脈道圓滿於明點的自性，全部明點圓滿於樂空無二的明點，全部明點圓滿於風息，全部風息圓滿於智慧風，全部智慧風和八十自性，尋思圓滿於無二智。

實修圓滿次第中，憑借脈實修圓滿次第有三，不依靠脈輪，觀想空明人體內，三脈具備四種性相。

1. 依靠脈輪

一靠觀想臍間梵文字母短「ཨ」；二靠觀想臍間和囟門梵文字母短「ཨ」和「ཧཾ」熾降；四靠（原文如此）觀想四臍輪的「ཨཱ」、「ལི」、「ཀཱ」、「ལི」【註4-15】等梵文字母升華爲五部如來的自性並熾降。《喜金剛續》云：

臍間燃燒猛厲火，
五部如來燃燒起，
眼睛等處亦燃燒，

【譯註】
4-15「ཨཱ」，讀爲長音「阿」；「ལི」，讀爲「里」；「ཀཱ」，讀爲長音「迦」。

燃燒滴落『ཧྲཱི』『ཨོཾ』【註4-16】『ཧཾ』。

又說：

ཧཾ字燃燒流月液。

以上任何修持，均會出現暖、樂、明、無分別的感覺。

在自然的脈道，堅守無分別心的肯綮，出現煙等精華。

2. 憑借風息

有：學習放任風息、學習（觀想風息之）顏色和狀態、計數（風息）、念誦風金剛咒、修持瓶氣和強力功、矯正邪氣、修持陰、陽和中性風息、學習住持五種風息【註4-17】。

3. 憑借明點

有：依靠自身堅守明點；依靠他身堅守明點；（明點）滴落自身和他身；住持明點、阻止明點、明點遍布等四種。

堅守風、脈、明點的關鍵，從世俗諦來說，生起暖、樂、空、無分別的感受；從勝義諦來說，暖、樂、空、無分別四者空而無我，如幻一般，遠離一切戲論，出

【譯註】

4-16「ཧྲཱི」，讀爲「紇里」；「ཨོཾ」，讀爲「嗡」。

4-17 住持風息，密宗一種修氣方法。修時似乎呼吸已斷，類似道家胎息法。

現如斯的感受和證悟。《喜金剛續》云：

無處尋覓的俱生，
他人無法來表述，
上師及時給教誨，
我由福德方領悟。

3 修持的教誡

關於修持圓滿次第的教誡，《父續》敍述的全部教誡爲五次第，《母續》傳授的全部教誡，爲四印【註4-18】。其中五次第是語寂【註4-19】、念誦風金剛咒、心寂【註4-20】、（臍火）熾降、幻身【註4-21】光明雙運。四印是三昧耶印、業印、法印和大印，四印全都包括在具德那洛巴六法之中。

所謂的臍輪火，包括住持風息、五次第的語寂、臍輪火正行、心寂、四印之中的三昧耶印、修持（臍火）熾降法中的業印。六法中的幻身，包括五次第的幻身、四印中的法印。六法中的夢幻【註4-22】包括五次第中的雙運【註4-23】。在道位住持心不散逸，是有學【註4-24】雙運；而僅僅斷除分別心，是無學【註4-25】雙運，係四印中法印的支分。六法中的光明，包括五次第中的光明，和四印中的大印。往生【

【譯註】

4-18 四印，密乘瑜伽部所說業印、三昧耶印、法印和大印。

4-19 語寂，圓滿次第三寂之一。修三明點之心風於鼻、心及私處等三尖端，俾風內滲以生起四空。

4-20 心寂，遠離生死涅槃根本，尋思心風，體性現爲空樂無別時，所修圓滿次第瑜伽。又，心寂，三寂之一，憑依內外二邊，使風滲入心間以生起殊勝四空。

4-21 幻身，無上密乘圓滿次第所說，雖無行相而有種種現分，雖有現分而無自性，故名幻身。光明，由修圓滿次第之力，所起虛空形色，如圓光等，是幻身的一種。

4-22 夢幻，幻身的一種。習氣所生微細身心所成，隨處通行無有阻礙。

4-23 雙運，密乘五次第之一。智慧空性與方便大悲，或智慧光明空性，與方便俱生大樂雙運，或指外境完美，與內心永恆大樂雙運。

4-24 有學，尚須修學道位。

4-25 無學，即住無學者，各自證得究意的補特伽羅。

註4-26】和中陰【註4-27】連接後者，故包括於此。

如是，包括五次第和四印的那洛巴六法為何？《金剛偈句》云：

臍火樂暖猛燃，
幻身愛憎自解，
夢境迷亂自消，
光明愚痴自淨，
往生不修成佛，
中陰佛之報身。

關於以上六法，尊者惹瓊巴【註4-28】說：「和合貪欲於大樂修臍火，和合瞋恚於光明修幻身，和合愚痴於無分別修光明，是為三種和合。臍火和合幻身，白日修；夢幻和合光明，夜晚修；中陰和合轉識，臨死修；是為三種和合。精進者和合臍輪火，懈怠者和合夢幻，短壽者和合往生，是為三種和合。總稱九種和合往生【註4-29】。

關於那洛巴六法，經籍稱之為四根本、二支分。但以四要點表述之，除去所緣要點，下面略述其他三要點【註4-30】。《經》云：

此處所謂三要點，

【譯註】

4-26往生，即往生奪舍，使死者靈魂往生淨土，或進入其它屍體，以借屍還魂。那洛巴六法之一。

4-27中陰，即中陰幻化。意生中陰之身，諸根圓滿，通行無阻。中陰，別譯中有身，中陰有情。佛教認為已死尚未投生的中間階段，仍有過渡的中有身，類似一般所說的靈魂。

4-28惹瓊巴，全名是日惹·多吉札巴(1083-1161年)，生於後藏貢塘地方，十一歲時起即從噶舉派密勒日巴學法，後兩次赴印度，從底普巴和瑪吉珠杰，學完無身空行母法，復返藏傳給密勒日巴。離師雲遊藏區南北各地，居住涅、洛若最久。曾廣收門徒，傳授教法，並講述道情多種，及密勒日巴生平事跡。

4-29和合往生，法界與心識融為一體，即於法性光明中任運往生。

4-30舊密大圓滿超越修習之三要點：整飭身體要點，不超離三身之三種坐姿；引導法界要點，不動搖三身之看法；現象外境要點，法界本智不分不離，緩息安住。

身體外境和時位。

1. 身體要點

一般說來，身體要點，有禪定六法，和獅子臥姿【註4-31】。

關於禪定六法，經書說：

再說禪定之六法，
宛若珠寶穿成串，
十分筆直和彎曲【註4-32】，
大花結子般緊縮【註4-33】，
白蓮一般地生長【註4-34】，
等至定印揑得緊【註4-35】，
格子似地相交叉【註4-36】。

以上所云，對守持脈、風息保持原狀，生起暖樂，斷滅分別心，神志清醒等有所裨益，故需依此修持。

下行風存在於私處。爲了堅守該風和脈道，格子似地交叉脚，肛門如花疙瘩似地緊閉。爲了守持臍間的隨火風【註4-37】和生起暖樂，挺腹、臍下作等引姿態【註4-38】。爲了把握心間持命風，和使風息維持原狀，脊椎應如銅錢重疊一樣伸直，上半身如獅子一般挺起，雙肩應如靈鷲的翅膀一般伸展。爲了把握喉間的上行風，並爲斷除分別心，頸脖應如孔雀（頸）一

【譯註】

4-31 獅子臥姿，右脅著席，左腿重疊，放在右腿上面的姿態。

4-32 原注：指直腰和彎頸。

4-33 原注：指肛門。

4-34 原注：指肩。

4-35 原注：指手。

4-36 原注：指脚。

4-37 隨火氣，又稱平住風，隨消化膽分即胃中陽氣一同存在。此風功能流布全身內臟，消化飲食。

4-38 等引，修定時，一心專注人法無我空性，所引生的禪定。

般俯曲。為在「綏杜」等身之四門處把握五種支分風息，並為清醒神志，應舌抵上顎，眼光注視鼻尖。為把握全身的遍行風，並為使整個身體的要點無誤，身姿應具備禪定六法。《密集》云：

安住靜處軟墊上，
景仰我慢本尊明，
雙脚金剛跏趺坐，
脊椎端正疊金幣，
上身如獅傲岸心氣昂，
孔雀頸脖一般俯曲觀，
雙手等引猶如野獸爪，
雙眼微閉注視鼻子尖。

2. 時間要點

它應結合四位。《經》云：

在此說明簡要點，
沉睡夢幻等至位、
普通位等共為四。

所有有情的分別心，不超越四位。若結合基、道、果三位【註4-39】，則是：所淨基四位為所淨【註4-40】四種迷惑，能淨有四種道次、四印，淨治的果報是四身【註4-41】和成就四智【註4-42】。

【譯註】

4-39即大小乘見、修、果三位：基位，指抉擇正見；道位，指修習行持；果位，指現證菩提。

4-40所淨，現無為有的二取，客塵粗分細分皆淨治，譬如覆蔽摩尼寶珠之污穢泥垢。

4-41四身，佛所具備的自性身、智慧法身、受用報身和變化身。

4-42四智，如來五智中除去法性界智所餘四智。

(1)在欲念位。八識不受阻塞，各個明淨，具備安樂和無分別，無煩惱，卻不知所生樂空智，是法界智，從而在安樂感受中，生起三毒【註4-43】。此迷亂以靈熱道淨治，並守持業印瑜伽。其果報，是成就法界體性智，現見智慧身。

(2)普通位。不知六識現見各種外境的感受，是心本身的光明，現空無別的成所作智，從而加以取捨。此迷亂以幻身道淨治，並守持法身印瑜伽。其果報，是成就成所作智，現見變化身。

(3)夢幻位。染污所及，分別心浮動，通過脈道，形成夢幻。不知夢幻是自心，自心是平等性智【註4-44】和妙觀察智【註4-45】，卻愛戀於他（自己以外的他）。此迷亂以有關夢幻的教誡淨治，以變化智印瑜伽堅守之。其果報是成就平等性智，和妙觀察智，現見受用身。

(4)沉睡位。六識不明淨，集中於阿賴耶識。雖然光明是大圓鏡智，卻被俱生無明覆蔽。此迷亂以光明道淨治，並以身大印瑜伽堅守之。其果報是成就大圓鏡智，現見法身。

3. 外境要點

《經》云：

【譯註】

4-43 三毒，即貪、瞋、痴煩惱三毒。

4-44 平等性智，通達一切生死涅槃之法，體無善惡性實平等之智。

4-45 妙觀察智，爲轉凡夫之第六識，而得至於佛果、觀察諸法，而說法之智。

外境要點分爲二：
應知身外和體內，
身外顯現白和紅，
體內脈輪有四種。

所以，體外顯現之六塵【註4-46】爲幻身之境，體內拙火與脈輪爲同一，即收斂普通的顯現後，以拙火堅守臍間幻化臍輪。

在欲念位，臍火熾降後，守持（大樂菩提）於頂間脈輪，據說是爲外境。在夢幻位，守持（大樂菩提）於喉間脈輪。在沉睡位，守持（大樂菩提）於心間脈輪。因此，也稱四脈輪爲境。

4.所緣要點

有四：未守持者守持之、守持者堅守之、堅守者使之發揮效益、保存固有的自性。它們均來自實修。

4 六法的四根本訣竅

1.臍火，暖熱自燃

首先，臍間火有三：實物臍火、體內本尊臍火，和守持秘密風息的臍火。

實物臍火和體內本尊臍火，易於理解，略而不述。守持秘密風息的臍火有四：憑依明點的臍火、憑依他身的貪欲臍火、

【譯註】

4-46六塵，色、聲、香、味、觸、法。

憑依自身爲所緣的臍火，和憑依空性的智慧臍火。四種臍火合修，遂感受樂明空智，同於五次第中的心寂要點，在修證無明的明增得相【註4-47】後，可證得智慧的明增勝解【註4-48】。此又分作二：

(1)所斷【註4-49】無明的明增得相，由四緣【註4-50】生起的五根識，叫做顯境和明相。繼而，神志向境擴展，叫做明增勝解。神志斂入境時，乃是明得勝解【註4-51】。明相、明增勝解，和明得勝解三者，叫做空、極空和大空。無分別經常憑依三明，生出分別心等八十自性的明相。這是應斷除的。

(2)對治亦即智慧明增得相是，修持命力和能取（心）後，由於同業印【註4-52】合修，明點移動，生起樂空智的感受，有大中小三種：首先，由能所二取的分別心，生起空的樂空微細感受，叫做明相智慧。此時，斷滅了由瞋恚變化，而有的三種分別心。

其次，生起能所二取的分別極空的中等樂空感受，叫做明增勝解智。此時，斷滅由貪欲變化而來的十種分別心。

再者，能所二取的分別心極爲大樂，生起樂空大感受，叫做明得勝解智。此時，斷滅由愚痴變化而來的七種分別心。

以上三智叫做證悟空、極空和大空。

【譯註】

4-47明增得相，即明相、增相、得相三者之簡稱。明相，隱沒次第中，首先現似秋夜晴空，月光滿天，唯見白茫茫一片空明，別無所有的微細意識景象；增相，隱沒次第中，唯見天空日光映射，一片空明紅霞，別無所有的微細意識景象；得相，隱沒次第中，唯有深夜一片漆黑，別無所見的微細意識景象。

4-48明增勝解，菩薩四勝解行之一。生起通達，名言所說事物，不唯幻之慧。

4-49所斷，不應該做的六根本煩惱，和隨煩惱等。

4-50四緣：因緣、等無間緣、所緣緣和增上緣。

4-51明得勝解，菩薩四勝解之一。生起通達於內外法所立名言如幻之慧。

4-52業印，藏傳佛教高僧，修密宗達到一定程度時，男女雙修時，女方之稱謂。

它們遠離能所二取的八十種分別心，叫做心寂。是爲以智爲喻。緊隨其後，明點堅穩不移，在心中生起離戲的樂空感受，是爲眞實智慧，即現見心性光明。

2. 幻身，愛憎自解

關鍵的訣竅有四：以幻身爲喻，鏡中的影像；眞情幻身，自己的五蘊；幻身的自性，顯現卻無自性；修習幻身的意義。是爲守持夢幻和明樂雙運的證悟。

3. 夢境，迷亂自消

關鍵的訣竅有四：以夢境爲喻，夢的感受；眞實普通夢境的感受，顯現爲夢境無自性；修習夢境的目的，在於中陰不受生，即能證得雙運之身。

4. 光明，愚痴自消

關鍵訣竅有四：以光明爲喻；憑依慧的本智；領悟眞實光明後，隱沒於光明時，光明的自性，明而無分別；修習光明的目的，在於中陰身時通達光明，不在世間結胎，不投生爲別的。

5. 不修轉識，即身成佛

其關鍵訣竅有四：以往生爲喻；有架子；眞實的轉識，係決定的轉識；轉識的

自性，是轉依成佛；修習轉識的目的，是斷滅身語意迷亂之輪

6. 中陰，佛之報身

證得幻身和光明無二雙運之身後，利濟衆生。若知現見是幻象，則知夢幻是幻境，中陰是幻境，遂通達光明。守持之，則趨轉雙運之身。修持那洛巴尊者，三幻象相續的此教誡，甚爲重要。

六法的四根本訣竅，消除四位的迷亂，借以證悟四身。若即身未證得果報，臨終時修持往生，和中陰教誡，亦能證得果報。因此，六法中臍火，是道的核心，幻身是道的奧援，夢幻是道的制衡，光明是道的本質，轉識和中陰是道的媒介。

5 臍間火——道之核心

道之核心，臍間火甚爲重要，應稍加詳述，分爲三點：守持心於臍火；若未守持，約束的辦法；標誌和功德之出現。

1. 守持心於臍火

有四：未守持者守持之；已守持者堅守之；堅守者發揮效益；保持固有的自性。

(1)未守持心者守持之，即淨治風、脈、明點。其原因是，六界俱全的人身之內

，因憑依地、水、火、風、空，又憑依外緣無明、行蘊【註4-53】、識的習氣，從而成就大果是人身。人身是蘊、界、處、風、脈、明點的主體，最終具有牙、指、汗毛。因此，人身憑依大種，大種憑依七萬二千脈道，脈道憑依命脈之風，風憑依意和明點。故脈若不清淨，則風息不清淨；風息若不清淨，則不能守持明點，不守持明點，使之不遺，則智不清淨。若脈清淨，則能守持風息；能守持風息，則能不遺精；能不遺精，則在心中生起俱生智。所以守持風、脈、明點的要點甚爲重要。《密集》云：

脈道依存人體內，
脈道內住菩提心。
菩提心融化以後，
燃起樂空智慧輪。
是故匯集菩提心，
珍惜臍間猛厲火。

守持風、脈、明點的關鍵，有四次第：隱藏脈道於須彌山之側、隱藏風息於如意樹、隱藏明點於秘密壇城、隱藏心於無生界。

①隱藏脈道於須彌山之側，分作兩點：領會意義和修持。

【譯註】
4-53行蘊，使心造作活動的作用。

領會意義。依止之脈如紛亂的髮縷，遍布體內，計其數有七萬二千。所觀想的四脈輪，有脈道一百二十九，主要脈道是血脈、精脈和遍動脈【註4-54】。

修持。隱藏脈道於須彌山之側，實際是人體具備禪定六法，淨治體內空明，如吹薄膜似的空朗後，若身體正中端直，三條主脈，宛若空房子的柱子。

又，心中朗然觀想中脈，從梵淨穴至私處，右為血脈，左為精脈，下竅在陰毛邊沿部位。在臍下四指處三脈會合，同中脈合一，其粗細若麥穗、若竹簽。若說顏色，據說應觀想為右紅、左白、中藍，或隨意觀想。它們具有白、直、空、明四種性相。在未守持心之前，應作如是淨治（觀想）。血脈、精脈是能取脈、所取脈，使生死連綿。中脈是涅槃脈，增長無分別智。觀想血脈、精脈進入中脈的要點，是眼珠不轉動，睫毛不閃動，凝目直視，甚為重要。《密集》云：

如是左右兩下端，
插入中脈功德是，
滋養風脈中脈風，
插入中脈大印顯。
同樣風入中脈時，
尋思自天智慧顯，

【譯註】

4-54遍動脈，中脈別名。從此生起一切精液、脈道和風息之樂。

所以命脈中脈是，
無分別法界智脈。

②隱藏風息於如意樹。隱藏風息於如意樹，分作兩點：領會意義和修持。

領會意義。人體有五根本風和五支分風等等。風息在體內生、入、住同呼吸同存，一晝夜流行二萬一千六百次。另外，智風【註4-55】流行六百七十五次。十二合時的每次轉氣，風息流動一千八百次，其中智風，流動五十六又四分之一次。每次小轉氣【註4-56】，風息流動三百六十次。另外，智風流動十一又十分之一次。業風全是有尋思的風息。因此住持氣息，使之進入中脈，並停止流動，則轉變爲智風。若經常使風息流入中脈，三年零三天即可成佛。此在《觀音時輪經》有載，甚爲重要。

修持。隱藏風息於如意樹，實際上它具備吸氣、鼓氣、消氣和射箭似地射氣，叫做具足四性相。首先多次舒息，觀想消除全部疾病和罪障。接著，閉口由兩個鼻孔，小聲徐緩，適度深吸氣，叫做壓抑體內上部三分之一的風息，將它們壓至臍間。鼓氣是上引體內下部的全部氣息，上下氣息相會，鼓脹臍間，進入中脈，不流動。消氣，在我宗是觀想氣息，從毛孔滲透

【譯註】

4-55智風，與其他風息一起流動的一種風息，方便智慧以爲性，意金剛以爲體，如羅睺羅強而有力，故別名羅睺風；如虛空界有容有間，故別名虛空風。

4-56小轉氣，藏醫所說一晝夜，呼吸氣息21600次的1/96。

出去，這就是寶瓶氣的運氣。射箭似地射氣，有時是觀想氣息，從梵淨穴青煙般地直冒，多次觀想，遂與轉識法雷同，不宜多做。練寶瓶氣至頭疼爲止。再多練，就會出現死亡之怖畏。繼之，引導氣息下降，並呼氣，安住於靜慮。關於練寶瓶氣的量，若能鼓氣一個合時、三個合時、六個合時，是爲小中大之量。

③隱藏明點於秘密壇城有二點：領會意義和修持。

領會意義。一般說來，明點有三類：一是具備不變化特點的明點，它有住於基位三種明智，以空爲體，明爲其用，悲憫無礙，作爲三身而有；二、離戲大樂明點的眞情是，憑借淨治實物明點，親證樂空無二的俱生智；三、五界實物明點，雖有排出體外的明點（精液）七十二萬（滴），其中的精華，卻是從父親得來的月（液）菩提心存在於頂間；從母親得來的日（液）菩提心存在於臍間，以二者守持穴竅，即能證悟離戲大樂，亦即原始智，故應守持之。

修持，即隱藏明點，於秘密壇城。觀想眉間三角形脈輪上，同梵淨穴相連，在此三角形內，觀想風心的自性，是白而閃亮、滑利滾動的一滴明點，大若中等豌豆，它顯露後，伴隨淸脆之聲，趨赴梵淨穴

，守持心於那裏。再觀想它經中脈，往下滾動至私處根或頂端，並守持心於該處。因爲隨順風息作觀想，故所緣之處，均能守持心，觀想直至眞切感受安樂。停止修持時，收斂風心於眉間。以上功法，叫做三淨治，其自性是守持分別心。若能守持無分別心，則能守持風息。它使血液發熱後生暖，生暖能引生安樂，安樂引生無分別的靜慮。

④隱藏心於無生界，即法爾界

分作兩點：領會意義和修持。

領會意義。心的要點，是五十一心所，或有八十自性之心、心的自性八識、心之根本阿賴耶識。心的自性，是八識自身進入四智。

修持。隱藏分別心於法爾界，是指所取之境無自性、能取之心無自性，能伺【註4-57】之心識，自地解脫，在此狀態中，不改變心，轉變意識爲法爾界，以他處無心的正理，心明而清楚，不加造作地保持本來狀態。它僅僅不失自力地，有頃刻憶意。

由於守持風、脈、明點和心的要點，從而出現堪能之道的四種標誌，和獲得自在的四種標誌。它們是：脈堪能，故居住任何地方，均匯聚人和空行母；因風息堪能，故身體輕於柳絮，可置身於松樹之頂

【譯註】

4-57伺，伺察。依於心識及智慧精細，分析事物各種差異的心所。

；明點堪能，故體內明點不移動；由於證得自在，體內明點，有如水銀似的感受，能食體外石頭之類東西；心堪能，故能將樂空感受，轉變爲任何（東西）；心獲得自在，故心安住所緣；風息獲得自在，雖未修習，卻可自然生暖；識獲得自在，以眼作僵直之法，一瞥野獸等，牠們隨即僵直不動；智慧獲得自在，故能使被殺者復活，和向他人示現本尊的壇城。

以上四種淨治，是使未守持心者，守持心的方法。

⑵已守持者堅守之。修持臍輪火堅守心有四：明點堅穩，是旃陀離臍輪火；憑借他身是貪欲臍輪火；憑借自身是所緣臍輪火；憑依空性是智慧臍輪火。

修持旃陀離臍輪火。身姿要點的準備活動完畢後，觀想之處是臍間正中，私處的上方，盤腸聶波切（疑爲一段腸子的稱謂）部位，三臍交匯處。觀想臍火短「ཨ」的自性爲明點，行相爲火，色紅，觸感爲熱，具備安樂。守持心於此。觀想它燃起針尖大小的火，甚爲清晰，靈火燃至兩指高，和四指高，守持心於靈火，從而生起暖樂明無分別心的感受，並使先前生起的感受穩固。

⑶使堅守心於臍火發揮效益。作如上觀想，若尚未生暖，可觀想靈火燃大。觀

想短「ཨ」生起猛火，靈火遍布臍間以下。此種感受穩定後，靈火蔓延心口以下。此種感受穩定後，靈火蔓延喉間以下。此種感受穩定後，觀想靈火遍布全身。如是觀想，促進功法；並進以美食，即可生暖。

①發揮安樂的效益

臍間短「ཨ」燃起八指高的靈火後，在頂間梵淨穴，明點自性爲白色的「ཧ」【註4-58】字顚倒，頭朝下，滴降一滴白芥子大小的明點於靈火，從而燃起樂暖。接著，流下馬尾毛粗細的明點，流至「ཧཾ」上，同靈火混合，守持心於樂空境界。若認爲不勝其樂，則練回遮和攤開之功。是爲三昧耶印，實際上體內白、紅明點混合的安樂，是因爲外部淨治業印習氣之意。若以上功法，雖生起樂暖，但未生起無分別智，爲了使之生起，應以三法印之火，守持明點。

②發揮無分別(意)的效益，有三印：

第一，憑借他身的貪欲臍間火，乃是業印，即獲得金剛持的隨許，遠離普通人的貪戀，具備三種想【註4-59】，甚深觀想，風心可堪任，通達樂明，無分別空慧，與空性融爲一體。

第二，憑借自身的所緣臍間火。遍計所執是智印【註4-60】，了知（遍計所執）爲心之境，了知內證是心，領納空性，將

【譯註】

4-58「ཧ」，讀爲「哈」。

4-59想，自力辨察各種對境，不共形相之心所。

4-60智印，深明無二智。

樂明無分別空慧的感受，算作法性。

無論憑依他身或自身，積留、阻止、分散風息的功法，甚爲重要。

由於如斯修練，生起（大樂菩提）下降四脈輪的四喜【註4-61】，向上返回，復生起四喜的感受。親證安樂是喜；它摧毀粗分分別心是勝喜；證悟樂空在事實上，無分別心、遠離迷亂是俱生喜；契入樂空無別後，斷滅希求安樂的耽著是離喜。這又叫四頃刻。四喜永遠不遠離尋覓安樂的分別心，它有安樂的經驗，又叫做形形色色的頃刻。勝喜，存在貪著安樂的分別心，其時有內向的經驗，它又叫做異熟頃刻；俱生喜，領略離喜之前，全部外向尋思隱沒的安樂，它又叫做離相頃刻；離喜，分析、尋思、修習密咒的眞義時，領受的安樂，它又叫做無相頃刻，它使三毒的八十分別心，隱落於無分別智，抉擇所知爲遍計所執【註4-62】、依他起【註4-63】和圓成實性【註4-64】三性。

第三、依勝義的智慧臍輪火，即是身大印瑜伽，它分兩點：領會意義和修持。

領會意義。憑依爲譬的智慧，生起眞實的智慧。眞實的智慧無顏色、形狀和中邊，宛若虛空，雖感受安樂，但其體不可知，不可言說，如青年感受安樂（指性交）形形色色的方便，隱沒於法爾界，宛若

【譯註】

4-61 四喜，喜、勝喜、殊喜和俱生喜。

4-62 遍計所執，自取分別心所增益的假有。於一切事物遍起計度之意識，虛妄執著人、法，增益爲我、我所及名言等。

4-63 依他起，依他緣生起的實有事物，是遍計所執，假設施處阿賴耶識，性屬三界倒分別識，體爲實有，於妄情中從因緣生。

4-64 圓成實，勝義中所有的眞實法性。假有應破遍計所空的無爲法，遠離二取清淨無分別智所緣，而外別無所有，是圓成實。

被劫末之火焚毀，不存在任何實有法。其自性不可思議，宛若未覺知的實有法。

修持。以此正見爲外境，在無相心的狀態下，觀想樂明空智，置於輕鬆自然中。

以上三者，是發揮無分別心的效益，亦即憑依上述，發揮效益。

⑷保持固有的自性

以眞實智爲境，截斷二取之心流動，轉心識爲法爾界，保持心識喜滋滋，樂陶陶，赤裸裸，淸澄澄。用銳利的心識，根除頓生之念，轉外騖之憶意念爲本智。後得位【註4-65】的諸種顯現，僅僅是無遮【註4-66】遍計所執，應爲現空雙運。若問何爲依他起性？它雖是明空雙運，心卻不住所謂雙運之邊，即在無相的狀態中，置心於輕鬆自然中。如是，則符合中觀極不住的正見。密宗的正見，不比中觀深奧高妙，但因其方便（菩提心）而殊勝。如是修習，則能生起樂明無分別智空性的四種感受：領略安樂、無以言狀、宛若年輕女子（交媾）之樂；心識明如油燈；分別心不波動，猶如海底之水；心識自性空，宛若虛空之中央。

2.心未守持，約束的辦法

約束的辦法有四：按照外、內、秘和空性（瑜伽）來調伏。

【譯註】

4-65後得位，修行者出定以後的時間。

4-66無遮，認識自境之心，或稱述自境之聲，僅直接破除自境之應破分，以進行認識。如云：「人無我」，在破除我之處，不引出其他事物。

(1)按照外（瑜伽法）來調伏，修行的要點有四：坐姿妙好的瑜伽如龜；眼不眨的瑜伽似兎；阻止命力的瑜伽如旱獺；不造作，維持本性的瑜伽如孩童【註4-67】。

(2)按照內（瑜伽）來調伏分四點：依據念知【註4-68】不放逸，如守望怖畏；辨別過失【註4-69】如等候有過失的人；迅速克服過失，如來到懷中的毒蛇【註4-70】；能引發過失為功德，如對毒物念咒。

(3)按照秘密（瑜伽）來調伏分四點：以智慧為喻，宛若認定小偷【註4-71】；了知眞實智慧，如照鏡子知曉面容【註4-72】，一切安樂同一，宛若大海；安樂於不空融為一體，宛若點金劑【註4-73】。

(4)按照空性來調伏，分四點：世間和出世間無別，如銅與銅礦石；心和心性無別，如形與影；樂空無別，如金子和黃色；等引和後得位無別，如水與波。

3. 出現標誌和功德的情況

證悟心性的方便（方法）是守持風、脈、明點的要點。其功德和標誌出現情況是：

(1)守持五風的標誌

守持體內土風的標誌，是發現體外如煙一般；守持水風，發現體外如陽焰一般；守持火風，發現體外如螢火蟲一般；守

【譯註】

4-67原註：四點雖有諸要點，正見卻缺乏法性之底，因為沒有方便——上師的教誡。

4-68念知，修行的正念和正知。

4-69原註：認定分別心。

4-70原註：迅速捨棄。

4-71原註：無論生起何者，均屬法性。

4-72原註：認定靜慮，明點轉移的樂空是認定智慧。

4-73原注：樂空無別。

持風風，發現體外如油燈一般；守持空風，發現一切有法，如虛空般空無。

⑵守持五風的五種功德

守持土風，則身體結實；守持水風，則膚色潤澤；守持火風，則膚色明亮；守持風風，則身體輕快；守持空風，則心識明亮、聰睿。

⑶堅守的三標誌

左邊精脈下竅風息穩定，體外的標誌是（感覺）如旭日東升，體內標誌是感覺身體沉重、肩部腫脹。夢境中出現夢魘之類時，引導土風流入中脈，從而生起無分別意，那僅僅是寶生如來智的一部分；右邊血脈的下竅，水風穩定，體外標誌，是感覺月亮和星宿之類（幻覺），體內標誌是感覺大地走動，在夢境夢見「大」【註4-74】時，引導水風流入中脈，所生無分別意，僅是毗盧遮那佛智慧的一部分；右邊血脈的下竅，火風穩定，感受體外如火燃燒，體內如逝往虛空，在身體和夢境中出現大火時，引導火風流入中脈，生起無分別意，它僅僅是無量光佛智慧的一部分；左邊精脈的下竅，風風穩定，體外感覺出彩虹，感覺體內飛游虛空，夢境中夢見飛翔和跳懸崖，其時引導風風流入中脈，生起無分別意，它僅是不空成就佛智慧的一部分；在三脈會合處「舌狗」穴位下，

【譯註】

4-74「大」，或譯覺。「大」指其包羅了無始以來一切變異。「覺」指其由渾沌之體，轉而有知，外生起物質世界，內生起有情心識，由不知轉而為有知時是總知覺，故名為大。

引導空風，流入中脈的標誌是，感覺體外有黑暗的羅睺【註4-75】、黑色的明點鬘，體內感覺是臉龐腫脹，鼻的左右，彷彿有蛇爬行，耳際彷彿有蜂鳴之聲，「舌狗」下處，和周身生起有漏的大樂，夢境中也生起安樂，此時引導空風，流入中脈，生起無分別意，它僅是不動如來佛智慧的一部分；臍下東堅瑪脈道內，智慧風息穩定，在體外虛空中，發現中脈宛若蛇冠【註4-76】顯現本尊神、受用圓滿身、幻化身、佛像，它們卻無自性，猶如看見水中太陽之倒影，體內出現樂明無分別意，同空性無別不退轉的感受，在夢境中也出現此種感受，其時，引導智風流入中脈，那僅是第六佛金剛持智慧的一部分。

無論出現以上何種感受，不能視爲過失和功德，應視爲現空、明空、了空【註4-77】雙運無別。心也不住所謂無別之邊，即在無別境中修心。

(4)不定幻象的標誌

觀想力引發先前的壞習氣，並使之清淨。再者，私處屬風，風心若匯聚嫉妒脈，遂出現較之他人，更爲嚴重的嫉妒感；臍間（屬地），風心匯聚於我慢脈，遂生無限的驕傲自滿情緒；心間屬水，風心匯聚於瞋恚脈，遂出現殺盡有情，尚不滿足的感覺；喉間屬火，風心匯聚於貪欲脈，

【譯註】

4-75羅睺，藏曆九曜之一，只能推算出其位置，但觀測不到其形象，遠地點在角宿，二百三十個朔望月巡天一周。

4-76蛇冠，神話所傳龍王頭上，天生的蛇頭狀肉瘤。

4-77了空，心與空性。寧瑪派大圓滿見之本性清淨。

對財食和有情的貪欲如火燃；頂間屬空，風心匯聚於愚痴脈和種子（脈），則愚痴如黑暗籠罩。無論出現何種情況，均是風心匯聚的徵兆。故不應造任何愛憎之業，封以空性之印，視其本來面貌，爲空明離戲。

又，宿世生爲地獄有情的習氣，和種子存在於心和脚掌，風心匯聚於彼處，遂出現目睹地獄的感覺；風心匯聚於嘴部，和喉間野獸脈，則感覺饑渴，和看見野獸；風心匯聚於頂間旁生脈，則出現看見各種牲畜的感覺；風心匯聚於三門不善脈，則空前地渴望行十不善。

無論出現何種情況，均係風心匯聚的徵兆，應修習對三惡趣衆，有情四無量【註4-78】和發心，與氣息同時吸入體內，觀想融於臍間五色火，從而消除一切罪障，轉變心識，爲空明的法身，並將那些意念，和氣息同時排出。如是修練，則不生於三惡趣。

若風心匯聚於魔障脈，則會出現眞正的，或感覺之中的各種神變；宿世自己加害他人的各種習氣，和風心匯聚於脈道，則會出現仇敵、軍旅和怖畏（的感覺），出現各種逆緣。無論出現何種，均是自心迷亂圖，不要執以爲眞，修習具足四無量的菩提心，並照舊同風息一道修習，其後

【譯註】

4-78四無量，指佛菩薩爲普渡無量衆生而具有的四種功德：⑴慈無量，對衆生發慈悲心；⑵悲無量，想如何爲衆生消除苦難；⑶喜無量，見衆生離苦得樂，感到喜悅；⑷捨無量，對衆生無憎無愛平等對待。

，安住於離戲狀態之中。

疾病與四相和合【註4-79】的種子（精液）匯聚於脈道，則出現各種病患。此時勿打卦、占卜，仍舊摻雜觀想。如是出現何種感受，觀想力引發一切罪孽，並將其全部淨治。故應更加精進修行。若匯聚於二十四聖地脈，則現見二十四聖地的勇父和瑜伽母，感覺在烏仗那等地，舉行薈供輪【註4-80】；匯聚於菩提心脈道，則親見文殊師，同彌勒等菩薩探討佛法；匯聚於獨覺脈，則出現自己單獨涅槃的感受；匯聚於法性脈，則親見衆多阿羅漢，參禪入定；匯聚並汗毛脈，則親見幻化身及其方域；匯聚於支分（即四肢）和脊椎脈，則親見父續和母續之諸護法神，示現各種神變。以上所有感受，會出現於夢境中。

如是，無論出現何種內心感受，和所見情景，均是生起各種功德的先兆。不要顧及過失和功德，而應修練止觀的技能。

6 甚深身大印
——甚深圓滿次第

經云：

身大印瑜伽訣竅，
從口訣略文即知。

【譯註】

4-79 四相和合，風、膽、涎液和心和合，或地、水、火、風四大種和合。身體內部所有四大種微細成分性質各異，互相依存。

4-80 薈供輪，佛教行者，觀想憑借神力加持五欲及飲食，成爲無漏智慧甘露以供師、佛三寶及自身蘊、處、支分三座壇場，積集殊勝資糧的儀軌。

甚深圓滿次第，就是身大印瑜伽。故其秘訣從口訣，略文和《俱生和合》即知。

◈◈◈使之穩定的三昧耶

能解脫的三昧耶，分作四點：體相、區分、守護法、敗約者改正法。

1. 三昧耶的體相，不超越方便、智慧二者的自性。

2. 三昧耶的區分

有四：以寶瓶灌頂【註4-81】三昧耶，守護根本三昧耶，和二十五支分三昧耶；以秘密灌頂三昧耶，服用五肉【註4-82】、五甘露【註4-83】；以智慧灌頂三昧耶，不捨明點；以第四灌頂【註4-84】守護五種特殊的三昧耶。

3. 守護情況

有四：依照顯密經典的規定來守護；依照有的隨許、有的禁止之規約來守護；了知諸法無自性後，若與之不悖逆，則以無守來守護；若守護得不違空性和悲憫，則是無背約顧慮地守護。

【譯註】

4-81 寶瓶灌頂，內外續部共同傳授的成熟灌頂。在彩粉和繪畫的壇城之中，加授水和冠冕等事物於弟子身上，使身門諸垢清淨，有權修習生起次第之道，於身心中留植，證得果位身金剛緣分，的一種無上密乘灌頂。

4-82 五肉，密乘內供用甘露品，五種肉類：象肉、人肉、馬肉、狗肉和黃牛肉，或孔雀肉。

4-83 五甘露，密乘內供用品：大便、小便、人血、人肉和精液。

4-84 第四灌頂，又名句義灌頂，三上畢竟灌頂之一。在勝義菩提心壇場之中，爲弟子身、語、意三門灌頂，以使三門諸垢，及其習氣完全清淨，有權修習自性大圓聖道，於身心中留植，證得果位智金剛自性身緣分，的一種無上密乘灌頂。

4.敗約者改正法

若出現根本墮罪，則以灌頂恢復之；若違背支分三昧耶，則舉行薈供曼荼羅；若出現重墮罪【註4-85】，則向上師懺悔；若出現惡作【註4-86】，則向任何上師懺悔。

◈◈◈究竟行

究竟行有四：密行、明行、部行和全勝行。

1 密行

《喜金剛續》云：

稍稍獲得靈熱時。

此為何意？身之九門【註4-87】阻塞，從而使二取的分別心清淨。語之四門【註4-88】阻塞【註4-89】，從而在五根本風方，面獲得自在。打開意之二門【註4-90】，引導風息，流入中脈，斷滅分別心，從而在明點方面，獲得自在。其後，成就四業【註4-91】和八種成就【註4-92】。繼而，希求感受密行（性交）者，在屍林或樹下等處所，一道依止助伴，具相手印母【註4-93】

【譯註】

4-85重墮罪，隨似密乘律儀根本，故是支分。雖非捨戒之他勝罪，但能障礙迅速獲得成就，罪孽重故，名為粗墮。

4-86惡作，五篇罪之一。五篇罪：他勝，違犯別解脫律儀，和菩薩律儀根本戒，所構成的重罪；僧殘，指比丘犯罪，瀕臨於死，因此，須向僧眾懺悔；墮落，指墮獄之人；向彼悔，向其他比丘作懺悔，便得除滅之罪；惡作，指所作之惡。

4-87原註：色、聲等六塵之所有顯現泯滅，所出現的均是樂滋滋的感受，是為身之九門。

4-88原註：阻止四大種的風息流動，風心二者在中脈，互為緣起，是為語之四門。

4-89原註：鼻孔的風息流入心臟。

4-90原註：心臟為無明門、中脈為智慧門。打開心間和眉間的脈道，諸脈會合於彼處，是為二意門。

4-91四業：息業、增業、懷業、誅業。

下接176頁

，貪欲摻合大樂，行無貪著恚摻合空行，行無眞實；愚痴摻合光明，安立無分別意，將顯現的各種尋思，摻合原始智，進行修習。其人將向他人，示現通慧和神變。密行瑜伽修練止觀的技能，猶如快馬，尙須鞭策，猶如鳥盤旋，尙須展翅，密行瑜伽，尙須修練技能。

2 明行

所謂的明智禁戒行，是裸露身體，佩戴骨飾，偕同助伴手印女，一道遊行鄉村等一切地方，在不捨棄宿世感受的前提下，實行身明智禁戒行【註4-94】，有的人舞蹈等，無不用其極；語明智禁戒行，有的人唱歌等，無所不說；心明智禁行，此人無所不想；無別法性明智禁行，決定諸法盡是法性，且觀察修持，是否有盈虧，觀察能否改變他人的感受。如是辨後，尙須觀察因緣，能否損害。

3 部行

爲實行部行，前往大庭廣衆，或集市、或賤民、下劣種姓的家宅，盡情歌舞，行無貪行、無怒行、無分別行和無畏行。雖遭反對、責罵和毆打等，但宛若火蔓森

上接175頁

【譯註】

4-92 八種成就：解脫、善解脫、究竟解脫、成樂、樂態、極樂、樂、聖樂。

4-93 手印母，瑜伽咒師所依止的明妃。

4-94 疑爲明妃禁行。密法三種禁行之一。授明妃禁行者，謂第四灌頂後，將明妃手置弟子手，以左手執彼一手，以右手執金剛杵，置弟子頂，敎雲：「諸佛爲此證，我將伊授法。」謂以諸佛爲證。「非他法成佛，此能淨三趣，是故汝與伊終不應捨離。此是一切佛。無上明妃禁行，若愚者違越，不得上悉地。」授與明妃禁行。又，三禁行，密法之一，即明妃禁行、金剛禁行和行禁行。

林，若一切轉化爲禪定的助緣，則了悟（法性）。

4 全勝行

行全勝行，無所謂應做此事，不應做彼事，卻成就四業：識之業，顯現爲能向他人示現的本尊之壇場；本智之業，能復活被擊殺者；禪定之業，能隨意觀想；智慧之業，能證悟一切均係空性。由此出現三種全勝行：一切已見壞滅，故勝於己見；不執取（不執爲最優秀）死亡、煩惱、五蘊和功德，故勝於四魔；覺悟諸乘爲一，故勝於小乘。斷除一切貪著，遂叫做全勝行。

有人說，驅除無明，故勝於睡眠；雖吃毒，卻能轉化爲甘露，故勝於食物；有漏風息被阻塞，故勝於風息；對世間出世間，不偏不倚，故有四種全勝。如是觀修，其瑜伽行必究竟。

第二節 生果次第

關於生果的次第，經書說：

由此出現的果報，
教言秘訣和感受，
計數次第而出現。

關於教言，首先不違越佛語，了知義共相【註4-95】，爲聽受之果。秘訣，是證得迅速通達止觀，眞義的智力，爲思維之果。感受是見、修之果，即世間和出世間的兩種果報。《經莊嚴論》說：

異生凡夫的菩薩，
如實通達二法後，
因爲心識也圓滿，
盡力承辦隨順法。

◈◈◈世俗道

世俗道有二：資糧道和加行道。

1.資糧道

上、中、下品資糧道的標誌，聖人已有詳述，茲略而不述。關於密咒的意趣，具備智慧和精進的人，依止合格的上師，領悟勝義，妙善地領受灌頂儀軌，妙善地了知羯磨（業）、生圓次第的要領，通達

【譯註】
4-95 義共相，概念共相之一種。僅存在於思維過程中之增益部分，即心中現起的外境形象，如思維中所現抽象之瓶。

世俗諦和勝義諦，生起能依，和所依的菩提心，並具備三昧耶，著手如理修持勝解行【註4-96】者，可希求三種資糧道中，任何一種。《現行續》說：

生起純淨的信仰，
精進不怠住瑜伽，
生死連綿千萬世，
我的本智來激勵。

按照上文修持的標誌是，任何人修習生起次第，可證得乃至三有之頂的全部成就。憑依此四業，和諸種成就，是證得資糧道和加行道的標誌。此在《世俗無垢光論》有載。

四大業是：息業【註4-97】、增業【註4-98】、懷業【註4-99】、任意殺戮【註4-100】、勾召敎敵、驅逐【註4-101】、惡趣和合【註4-102】。

八種成就是：隱身、金丹【註4-103】、眼藥【註4-104】、神行【註4-105】、寶劍、土行、丸藥【註4-106】、空行。以上八種成就，外道也可以有，故甚低微。

如此之道圓滿次第的標誌是：首先（感受）樂、明、無分別（意），繼而感受煙、陽焰、螢火蟲、油燈、明亮的天空等景致，是爲夜晚的五標誌；出現太陽、月

【譯註】

4-96勝解行，未證空性，但依信解，或循名循義，修學佛法。

4-97原註：息滅各種疾病。

4-98原註：增益福壽財富。

4-99懷業，懷柔調伏天人鬼之業。

4-100原註：指使人神志痴呆。

4-101原註：驅逐夜晚等。

4-102原註：從地方上將加害者驅往惡趣。

4-103原註：指不病不老。

4-104原註：指分身。

4-105原註：指從房頂逝往天空。

4-106原註：即持明成就。

亮、羅睺、黑暗、劫火與雷電、虛空、再次燃燒等景象。五智的支分明點有五色，加上白晝的六種標誌，共為十一（原文如此），它們首先成為資糧道。

2. 加行道

守持風、脈、明點，阻止風息流動，從一個合時，乃至六個合時，在明點穩定後，遂出現證得資糧道的諸標誌。繼而隨順般若之本意，證得初禪心【註4-107】、次禪心【註4-108】、三禪心【註4-109】，即為加行道。

加行道有八功德，其中色、聲、香、味、觸五者，叫做太陰功德；塵、暗、精力，即貪著、瞋恚、愚痴，叫做太陽功德。由於此八種功德【註4-110】不清淨，遂出現世間諸苦。此時以定力觀色，即是空，空即是色，親證和通達色諦、常、生、滅和無自性。同樣，親證和通達空聲、香空、味空、觸空。由於通達貪欲為空，從而回遮貪著三界之心；由於通達瞋恚為空，從而斷除三界，回遮執靜【註4-111】為善行之心。由愚痴即是空，了知、親證、通達緣起，從而回遮愚痴。其原因為：此時封閉六脈，隨即出現六種神通，閉塞左邊太陰精脈，出現天眼通；閉塞右邊太陽血脈，出現神境通；封閉正中羅睺中脈，出現

【譯註】

4-107 初禪，覺、觀一切受用，欲界妙欲，為過患，靜慮為妙樂，以證得上界功德、得有所治已壞之喜及輕安樂者。即具備能斷愛戀欲界之貪，及瞋尋思，與苦、憂等對治支中之尋與伺，功德支中之喜與安樂、安住支中之心一境性定等，五支功德之禪定。

4-108 次禪，觀初禪尋、伺二支為過患，修習對治，從殊勝定中，生起喜樂者，即具備能斷初禪貪、尋、伺、掉等之對治支中，所有心及心所，無有惱亂，出離下地，於自地起清淨之信，功德支之喜，與樂及安住支之心一境性等，四支功德之禪定。

4-109 三禪，觀次禪喜支為過患，而具有輕安之樂者，即具備能斷次禪喜等，對治支中所有行捨、不妄修習之正念，及念念而往之正知，功德支中之輕安樂，安住支中之心一境性定等，五支功德之禪定。

4-110 編者注：原文缺一功德。

4-111 靜，一切招引不得寂靜行苦諸蘊皆已息滅。

他心通；阻塞左邊小香脈，出現天耳通；阻塞右邊大香脈，出現宿世通；阻塞東堅瑪脈，出現漏盡通。關於此六通的體性，《密集》云：

數如恆河沙粒的衆佛，
安住在那三金剛聖地，
正如自己的手放身上，
以那金剛慧眼來觀察。
數如恆河沙粒的國土，
所有發出的音響，
神通之耳皆聞悉，
就像發生在耳際；
數如恆河沙粒的國土，
所有有情的心識，
以身語意爲標誌，
了知它心如樂器發音；
數如恆河沙粒的劫中，
生死連綿住世間，
宿世處所的情況，
想起恰似剛三天；
數如恆河沙粒的軀體，
佛陀事業等等作裝飾；
數如恆河沙粒的劫中，
充滿彼等殊勝的神變。

富樓那【註4-112】因聞悉，隨順對義共

【譯註】
4-112富樓那，釋迦牟尼十大弟子之一，說法第一。

相識的領納支，在感受和夢境中了知、親見和通達（所聞佛理），從而如實示現神通。然而，卻非漏盡通，而是來自靜慮支。

如是，（修氣）同顯教密乘，有何差略？上師們多次闡述風、脈、明點之中風息的功德，將太陰左鼻，當作太陽右鼻，復將五種風息，和精液統一起來守持，把日、月、虛空三者，視爲男精，取名爲所謂的土風功德等。此與經典，有何違越？持邪見者們，卻不了知顯密意趣，同一的諸功德。《莊嚴經論》詳細闡述說：「靜慮所得係神通，……」可以引申開來。《根本續》也說：

憑依靜慮的五支，
生出五通的人主。

以上兩處引文，是一個意義。總之，以風、脈、明點守持心的諸肯綮，進行修持，憑借資糧道，必能成就加行道的果報。

證得以眼作法的神變，
智者方能干預衆有情。
修習功法六個月，
證得悉地無庸疑，
出現成就誰懷疑？

修練寶瓶氣等功後，通達瑜伽，清淨（屬分別心的）一萬八千風息，堅守明點於「東堅瑪」脈，證悟白晝不間斷的全部夢境如幻，隨時隨地，化為具有婆婆羅（一大數名）之多的功德。無庸置疑，此為殊勝之法。關於這點，所有續釋均有論述。

◈◈◈出世間的果報

出世間之果有三：見道、修道和究竟道。

1.見道

修習寶瓶氣，修持一晝夜十二個合時的風息。此時，在「東堅瑪」脈的下端守持所有菩提心之明點，修練分別心的風息，一萬八千，明白現見世間十界的究竟，於神變必定獲得自在，是為見道。《根本續》說：

由於恆常守持故，
金剛勇識眞證成。

2.修道

分為修練六脈輪，和所謂眞成就兩點。阻塞中脈的十二支分，阻塞十二組流動

一萬八千次的分別心風息，封閉於中脈的十二支分，修習智慧明點——十二支分方便智慧，修習十二緣起。同樣，修習命自在、業自在、解自在、資具自在、願自在、神力自在、法自在、心自在、受生自在、智自在，共爲十自在。再加證得十地、十波羅蜜多【註4-113】，是爲修道。將地分作十二，第一地是勝解行，第十二地是灌頂地。十二波羅蜜多之首，爲妙蓮波羅蜜多，第十二是金剛業波羅蜜多。自在之首是眞如自在，第十二是佛菩提自在。《續》云：

羯摩等等諸宮處，
無明等等逆其道，
十二佛地將證得。

又說：

清淨一萬八千業風，
次第登佛地。

3. 究竟道

究竟果是以持命風，阻止二萬一千六百名想分別心，復以其支分——流動七億七千七百六十萬次的百年業風，阻止煩惱尋思，所有脈道散開後，**明點具備一切種**

【譯註】

4-113十波羅蜜多，超脫三界苦海，次第證得十地果位之道：布施、持戒、忍辱、精進、禪定、智慧、方便、願、力、智。

相之殊勝，等同虛空時，以百年業風之數量，證得本智，八萬四千分別心，逕直轉化爲本智，遂稱爲成佛。此時，身、語、意、本智四者，和四喜因本智堅穩，從而十六喜、十六空性、十六悲憫均究竟。它們或者以空性等五者爲所緣，即係五蘊；以有情爲所緣，即系五悲憫；以勝義空性等五者爲所緣，即係五界；以法爲所緣，即係五悲憫；以無散空【註4-114】等諸法自體無自相之五空，爲所緣，即爲五根；再加不可得的五悲憫，共爲十五。第十六空是一切種相空，即無法自性空，是佛的大悲。十六空究竟，用三年零兩個月半，徹底修練百年智風，即可證成智慧身。《初佛經》說：

凡夫平庸非殊勝，
二萬一千六百地，
頃刻圓滿王者啊！
金剛勇識自我變。

此時，醒悟的平庸顯現六識，及其隨從心清淨了，轉變成所作智，和妙觀察智，即是幻化身；持命風所生夢境，迷亂清淨了，轉爲平等性智，即是受用圓滿身；沉睡無心的四位清淨了，轉爲法界體性智，即是自性身；貪著位清淨後獲得大樂，

【譯註】
4-114無散空，諸法自體於勝義中，無所取捨之性。

轉為大圓鏡智，叫做法身，或者叫做智慧身，二者意義一樣。

再者，略述五智的自性。《本智不可思議續》云：

其中大圓鏡智者，
譬如明淨無垢鏡，
顯現影像極清晰。
同樣心識的寶鑑，
清除煩惱污垢後，
如幻似幻見諸法。
在那心識寶鑑上，
所顯僅僅是幻化。
不分差別平等智，
在那平等性智上，
照了假有全是幻。
業和性相不混淆，
妙觀察智即是它。
鄭重以它作種子，
乃是不空成就智。
諸智法界別無他，
故為法界體性智。
何處生起五種智？
和合正中的八脈。

關於諸智的功用，《根本續》云：

彼等智慧的功用，
來自無緣悲幻網，
宛若稀世如意寶，
滿足衆生的要求。

關於諸智的轉依，《經莊嚴論》有論述。關於其事業，《寶性論》有介紹。此外，結合菩薩三類注釋的闡述甚多。此處，僅供理解要義，敍述理解六法教誡的提綱。瑜伽師讓尚多吉，在德欽丁寺，撰本文的大綱，嗣後，證悟圓滿的喜饒仁欽，依照法主（讓尚多吉）的講解，在噶瑪巴的山中小廟，稍加闡述，撰寫以上文字，涉及（氣功）的本質、道和生果次第。

第五章

拙火爲道之主體

◆正行六法之1◆

◈◈◈正行六法之概要

以教語為道分三點：前行——四加行次第、正行——甚深那洛巴六法、結行——守護感受，並封以迴向發願之印。

前行。如何步入解脫道，應知有別的四點：皈依發心的秘訣、清淨罪障，念修金剛勇識的秘訣、令二資糧圓滿壇城的秘訣、使之迅速進入加持上師瑜伽。

正行六法是：拙火——道之主體的秘訣、幻身——發揮道之效益的秘訣、夢觀——道之制衡的秘訣、淨光——道之寶炬的秘訣。據謂此四者，是根本教誡。經書說：

睡眠夢境與等至、
普通位等計四種。

因此，一切有情的心，不超過四位的分別心。拙火清淨貪著，幻身淨治普通的感受，夢境以有關夢境的教誡，淨治之，沉睡等無心位，以光明清淨之，中陰——堅定道之信念的秘訣，往生——道之護送者之秘訣。據謂後二者是道之支分。

據謂四根本教誡，分別有身體要點、

境的要點、時間要點，和所緣要點。又說，身體要點，爲靜慮六法。境的要點，有內外兩種，其外部感受，爲紅白二色，體內所緣之境，爲四脈輪，因此，體外的感受，是色、聲、香、味、觸顯現爲法，是幻身之境；體內一臍火輪，在收斂普通位的感受後，守持心於臍間幻化輪，在貪著位（月液）熾降，據說頂間脈輪，是守持之境；夢境位守持心於喉間；沉睡位守持心於心間，故四脈輪被稱爲境。時間的要點，是白晝的感受和夜晚的感受。所緣要點，據說有四，即對每種所緣，未守持者守持之、已守持者堅守之、堅守者令其發揮效益、恢復固有自性。這些均出現於修持中。

《六法詳論》說：「暫以甚深旃陀離（即拙火）的秘訣，清淨大樂智慧界；以幻身的秘訣，清淨地界；以夢境的秘訣，清淨火界；以光明的秘訣，清淨水界；以中陰的秘訣，清淨風界；以往生的秘訣，清淨空界。

同樣，以旃陀離秘訣，清淨等至位；以幻身秘訣，清淨覺醒位；以夢境秘訣，清淨沉睡迷亂位；以光明之秘訣，清淨沉睡位；以中陰秘訣，清淨從出生至死亡的氣息存在位；以往生的秘訣，清淨死亡位。

同樣，以旃陀離秘訣，清淨大樂智慧

蘊；以幻身秘訣，清淨色蘊；以夢境秘訣，清淨受蘊；以光明秘訣清淨想蘊；以中陰秘訣，清淨行蘊；以往生秘訣，清淨識蘊。

同樣，以旃陀離秘訣，清淨大樂智慧脈；以幻身秘訣，清淨堅實脈；以夢境秘訣，清淨燃燒脈；以光明秘訣，清淨潮濕脈；以中陰秘訣，清淨波動脈；以往生秘訣，清淨開辟脈。詮解空之力後，分階段詮釋光明。

同樣，以旃陀離秘訣，清淨大樂智慧風息；以幻身秘訣，清淨地風；以夢境秘訣，清淨火風；以光明秘訣，清淨水風；以中陰秘訣，清淨風風；以往生秘訣，清淨空風。

同樣，以旃陀離秘訣，清淨大樂智慧明點；以幻身秘訣，清淨持實明點；以夢境秘訣，清淨靈熱明點；以光明秘訣，清淨下降明點；以中陰秘訣，清淨波動明點；以往生秘訣，清淨充盈明點。

同樣，以旃陀離秘訣，清淨薩剎雜，亦即俱生喜；以幻身秘訣，清淨極喜；以夢境秘訣，清淨勝喜；以光明秘訣，清淨殊喜；以中陰秘訣，清淨平等性喜；以往生秘訣，清淨無別喜。

同樣，以旃陀離秘訣，清淨【註5-1】熟透了的菩提心之遷流；以幻身秘訣，清

【譯註】

5-1 原註：當上端大樂菩提，彷彿降滴時，從髮髻至私處，次第應用猛厲火秘訣，於六脈輪；當下端彷彿堅實時，從私處至髮髻，次第應用猛厲火秘訣，於六脈輪。

淨初始的遷流；以夢境秘訣，清淨中間遷流；以光明秘訣，清淨成熟的遷流；以中陰秘訣，清淨十分成熟的遷流；以往生秘訣，清淨末尾的遷流。

拙火的自性，是樂空俱生智；幻身的自性，是現空【註5-2】俱生智；夢境的自性，是了空俱生智；光明的自性，是明空俱生智；中陰的自性，是三時俱生智；往生的自性，是無別俱生智。

所謂拙火，指迅速賜予眞實智慧，故名拙火；顯現卻無自性，故名幻化；執境之命、色，故名夢境；雖無自性，卻任運顯現，故名光明；存在於前世後世之中間，故名中陰；雖無自性，卻遍入，故名往生。

正行六法彼此的差別：拙火的差別，有基位和方便道拙火，等等；幻身的差別，有淨與不淨幻身，等等；夢境的差別，有憶念和心識，等等；光明的差別，有白晝光明和夜晚光明，等等；中有的差別，有初始的和中間的，等等；往生的差別，有法身和報身，等等。

在果報方面，拙火之妙果，爲清淨的金剛勇識之種性；幻身之妙果，爲清淨的善逝佛之種姓；夢境之妙果，爲清淨的覺母種性；光明的妙果，爲清淨的金剛種性；中有的妙果，爲清淨的羯磨種性；往生

【譯註】

5-2 現空，現分和空分，謂方便與智慧。了空，心和空性，明空，體性和智慧。俱生智，生來自然存在的明空了別意識。

的妙果，爲清淨的珍寶種性。

在證得六身方面，拙火爲清淨的殊勝身；幻身爲清淨化身；夢境爲清淨的受用圓滿身；光明爲清淨的自性身；中陰爲清淨的法身；往生爲清淨的大樂身。

在智慧上，拙火是大樂俱生智；幻身是法界體性智；夢境是妙觀察智；光明是大圓鏡智；中陰是成所作智；往生是平等性智。

仲・袞邦巴，將瞻林巴所講之法，記錄成文說，在基位有情的心，續存在貪著位的迷亂，以拙火道淨治，以身業印瑜伽守持之，其妙果，爲法界性智，證得智慧身；基位有情的心，續存在普通位的迷亂，以夢境道淨治，以語法印瑜伽守持之，其妙果，是證得成所作智和幻化身；執持白晝紅、白顯現爲實有，以夢境位夢境（道）淨治，以智印瑜伽守持之，其妙果，是證得平等性智、妙觀察智和報身；有情之心續覆蓋無明——沉睡位的迷亂，以光明道淨治，以身大印瑜伽守持之，其妙果，是證得大圓鏡智，和法身。

塔波寶師說：身體、風、脈、明點四要點，是修持拙火瑜伽。壓抑上體的風息，上引下體的風息，心識專注鼻尖或虛空，是爲智慧拙火（瑜伽）；身業印瑜伽和臍間「ཨ」（阿）字二者無異，心專注臍

間「ཨ」（阿）字，是爲羯磨拙火（瑜伽）；了知一切顯現無二致，心識散漫無拘束，是爲身大印瑜伽。

隱藏身體於智慧輪，隱藏脈道於須彌山側，隱藏心於私處，隱藏風息於如意樹。此四「隱藏」捨棄業【註5-3】和事，是安樂的緣（外因）。根門暢通，係明潔之緣。遠離愛憎，爲無分別意之緣。守持心於不造作狀態，爲不相異緣。是爲四緣。無論居住何處，空行與婦女匯聚，是爲脈道堪能；坐在水面和戈上也安居，是爲風息堪能；消化食物，爲心堪能。享用樂明，爲菩提心堪能。四堪能成就四業，故爲事業自在；引導風息，流入中脈，是心自在；修定之中，和出定以後，無二致，是智慧自在；遠離風息進出，是風息自在。

◈◈◈觀修拙火道主體的祕訣

觀修拙火道之主體的秘訣有四：身體要點、境之要點、時間要點，和所緣要點。

1. 身體要點

憑依身體的要點，是身體呈毗盧七法：雙脚似格子交叉【註5-4】、脊椎如箭正直【註5-5】、手結定印【註5-6】、肩臂如靈

【譯註】

5-3 業，別譯業力、宿業、宿命、緣分、氣數。使與自己相應之心發動，造作於境（身、語、意）之思心所或種子習氣。

5-4 原註：目的是守持下行風，生起靈熱。

5-5 原註：守持持命風，引導風息，流入肯綮。

5-6 原註：守持等住風，打開脈道，生起安樂。

鷲翅後張【註5-7】、頸部微俯【註5-8】、舌尖抵上顎，唇齒閉合得當、目視鼻尖【註5-9】、策勵身心【註5-10】。

密勒尊者說，頭俯曲，則羞明【註5-11】、發怒、眼睛不明亮、貪眠、神志昏憒。上體舒張，則心神不安、尋思散逸，上半身疼痛。上體俯曲，則抽長氣、不歡愉，出現心風，故上體應伸直。若向右歪斜，則不能守持所緣，欲出行，戀財。向左歪斜，則貪婪、折壽、眷屬離散、辦事不成。尾脊骨觸地，則遺精、患腎病、懶惰、懊惱。因此，應經常弄直身中穴竅而坐。是爲毗盧七法。

或者，上身高聳、雙脚交叉似格子，以腰帶或靴帶、禪帶束縛之，則風疾刺痛輕微，生暖迅速。

或者，脚背如駝背似地重疊，手如裙帶似地束縛(脚)，這也能迅速生起樂暖。

2. 境之要點

境之要點，是臍下四指，三脈交會處。

3. 時間要點

時間要點，是業印和晝夜之時。

4. 所緣要點

所緣要點是：未守持者守持的秘訣、

【譯註】

5-7 原註：目的是守持遍行風，使風疾輕微。譯者註：風疾，體內氣息錯亂引起的血管，和神經系統所屬諸病、精神官能症等六十三種。

5-8 原註：目的是守持上行風，生起無分別意。

5-9 原註：目的是心識明宙，守持所緣。

5-10 原註：目的是迅速生暖。

5-11 羞明，視物時感覺光線刺眼，不能睜視。此分白分及誕液引起乾燥羞明和由血分及膽熱引起的濕潤羞明兩症。

堅守修持拙火的秘訣、堅守者發揮效益大修持之秘訣、樂空發揮效益，維持固有自性。

◈◈◈所緣要點

1 未守持者守持的秘訣

有四：修習影像之身，淨治穴竅【註5-12】；守持基位法胤【註5-13】，淨治脈道；以三密的步法，淨治風息；以水月【註5-14】舞蹈，淨治明點。其中穴竅有四：不淨身之空明、清淨本尊神之空明、學習（觀想）形狀、學習（觀想）顏色。

1.修習影像之身，淨治空明

⑴所修內容心中放

顯現爲內、外所有身體，本來現空無別，其自性任運天成。先前未明白生起真實地通達成就之心，故專心致志地渴求「現今以先師的秘訣，明白地顯現出來」。

⑵修行指導要實踐

①不淨身之空明

在靜處的修行者，身體呈靜慮六法，前行諸法完畢後，觀想自己體內純潔、清

【譯註】

5-12 穴竅，體內猶如樓房的天窗、壁孔一樣，不與臟腑相連的空竅。

5-13 法胤，即香巴拉的妙吉祥稱法王。傳時輪金剛灌頂時，把日車仙人等許多不同的梵淨仙人，合爲一個金法種兄弟，同時傳授，因而得到這個稱號。

5-14 水月，佛家用以譬喻一切事物，都無實行，後以廣泛指一切虛幻景象。

淨，如吹氣的薄膜一般，空明【註5-15】。

再者，從頭頂觀察至脚趾，發現是空明。復從脚趾觀察至髮梢，發現是空明。再觀想身體之量，爲白芥子粒，或四寸、一寸。淸晰地以身體，和四肢爲所緣，又觀想身體碩大，指頭也能掩蔽宇宙，觀想它空明的情況。再觀想身體恢復原狀，觀想它空明的情況。此爲觀修不淨身是空明，觀修時間爲一座。

②觀修淸淨本尊神爲空明

楚普巴・絳央欽波・頓珠臥色寶師說：「萬物——世間和出世間的諸法，均呈法基三角形行相。大樂，或不散明點、普通的心識或心，無論安立任何名言，卻咸安住於身語意，或塵、暗、精力；或風、膽、涎分；或種子的自性之中，故爲三角。再者，世間出世間所攝諸法爲一，所以細微本源，和關於佛的諸種證悟，朝前逐漸增長，遂成佛，是爲寬綽。未受煩惱染污，是爲自在妙蓮，和無我之光，其上具有方便之月、智慧之日的自性坐褥。坐褥之上，有象徵識之自性紅色『ཧྲི』字。心識向外散逸，從而『ཧྲི』字發射光芒。在其本體所顯境上，顯現形形色色的心，發射光芒，從而淨治了二取的蓋障。由於淸淨了無二心識的罪障，遂顯現爲無，其色若水月，或顯現爲無，顯現卻不存在。（

【譯註】

5-15 原註：在這些時候，外部的山嶽等種子以上，諸法雖成就爲色，但無論怎樣觀察，也應觀想爲內空。

本尊神）身口手之顯現，叫做體外如幻的聖像。這就是本尊神空明之含義。」

隨順前文所述，前行儀軌身體要點，觀想自己的身體，頃刻變爲尊者金剛瑜伽天母，膚色極紅而明亮，一面兩臂，手持彎刀和頭顱，風華正茂，彷彿韶年正十六，佩戴五種骨飾，明澈而無質礙，聖體宛若用紅綢，搭設的帳幕，又如內點油燈，光焰無際。如此觀想，稍穩定後，隨即修練大瑜伽和小瑜伽。

大瑜伽謂觀想自己，爲天母之身，逐漸變至須彌山大小，又逐漸增大，最後頂間的髮髻，到達梵天世間【註5-16】，脚踏下方世界。總之，觀想自身充盈所有世間。此時，倘若昏沉，神志不清，自己的心識越來越高，則專心致志地，以天母的眉間爲所緣；若心思散亂，卻無睡意，在心識越來越低後，觸摸脚部，心專注於脚拇趾尖。此爲除障的次第。

小瑜伽。觀想天母的身形，越來越小，約有一寸，芥子粒大小，最後約莫爲馬尾大小，卻很清晰。據謂此係極爲深奧的瑜伽。其後恢復身形，觀想情況，如上所述。觀想清淨本尊神的空明，一座時辰。

③學習（觀想）形狀。次第觀想自身，爲四方形、圓形、半圓形、三角形，等等。每種形態又觀想無數和各種大小。

【譯註】

5-16 梵天世間，初靜慮以下一切世界。

④學習（觀想）顏色

觀想自己身形，爲四方形時，色黃；圓形時，色白；半圓形時，色紅；三角形時，色黑；肩胛骨狀時，色青。復觀想每種形態，轉變爲顏色俱全。用以上顏色，觀想影像之身，是空明的，爲時一座。

⑶修行妙果要達標

如是觀修，在禪定中，極其明白地顯現，是爲正行。正行中出現與之相應的感受，白晝觀修夜間睡眠時，出現的相似情景，是爲（修持）夢境。以正行、感受、夢境，來抉擇果報。

2.守持基位法胤，淨治脈道

詳情見上文，關於實有法之本質脈道一節。密勒尊者說：「細分體內的脈道，同汗毛數量相等，簡化之，爲二萬一千；再簡化，爲七萬二千（譯者註：原文如此。按上下文推理，是否爲七千二百。）；再簡化，爲三脈四輪；再簡化，爲中脈、精脈和血脈；再簡化，爲唯一的中脈。」

又，淨治（觀想）中脈、血脈和精脈。同樣，淨治（觀修）六脈輪、十二脈輪、十八脈輪、支分和分支脈、淨治（觀修）七萬二千脈道、三千五百萬脈道。

如所說，「體內如同體外般」，在外部器世間，山谷有寬窄，谷距有長短，地

方有沃土，和不毛之地，等等。體內脈道種類，亦有相應的類別，諸根本脈，有的如伸直一般，有的如錯亂的髮縷一般，有的如松樹一般，等等，類別繁多。

大尊者那洛巴說：

觀想機體的要點，
觀察心性的深處，
體外幻術本尊身，
體內三脈和四輪。
上邊『ཨ』『ཧཾ』有明點，
下邊短『ཨ』拙火，
中間感受樂空明，
上下風輪的正理，
名叫臍火的教誡，
譯師領悟肯綮否？

守持基位法胤，有三點：觀修內容心上放、實修指導要實踐、觀修妙果要達標。

⑴觀修內容心中放

據謂「一般而言，心中明白顯現的一切景象，作爲多如海洋、塵土的瑜伽母，本來就存在，特別是心中明白，顯現它安住於自己體內。」

⑵實修指導要眞正實踐

在此被認爲是宛若那洛巴尊者，傳規的華蓋和傘柱。修行者的前行次第，隨順

上文，觀想自己，是金剛瑜伽母，其身形、飾件等，如上文所述，明亮而瑩澈。是爲此法傳規，最爲深奧的訣竅。

繼而，在安樂的坐褥上，脚結跏趺，上體正直，手結定印，等等，觀想自己，是本尊神的宮室，內中一切潔淨、瑩澈，如吹氣的薄膜。觀想正中中脈，如中柱，粗細如麥穗，上竅觸及梵淨穴，狀如打開的天窗，下竅在臍下「聶波切」穴位，如銅號口開闊。同樣，右側爲血脈，左邊爲精脈，二脈在中脈右、左二側，與中脈相距各約一指。二脈上端進入兩鼻孔，下端在臍下四指處，同中脈會合。

所謂三脈，具備四性相是：白而明、直而空，應作如是觀想。這時，若神志昏沉不明，應專注於脈道之上部；若心神散逸，不安住，應專注脈道的下部；身心平安者，則以整個三脈爲所緣。觀想得乃至不守持心，或者觀想數日。結合眼神來修習，甚爲重要。修習一座。

觀想臍間幻化脈輪【註5-17】脈瓣，爲六十四，從中脈生出旁枝脈道的形態，是四方各有八脈瓣、四隅各有八脈瓣，脈端觸及穴竅，卻未連接。

同樣，觀想心間法輪【註5-18】脈瓣爲八。絳央大師說：「右面所取境之本體，爲血脈，色紅；左面能取心之本體，爲精

【譯註】

5-17 原註：臍間是幻化身的依止處。憑依幻化臍輪生起樂暖。

5-18 原註：心間爲法身依止處，憑依法輪守持光明。

脈，色白。心中明白顯現，三脈和四脈輪，其中三脈，如前所述。由於體外，有四大種，故體內有四脈輪。在別壇城有「ཨེ」、「ཝཾ」、「ས」、「མ」、「ཡ」【註5-19】。諸續云（象徵）四洲有四咒字。由於有四位，遂有四輪。心間法輪的脈瓣有八，猶如繃拉細繩一般，在中脈周圍。長短等同身量的中脈，分出旁枝脈道，內外有孔穴。內中所流，風大種的體相是色青。五蘊的自相，即是五如來的眞義、四大的本體，五佛母的本質，是八脈瓣。或者八座的自性數爲八，或者再加上、下二者計爲十。

喉間受用脈輪的脈瓣爲十六。由於心識旁騖，脈瓣向上，呈傘面狀。火大的自性色紅，六味【註5-20】滋養六蘊。因如斯等等的緣故，脈瓣爲十六，或者因十六個半段時限的體相，爲十二宮或十六宮，故脈瓣爲十六。

頂間大樂脈輪之脈瓣，爲三十二，呈華蓋狀。水大自然地下沉。顱骨頂部有孔穴。水大的體相色白。五蘊、五大種、六根、六塵、五天命、五境之數共三十二，作爲其自性，脈瓣三十二。或者每一時辰算作一須臾【註5-21】，因三十二須臾的體性，故脈瓣爲三十二。

臍間幻化脈輪之脈瓣，爲六十四，狀

【譯註】

5-19「ས」，讀音爲「娑」；「མ」，讀音爲「瑪」；「ཡ」，讀音爲「雅」。

5-20六味，甘、酸、鹹、辛、苦、澀。

5-21須臾，古印度計算時間長短的一種單位名。

如衣服側邊的袖子，脈輪的直徑，等於身粗。精液的自性色黃，以塵、暗、精力，或以身、語、意來區分，則界有十二種。又以四時來區分，則爲六十四，或七十二。因六十四個時辰的自性，脈瓣數爲六十四。應觀想上述旁枝脈道內外，均有孔穴。

心間脈瓣爲八，即四方各一旁枝脈道，四隅各一旁枝脈道。

喉間受用脈輪【註5-22】之脈瓣爲十六，即四方各有兩根旁枝脈道。

頂間大樂脈輪【註5-23】之脈瓣爲三十二，即四方各有四條旁枝脈道、四隅各有四旁枝脈道【註5-24】。

臍間左右二旁枝脈道的頂端，穿過脚的二穴竅（別譯東熱穴），直至「茨芒」穴，然後變爲五微脈，進入五指的穴竅。臍間左右兩「吉沃」，兩膝部，兩「茨芒」等穴位，分別在三十脈瓣，脚趾的關節，各有六脈瓣。如此觀修一座【註5-25】。

心間左右旁枝脈道，穿過兩面頰、雙手的穴竅，直至「茨芒」穴。然後變爲五微脈，進入五指的穴竅。在左右肩、兩肘關節、兩「茨芒」諸穴位各有三十脈瓣，手指各關節，各有六脈瓣。觀想顏色和四性相，爲時一座。

（脈瓣）具備中脈的四性相，細如蓮花莖脈，直如芭蕉樹幹，紅似紫梗花，明

【譯註】

5-22原註：憑依受用脈輪，淨治夢境。受用脈輪是報身依止處。

5-23原註：自性身之依止處。憑依大樂脈輪，生起無漏身。

5-24原註：修習一座，應觀想旁枝脈道色白、正直、明而空。

5-25原註：觀想顏色和四性相。

若芝麻油燈。

或者，觀想中脈象徵意密，色藍；左側精脈象徵身密，色白；左側血脈象徵語密，色紅。臍間屬地大種，脈瓣和其支分色黃；心間屬水大種，脈瓣和其支分色藍；喉間屬火大種，色紅；頂間屬風大種，色青；右手屬風大種，左手屬火大種，右脚屬水大種，左脚屬地大種，故可觀想爲不同的顏色。把它們觀想爲直、明、空，顏色相異，是爲具備四種性相。觀修一座。

臍間幻化身的種子根本字爲「ཨཱཿ」【註5-26】；心間法身的種子字爲「ཧཱུྃ」【註5-27】；喉間報身的種子字爲「ༀ」【註5-28】；頂間自性身的種子字爲「ཧཾ」。諸種子字，本來就存在。

外部器世間地域顯現爲廣闊、狹窄和不寬不窄，等等。以地大種爲主的實有法，應觀爲明空的金剛芽。

若此，體外世間和體內諸脈，首先以其本色來觀想。嫻熟時，單獨觀想「ཧཱུྃ」字【註5-29】，再觀想「ༀ」、「ཨཱཿ」，以及上述三字，觀想佛之陽體與陰體等，呈現爲種子字的多種行相。同樣，觀修身大印瑜伽，乃至身密。六種顏色把所有種子字，加以改變，復觀想每個種子字，分爲憶念圓滿等三位。

(3)觀想妙果要達標

【譯註】

5-26「ཨཱཿ」，讀爲長音「疴」。

5-27「ཧཱུྃ」，讀爲長音「吽」。

5-28「ༀ」，讀音爲「昂」。

5-29「ཧཱུྃ」，讀爲長音「吽」。

觀想妙果要達標，即親見脈道，眞切明亮，親見實際、感受和夢境三者的性相，以它們來守持基位法胤，淨治（觀修）脈道。

3. 以三密之步法，淨治風息

⑴所謂風息

所謂風者造諸業，
虛空成就明等業，
風操驅除和殺戮，
火管懷柔和勾召，
水管息業和增業，
僵硬昏憒地之業，
智慧囊括一切業，
心性明而無分別，
自性智慧大風息，
風息推動輪廻轉，
風息證得般涅槃。

雖然說守持風息，有多種不同的方法，但據謂練氣具有六支分。又說守持氣息的方法有八種，風息的自性爲七十。關於陽氣、陰氣、中性氣、風息守持法，和修練外氣、內氣、中間氣，有噶瑪拔希寶師所著《風心要點之鑰匙》。

密勒尊者說：「不是老人和兒童，而

是健康的壯年漢，晝夜氣息進、住、出三者合起來，爲二萬一千六百次。若以五大種的風息來區分，五種風息各流動四千三百二十次。概括起來，分爲五根本風，和五支分風，總計爲十，歸結爲命、力二者，流向體外，生起分別心，叫做力；流入體內，生起壽考，叫做命。雖然說守持五風的方法衆多，但那洛巴尊者承認，風息具備四種性相，叫做寶瓶氣，寶瓶氣無所不包。他說：『修練寶瓶氣，有吸氣、鼓氣、消氣和射箭似地射氣四種。』若不知風息的自性，功德有轉變爲過患之虞。」

⑵修練寶瓶氣

《金剛空行續》說：

鼓氣清淨了身體，
消除毒和瘟之熱。
倘若守持寶瓶氣，
閉塞九門的穴竅。
匯聚各種離散風，
中間消氣除疾病。

《喜金剛續》說：

吸進風息來威懾，
氣息不暢遂僵硬，
猛烈消氣除病患。

①首先按照清淨本尊神，之空明之身一節所述，舉行前行儀軌，觀想脈輪等。接著排除三種濁氣【註5-30】，緩而深長地，吸氣入體內【註5-31】，左右側的血脈，和精脈如向下吹腸子一般，從下面三脈匯合處，由下向上出現青煙【註5-32】。咽吞一次口水，觀想成雨狀，迫降至臍下，體內之心入三摩地。自認稍稍不能，了知精氣風息的要點後，徐徐不斷地呼氣，最後排得空蕩蕩的。

②如是修練數次後，及時稍事休息。應依據身體健康狀況，逐漸增多修練的次數。若最初練氣過猛，則會出現違緣，顧慮以後，大量練功受挫。故應辦法善巧地練。如是修練一座。

③鼓氣。上引下體全部氣息【註5-33】直達腹部，儲存於中脈【註5-34】，是爲鼓氣。

④消氣是按照規矩，釋放氣息【註5-35】，觀想風息從汗毛孔滲透出去。

⑤似箭地拋擲。有時觀想梵淨穴，青煙直冒。此功多練，好似往生法，不要多練【註5-36】。

⑥如是修練，雖長時消氣，卻無疲乏和不安之感，是爲較熟練。此功修持一座【註5-37】。

【譯註】

5-30原註：觀想全部病魔罪障，從下體的孔穴離去。

5-31原註：觀想世界全部光華，和能量如長香的煙子，進入體內。

5-32原註：觀想青煙，散失於心間脈輪處，身體、容光、體力全部增長。此是向內吸收。

5-33原註：宛若地風，屬黃大種。

5-34原註：上體氣息如香的煙子。

5-35原註：下體的氣息如地風一樣，消向肛門。

5-36原註：年梅塔波寶師說：「風息的要點有四加行，其實修是，由鼻孔吸氣，觀想氣息經（血脈、精脈）二脈而下，是爲閉氣。觀想導氣入中脈，是爲消氣。觀想在三脈會合處內，中陰聚合風心的白芥子大小，的白色明點，從囟門整個兒地射出，風息也變成直冒的青煙離去。繼之，壓抑上體風息，上引下體風息。兩種風息會合後，壓縮於腹部脊椎。其後觀想臍間，形如垂直的短音「ཨ」字，它宛若印度梵文的垂符，以

下接210頁

(3)風息依存於身體和功用，即風息的自性、依止處、功用和流動的情況。首先，持命風具有「ཨ」字的行相，以空大種爲性；下行風以地大種爲性，具有「ལ」【註5-38】字的行相；上行風以火大種爲性，具有「རི」字的行相；等住風以風大種爲性，具有「ཡི」【註5-39】字的行相；遍行風以火大種爲性，具有「ཕྱུ」【註5-40】字的行相。五支分風是龍風，以地大種爲性，具有虛空「ཕྲུ」字的行相；龜風以風大種爲性，具有「ཡི」字的行相；蟲折蜴風以火大種爲性，具有「ཡ」字的行相；天授風以水大種爲性，具有「ཨི」【註5-41】字的行相；財王風以地大種爲性，具有「ཡ」字的行相。

①關於持命風，如云：

光明心性智慧風，
藏識屬空染污意，
風來造作無感覺，
造作屬水色屬地。
説是次第能所長，
風息住身造作業，
一般遍布在體內，
憑依中脈持命風。
堅穩正中的藏識，
世稱虛空的怙主，

上接209頁
【譯註】
火爲體相，有針大小。盡量壓抑風息。

5-37原註：消氣有四種：向上消、向內消、向外消和向下消。首先，鼻梁屬北，兩鼻孔屬水，兩鼻孔外邊，被認爲屬火，鼻孔兩上方屬風，兩下方屬風、地，正中屬虛空智。其色是，地、水、火、風、空被認爲分別是黃、白、紅、黑、青。關於氣息，流至體外的距離，從鼻尖算起，地風外流十二指，水風外流十三指，火風外流十四指，風風外流十五指，空風外流十六指。其原因是大種的輕重之別，遂有遠近之分。此在《時輪經》有載。

《密集》的部分教誡認爲，（體內）有四脈輪（虛風智風造諸業）和四種業風，從頂間（操持驅除和殺戮之業）出現風風，外流二十指，從喉間出現火風（操懷柔和勾召之業）外流十八指，從心間出現水風（主息業和增業）外流十六指，從臍間出現地風（主令人僵硬和愚痴之業）外流十二指。

下接211頁

死時藏識直流出，
現生我執和憶念。
若錯使人昏厥死，
說是業同本智混，
不錯宛若那虛空。

②下行風，依存於臍下三脈會合處以下，其功能是，控制大小便和精液。因此錯誤流動，將引生下體的諸種病患。

③上行風，依存於身體前部的喉間段脈道，其功能爲操縱語言。若錯流，則引生上體諸種病患。

④等住風，進入胃中，分開食物的精華和糟粕。若錯流，引生胃病。

⑤遍行風，同右側血脈相聯繫，散布體內諸關節，引生肢體殘廢、僵直等症。

龍等五種支分風，
龍風俊美目與身；
龜風生長耳手脚；
嗅覺腹鳴和心煩，
蜥蜴風息來操持；
味覺呵欠歸天授；
財王風息同觸覺，
身亡之後方消散。

另外，若想修練風息守持六法之氣功

上接210頁
【譯註】

5-38「ལུ」，讀音爲「魯」。
5-39「ཨི」，讀音爲「伊」。
5-40「ཨེ」，讀音爲「歐」。
5-41「ཨོ」，讀音爲「奧」。

，按上述六事體功法修之。密勒日欽尊者說：「所謂自然智燃燒，顯現一種業，其含義是，首先以九種秘訣，淨治風息過患，向右、向左、向正前方，各強而長地三呼氣，觀想所有病魔，和煩惱如煙似地，從體內排出。吸氣時觀想世界上全部壽考聚爲光線形態，滲入體內，化爲光華和精氣。接著，觀想雄勁的風息，即連續向下，壓抑上體氣息，觀想像吹腸子一樣心風，從血脈和精脈，流入中脈，盡量住持風息。一旦不能住持，即向左中右消氣。吸氣再吸氣，叫做急促吸氣。再連續朝下，壓抑九頭穴、上體森加穴的風息，再次吸氣，如前文所述地守持。觀想雄勁氣息若干天，能調柔風、脈後，遂出現適宜的靈熱。

(4)爲堅守風息，需修持四種功法：吸氣、鼓氣、消氣和呼氣。

①吸氣，吸入微量風息，向下壓抑。其後是鼓氣，雄勁地吸氣，盡量向下壓抑。繼之是消氣，當不能向下壓抑時，彈指一瞬間，向外排出少量氣，剩餘的盡量向下壓抑。最後是呼氣，一旦不能壓抑，就徐徐地全部呼出。以上功法，差池任何一步，即錯誤四分之一。故應憶念若干座，待嫻熟後，再專心致志地修持。

其後，是具備三曲折的除滅風息：略

帶喉音地深吸氣，接著盡量向下壓抑，當不能壓抑時，略挺頸背，不帶喉音地舒息，隨後停氣一息。此法晝夜修練，在人前亦不被人覺知地練。以上三種氣功要修練適度。

②所謂「下方燃爲無漏大樂，顯現肛門之精華」，是指過分壓抑上體氣息，風心逸散，於大小便依止處，從而輪廻得勝，涅槃中斷。而風心流入中脈，則涅槃獲勝，輪迴中斷。世出世二者之衝突，在臍下四指處。向下壓抑上體氣息後，羅刹（脈）收縮，精力集中，上引下行風，身體微動，是爲寶瓶氣功。

③所謂「中間燃得世出世中斷，顯現脈、風的一總綱」有三點：由於修持身體——幻輪之要點，中斷身體離合；言說方面，因修練氣功之要點，中斷瞎說之離合；在秘密意方面，由於專注於所緣，中斷虛妄分別之離合。

⑸修習指導要實踐

再者，法主一切智瞻林・曲季扎巴貝桑波說：「若按金剛持喀決巴・智美益西所繪舞蹈、灌頂圖來修持，則應：所修內容心上放、修習指導要實踐、所修妙果要達標。」

「所修內容心上放」，是指觀想世間和涅槃諸法、淨與不淨生命之變化、我抉

擇唯一甚深續部，所述內容爲此爲彼。「修習指導要實踐」有三點：安置甚深要點爲基礎、飲四加行之甘露、以四面之飾件爲飾。

①所謂「安置甚深要點爲基礎」，即靜慮六法。在靜慮的坐褥上，脚如格子似地交叉，呈金剛座坐姿或菩薩座坐姿（即雙盤腿或單盤腿），密脈、下行風、智慧風等結子散開，阻止流遷，消除（精液）滴漏。

此外，手結定印置於臍下，以擠壓脈結，流遷至穴位，從而清淨臍脈、等住風、以地大種爲性的明點。梵淨肌腱（即脊椎）正直，上體雄勁。肩臂如鷲翅後張，因而同時清淨了心間脈、持命風和以水大種，爲性的明點等。頸脖略俯，宛若騏驥、孔雀。與此同時，舌和齒任其自然，從而清淨了頸脈、上行風和以火大種，爲性的明點等。全面地緊縮四肢和支節。附帶的法門是：眼光注視關鍵（即眼視鼻尖），從而清淨頂間脈、遍行風和以風大種，爲性的明點等。由於如空花結子似地，約束體內上下穴位，從而清淨四肢，和其分支的臍道等體內所有脈道、流動和急流的五支分風，以及以空大種，爲性的明點等。交叉、擠壓、正直、彎曲、收緊、束縛等，是爲靜慮六法。應當斷除前挺後駝、

左歪右斜、上下抖動等六種過失，從而恰到好處。

②所謂「飲四加行之甘露」，分作兩點：領悟意義和修持。

領悟意義。領悟意義分三點：本質、不淨和清淨。

本質。作爲不動的智慧風，雖是本來無差別的法性，卻顯現爲衆多活動的生命變化。雖然顯現，卻無自性，是爲一味之義。

不淨。持命風同中有之識，一起投胎爲具有六界的人身。該人身生長能取的持命風、下行風、上行風、等住風、遍行風等。按照次第，風息之數爲無量，它們均是清淨的。一般而言，脈、風、菩提心，特別是肌肉、血液、骨骼、皮膚、指甲，乃至汗毛等人身，所有支分的生起、發展、增長、隱沒、收斂、寂滅皆是諸種風息所致。同樣，體外諸大種和諸大種，成就的實有法之壞滅、形成、空、住等衆多行相，其完成者，亦是諸種風息。總之，三界所有世界，僅僅由風的造作而成就的，故爲不淨。

清淨。風息自性清淨，眞實成就本尊的身、臉之行相、種子（字）、手印、咒韻，以及心智的諸多變化、他們之所依無量宮、善逝主從、無量的法蘊等等。清淨

智慧風的變化，是不可思議的。它本來清淨，卻顯現爲不淨，和極淨的形態。所有甚深續，皆肯定佛僅在智慧風中，永遠不動。

修持。修持分作四點：修持無分別意的氣功、修習分明顯現的氣功、修習安樂的氣功，和修習三者圓滿的氣功。

第一、修持無分別意的氣功。全面了知風息自性的修行者，心如實地，安住於依止上文所述，人體空明之風息的呼吸，不外騖於他處。再次僅僅專注於呼氣，隨即觀想以吸氣，壓倒妄分別。除吸氣外，不以呼氣爲所緣。最後憶念呼、吸二者皆無的住氣。氣息的進出，被解釋和決斷爲六組，即學習計數水風，決斷爲三百六十組、計數刻【註5-42】的氣息，決斷爲二萬一千六百次、計數晝夜的氣息。同樣，計數博叉的氣息，乃至一個月的氣息，住於極爲廣大的禪定之中。同樣，觀想風息流入體內爲生，流出爲滅，住氣爲住。生滅住三者，概括了諸法。

再又，隨念風息清淨之狀。僅僅納入清淨風息爲身（即身金剛），排出爲語（即語金剛），住氣爲意（即意金剛）。觀想納入清淨風息爲欲界，排出爲色界，住氣爲無色界。吸入爲境，排出爲有境，住氣爲無別。吸入爲樂，排出爲明，住氣爲

【譯註】

5-42 刻，一晝夜的六十分之一。

無分別意。吸入爲生起次第，排出爲圓滿次第，住氣爲生圓無二。吸入爲脈，排出爲風，住氣爲明點。吸入爲空性（解脫門），排出爲無相（解脫門），住氣爲無願（解脫門）。吸入爲幻化身，排出爲受用圓滿身，住氣爲自性身。吸入爲身密，排出爲語密，住氣爲意密。總之，修持清淨禪定，觀想諸法均係風息。以上修持，將生起無分別意，和無垢勝觀。

修習分別顯現的氣功。觀想地風色黃，水風色白，火風色紅，風風色青，空風色藍。觀想光之明點大小，如山綠豆的種子，或者量等自身，其光亮如粗牛毛織品光熠熠的行相，寬窄不一。心專注於遍行各方的光輪，觀想它決定具有堅實、溫、燃、動、開放的性相。學習（觀想）顏色，並觀想地風爲四方形，水風爲圓形，火風爲三角形，風風爲半圓形，空風爲圓形或六角形。按上述意念活動，來觀想各種風息，各自具備不同顏色，寬窄適度，是爲學習（觀想）顏色、形狀。嫻熟這些憶念活動，遂成熟遍處和勝處【註5-43】。住於禪定之中，可觀想任何一種大種的顏色或形狀，把欲見之色的行相，置於定中，把欲聽之聲，置於定中，引心趨向所緣境。與此同時，遂證得天眼通和天耳通。這就是以分明顯現爲道的氣功。

【譯註】

5-43勝處，發起勝知、勝見的禪定之處。於禪定中修習觀想，現見所緣形色，勝過其他，心不外散。

修習安樂的氣功。捨棄觀想風息的進、出、住、某種特定的氣功和所緣，以放縱自如為禪定，從而生起清淨的安樂感受。

修習三者圓滿的氣功，分為前行和正行。

前行，猶如洗滌骯髒的容器，使之清潔一般，身體坐姿錯誤，和風息流動不合規範的標誌是，風息不能從血脈流出，和二十四種支分濁垢，不能及時排出體外，成為身體患病，和心中生起苦的根源。為了清除體內這些濁垢，應以消氣為道。安住於前文介紹的身體要點，由鼻孔緩緩吸氣，使體外的風息，在體內圓滿，再猛烈地呼出。此時觀想，自無始以來所積之全部罪障，從篩子眼似的毛孔、根門和全身，所有穴竅的各種孔穴，排除出去，勢如狂風。極為清淨的身軀，如無垢的水晶瓶，將心置於內中。身體健康狀況正常者，消氣三次，患心風和心狂亂瘋癲等毛病者，消氣九次等，應以適當為量。以上為前行。

正行。正行四功是：「鐵鉤似地彎曲」、「大海似地充盈」、「水渠似地消氣」和「射箭一般地引發」。

第一，清淨左鼻太陰道，和右鼻太陽道，無聲地緩緩引氣，觀想風息，泛淡藍光，猶如長香的煙子，從體外十二指，至

十六指處，經二（鼻）道眞正進入體內。同時，從羅刹門，吸入少量氣息，守持之。

第二，召引上下的持命風，使之住於中部。同時，眞正守持於臍間，上下無誤地鼓氣。

第三，僅僅觀想由二道，進入體內的氣息，流入中脈，到達臍間，和心間脈輪之間，然後消散，心專注中脈內的穴竅。

第四，若消氣的時機來到，心專注於體內氣息消散處，風息以光的行相，到達梵淨穴，隨即離去，是爲消氣。

此功在修練之初，修持三次或五次，乃至七次。若過量，將有魔的禍害。因此，從氣息眞正進入中脈之部位後，復又宛若光線的行相，排出體外，從二道行至體外十二指，至十六指的空間，並消失於那裏。風息再次出現於該處空間，進入體內，融入中脈正中。如斯等等，如上文所述。若此，「如箭引發」功之後，所緣不生障礙，而是生起功德之所依。

消氣有外消、內消、上消、下消等多種消氣。在此指的是，向內消氣。引、鼓、消、射四種功法，是以風息爲道秘訣的精華。「金剛頂合」、「對開印模」、「寶瓶氣」、「鳥臉坐騎」等，其異名甚多。

最初，風息不帶喉音地，進出體內三

次。由於學習極緩呼吸，可以發覺氣息，似乎不能長久住持體內。但是，不管怎樣，臍下當出現寒熱摻雜的感覺。縱然長時約束氣息，也有無不安樂的感受，進而獲得自在，將根本風和支分風、體內與體外，統一起來。間接出現如斯等等功德。

其次，修練時不應過分饑飽，應斷除憂苦傷心，觀想過程中，僅僅正確守持時間第四要點，或轉氣時間，是爲時間要點。精神鬆緊適度的靜慮法，是身體要點。堅定地憶念風息進、住、出體內是境的要點。要隨時隨地不離此三要點。

「以四面飾件爲飾」，即所謂的「純淨的上臉」功、「純淨的下臉」功、「接吻」功和「口直爽」功。其中，「純淨的上臉」功，不混雜下體風息，以擠壓上體風息爲道，以擠壓所吸氣息爲道，每類又有靜、猛、短促、有聲、無聲等式樣。「純淨的下臉」功，是僅僅制服下行風的規程，即引氣、消氣和合氣，三者中有強弱、長短、前後、左右等各種差別。「接吻」功，是以持命風、下行風、等住風爲主的四要點，或者守持各種細微部位，此爲大瓶氣的差別品。「口直爽」功，眞正捨棄持命、下行二風，使大樂智慧充滿貪欲華蓋脈，此功法應該保密。總之，精通修持氣息的標誌，是親見實際、感覺和夢境

的性相，以三密淨治流動的風息。

4.以水月舞蹈，修練明點

根本離戲明點【註5-44】。離戲明點，不能自知，遂有五界實物明點，即紅、白種子，亦即迷亂無明明點。三種明點的論述，甚深續部均有載。無明明點的對治【註5-45】是太陰自在甘露菩提心。因爲從父體，所得的是太陰界的支分（意爲男精），故色白。因爲智慧之自性，與旃陀離相隨，故如珍珠粒光熠熠。因爲菩提心具有甘露精，故滑利。因爲在任何法胤之依止處，進行淨治，均感安樂，故應全面約束。總之，具備四種體相。其修持分作三點：所修內容放心上、修習指導要實踐、修習妙果要達標。

(1)所修內容放心上

由於現證諸法，僅僅是法身明點，從而不淨明點，和準清淨明點一味，所淨和能淨的多種光明自性，大清淨一味。應生如此之憶念。

(2)修習指導要實踐

分作三點：樂明點、明明點和力明點。關於樂明點【註5-46】行者，觀想自己爲佛母之身，其體內顯現三脈和脈輪，從中脈頂端，引氣至眉間，在那裏樂明點【註5-47】如水銀珠的行相，白而無垢，滾動

【譯註】

5-44原註：指自心俱生智，其體爲空，自性明而無滅。

5-45原註：觀想猛厲火熾降，生起無漏樂空。

5-46原註：據謂具備四種性相。

5-47原註：絳央大師說，觀想其自性色白。以水大種爲性，故所觸爲涼。因係一切精華的精華，故滑利。因具備升降之眞情，故滾動和輕快，如向虛空抛擲石頭一般。

，且具有澤潤之月亮的自性——光明，約有白芥子大小【註5-48】，或豌豆大小。在心中，它極爲明亮，要不散逸地專注它。若心能守持小的爲佳。守持一座。

其後，隨順吸氣，伴隨清脆之聲，引導該明點，至頂間大樂脈輪正中，消氣時，徐徐送至眉間脈輪。同樣，隨順風息來淨治。修持一座。

繼而，如上所述，隨順風息，從頂間脈輪，引導至喉間脈輪，從喉間脈輪，引導至心間脈輪，從心間脈輪，引導至臍間脈輪。修持一座。間歇時，送至眉間脈輪。

再次隨順吸氣，引導至大樂脈輪正中。消氣時，送至大樂脈輪東脈瓣內。吸氣時，送至大樂脈輪正中。同樣，觀想它次第在三十二脈瓣，右旋和左旋。其功法遂成。

相反的功法是，吸氣時，明點行至脈瓣，消氣時，來到脈輪正中。再觀想它右旋和左旋運動。同樣，次第修練四脈輪。間歇時，送至眉間脈輪。修持一座。

再次，隨順吸氣，大樂脈輪的諸脈瓣，如充滿牛奶的麥穗管道，一樣伸張。消氣時全部收縮於脈輪正中，其功遂成。相反的功法由此可知。

同樣，隨順氣息，逐次修練四脈輪。間歇時，送至眉間脈輪。修持一座。

【譯註】

5-48原註：白而閃光，滾動而滑利。

再次隨順吸氣，明點運動使四脈輪，和全部支分脈瓣，像灌滿牛奶的麥穗管道，一樣伸張。消氣時，送至眉間脈輪。修持一座，其功遂成。再做相反的功法。

修持樂明點後，修持明明點。白界（男精的異名）具有月亮似的白而明亮的自性，以心守持之，修練如上文所述。修持一座。

力明點。觀想在中脈上竅五股金剛，有青稞粒大小。有時守持心，觀想自己融入金剛，金剛內空然，或者在定中，觀想那金剛如虹一般，消失於空中，觀想法界，與心合二爲一。

同樣，隨順風息進行觀想，以何爲所緣均能守持，一直修持到眞切感受安樂。間歇時，收攝力明點，於眉間脈輪。

觀想樂明點、明明點、力明點叫做三淨治，能守持各種自性。若守持心於無分別意，則能守持風息，它以熱血而生暖，暖生安樂，安樂引生無分別靜慮。專心於所緣，心恆常不外騖。如斯等等，經籍有記。修練以上功法，嫻熟的標誌是情不自禁地，出現煙和陽焰的景象。

教誡之次第，如經書所記。余在此抄錄了實修程序。

(3)修習之妙果要達標

無論觀想何物，均應極端清晰，無論

引導氣息、守持心風，以及對戲論，均應獲得自在。至於夢境的諸般感受，亦如前文所述。最後要與廻向、發願相聯繫。

2 修習堅守的旃陀離秘訣

1.關於臍火

密勒日巴尊者關於臍輪火的論述有：拙火的差別、功用、結合同法喩（的講解）、原因和燃燒方式。

拙火的差別有四：內、外、密和空性拙火。

功用。外拙火降魔八萬；內拙火醫治四百零四種疾病；秘密拙火摧毀八萬四千種煩惱；空性拙火直指自己的本智。

結合同法喩（講解），外拙火與火同法，即在火中，投入一根柴亦燒，投入一百根柴亦燒。同樣，一個魔能燒，八十個魔亦能燒。內拙火與藥同法，正如良醫用藥，除病一樣，修練拙火可除病。秘密拙火與獅子同法，正如獅子威懾所有野獸一樣，修練拙火摧破一切煩惱。空性拙火與寶鏡同法，正如對著明潔無垢的寶鏡，可照見的面容一樣，修練拙火可明白親見自己的佛智，而往昔卻不知佛智，就在中脈。

原因即釋名。拙火針對所斷而言，譬如一個執持武器的勇士，消滅士氣低落的

軍隊，英勇兇狠叫做猛厲。所謂「མོ」【註5-49】是對功德而言，譬如一個品德巨大的美婦，生下一個相好圓滿的孩兒，遂出現世間的樂果，所有殊勝和共同（成就）咸由此生起，故稱之爲「མོ」。

拙火的定數，定爲四。少於四，則功德不齊聚。若無外拙火，則不能除魔；若無內猛厲火，則不能治病；若無秘密拙火，則不能摧破煩惱；若無空性拙火，則不能放射本智。多於四，無意義，消滅四魔、四病、四煩惱，認明本智，拋棄負擔，遂成佛。譬如渡過江河，不用船一樣，成佛後無需猛厲火砍斷全部煩惱，故稱拙火。

再者，有憑依脈道的拙火、風息流動的拙火、觀想位的拙火、殊勝勝義拙火。風、脈、明點三者，猶如密咒金剛乘四續部，之酥油的精華；殊勝勝義拙火是中轉法輪無相之義；觀想位的拙火，斷除過失，成就功德，當是戒律之學處，故亦是初轉法輪的意趣。總之，它不違越一切顯密內外乘，海洋般經典的精神，將它們集中起來。憑依脈道的拙火，是信服三脈和六脈輪等，具備四種性相。風息流動的拙火具備四種功法，正如修氣一詞所表述的那樣。修持三摩地的拙火，是如實觀想拙火之諸理。殊勝勝義拙火，是依據本來離邊了義正理來進行修持。所謂猛厲，它斬斷

【譯註】

5-49拙火，藏文寫作「གཏུམ་མོ」，讀爲「東么」，其中「མོ」，讀爲「么」。

或摧破一切煩惱的束縛，故名爲拙火。

2.修練拙火

分三點：所修內容放心上、修習指導要實踐、修習之果要達標。

⑴所修內容心上放

菩提心——太陰根同有情們的迷亂習氣相隨，是結縛【註5-50】世間的無盡束縛，它以無上的辦法，全面地束縛（有情），故應觀想，即身證成，遠離一切煩惱的金剛智慧身。

⑵修習指導要實踐

即堅守（臍間脈輪），生起寂靜的旃陀離小火。如何修持呢？實行身體要點，發心、觀想上師，祈禱在心中生起禪定。繼而，遵循經籍的規定觀想佛母之身，心中明白顯現在中空的身體正中三脈，具備前文所述的四種性相，所謂的拙火短音「ཨ」具備火的性相，從而種子（指明點）具有太陽之自性，明點之行相爲火，色紅、熱觸。

無比的塔波寶師說：「一般說來拙火『ཨ』字有五種行相：即扁平『ཨ』、明點『ཨ』、新月『ཨ』、彎形『ཨ』和垂符『ཨ』，以其中形如垂筆的短音『ཨ』字爲所緣。臍間的一垂符，類似印度文字的分句線，它以火大種爲性，約有針大小

【譯註】
5-50結縛，由煩惱故，心於三界貪著無厭，不行善行，力行惡行，後來定爲衆苦繫縛。

，應專注它。」

都松欽巴尊者說：「一般說來，在世俗（短音『ཨ』字）爲形象瑜伽母【註5-51】，在勝義爲法性瑜伽母。其中『形象瑜伽母』是說瑜伽母的身色、臉面、手、飾件、坐褥等，均有一定規定，可以觀想。而勝義瑜伽母是無生的法性，在勝義，什麼自性都不成立，叫做無修，應修持它。」

絳央大師說：「（拙火）爲一切精華之精華，故滑利，其法性是色紅，向上燃。功用是具有燃的性相。其法性是無生自性空，是大佛母般若波羅蜜多的自性，或者爲金剛亥母、無我女【註5-52】。外部馬面火，與體內短音『ཨ』字拙火二者相應。」

將心守持於山綠豆大小，十分微小的拙火，運氣功法，如前所述。觀想由火生力，身體感受安樂。修持一座。

《六法詳論》云：「佛母，金剛瑜伽母，以明點的行相而存在，以太陽爲性，色紅；風息以具備火暖而存在，故爲熱觸；法界以般若波羅蜜多爲自性，故如水日，不得有自性；菩提心係神聖的智慧甘露，行相爲安樂。具備上述四種性相的菩提心，大小如山綠豆，極其細小，以它爲所緣，是諸關鍵的關鍵。一心一意地守持拙火，心輕盈，全部妄分別自我約束，是爲

【譯註】

5-51 瑜伽母，佛教密乘一本尊名。

5-52 無我女，一佛母名。

約束心。對所緣，若心太勤奮，遂成發射虛妄分別的外因，做到心不鬆懈，是心之寬縱狀態。如是，輕盈、約束、寬縱三種狀態復以身、語、意三者來區分，遂成九。應安住於心和明點無別、樂明、無分別的境界。」

火力增大，豌豆大小的（短音「ཨ」字）上端有野獸毛大小的靈火。《六法詳論》說：「嫻熟前者時，二界之風息，急遽流動，其力點燃細微的菩提心。在細約馬尾粗細的靈火上，安住殊勝的三身，每頃刻三身，不停地閃動。靈火上端極為鋒利，具有無限的熱觸。靈火閃動，彷佛是智慧大樂的舞姿，它擴大至半粒青稞大小，半指、一指，乃至二指。它具有聖母的傲慢相，不離身、語、意，發出激勵佛母事業的無上音樂。這些秘訣的精華，是短音「ཨ」字拙火生起一切珍貴功德之所依。觀想拙火彎曲而熾燃。修持一座。

此時，若憶念模糊，則觀想火焰，一指高的油燈。修持一座。繼之，守持心於三脈會合處。該處靈火色紅、自性安樂、行相明亮、熱觸，並作幻輪觀。修持一座【註5-53】。

如果甚為昏沉，則守持心於拙火尖，而彷佛晃動的頂端。如果心思，甚為散亂不集中，則守持心於拙火徐緩、溫和的底

【譯註】

5-53原註：密勒尊者認為猛厲火具有四種性相：行相為火，體性為金剛瑜伽母，本質為智慧，煩惱即是樂暖。

部，作不動觀。總之，（佛）再三說守持心於越小的拙火爲好，它將生起樂暖、樂明、無分別意，使先前生起的感受堅穩。

都松欽巴尊者說：「眉間白毫的脈管，紅彤彤，粗細略如豌豆，內中明點大小如白芥子，白而閃光，滑利且滾動，樂觸，伴隨噶熱熱之聲，左旋運動。心專注於該明點，首先生起安樂之感，繼而周身遍布安樂。安樂不成就任何自性。放鬆心，安住於自然固有的狀態。」

⑶修持之果要達標

由於以靈熱之智，守持基位，所緣極爲清楚，從而長時住於禪定。瓶氣堅穩，明白地親見夢境和感受的諸標誌。

3 守持者發揮效益

大修習之秘訣，即生起或觀修猛烈旃陀離大火。《六法詳論》云：「（堅守者發揮效益有）靈熱發揮效益、安樂發揮效益和無分別（意）發揮效益。」

1.火暖等發揮效益及補遺

有火力充盈三脈、火力燃至四脈輪、四肢和支節的脈輪，由於以上部位猛燒遂蔓延至七萬二千脈道和汗毛孔。若任何部位不生起火暖，該處便不移動地生起火力

。據謂觀修七日，有補身健體、除障、驅魔等多種效益。

首先，前行次第，按上文所述辦理，觀想自己是佛母，心中明白，顯現空明體內的三脈，守持心於三脈交會處的根本火，呼吸幾次，使氣息向上流動。修持一座。

修練氣息，觀想從而短音「ཨ」字上火猛燃，遍布整個臍間。修持一座。觀想火穩定後，遍布心間以下。修持一座。觀想猛厲火，燃遍喉間以下整個身體，色紅，具有熱觸，自性安樂，行相明亮，可遷移數日或一個時辰。若身體健康和飲食好，一旦觀修，即能生熱。修持一座【註5-54】。

「中間等處滿盈」，謂觀想本尊神空明的體內，具備的三脈、四脈輪。修練氣息使根本火極旺，臍間脈輪六十四脈瓣內，火勢猛烈燃燒，難以忍耐【註5-55】。修練使身體具有巨大的燥熱力。拙火燃燒，脈輪正中的根本火，宛若油燈的燈芯。由於它燃燒，屢次引燃心間脈輪的正中央，喉間脈輪的中央，和脈瓣也猛燃。該拙火，又經中脈上竄，引起頂間脈輪中央，和脈瓣猛燃。舉例來說，它不像蛇頭的蛇冠，而像傘骨的梢端（即呈半圓散射狀）。據謂觀想火舌，稍微扭曲。

現在要觀想火勢，進入四肢，和支節

【譯註】

5-54 原註：若流汗，身體不動，沐浴，使火變小。座間，迴向發願，收攝遍布全身的猛厲火於根本火。

5-55 原註：絳央大師說，宛若野獸的毛梢，汗淋淋猛厲火的火屑，遍布喉間脈輪、頂間脈輪，乃至七萬二千條脈。從中脈經眼睛，噴出火屑，閃電一般地閃爍，從左耳後繞頭三匝，從右耳後射向十方世界，擊中一切情器世間，情器世間一切熔化爲本尊身色的甘露。收攝火屑，經頂間脈輪入體。觀想猛厲火遍體所有脈道。此與諸續所述增大拙火的教誡，是同一的。

的諸脈輪。臍間幻化輪火勢，猛烈燃燒，由此根源，拙火竄至頂間、肛門二處、左右膝關節的脈輪。同樣，蔓延至踝骨和脚趾尖。

此外，應知手等部位的脈輪之情況，亦是如此：心間脈輪火勢熾盛，竄延至肩膀的脈輪，乃至臂肘、手腕、手指尖均充盈拙火。七萬二千脈道，也在燃燒，滿盈拙火。觀修每一脈輪，燃燒一座時間。

「無間滿盈」謂守持心於臍間以下，穴竅均充滿具有四種性相的拙火。修持一座。

同樣，以心間以下、喉間以下、頂間以下充滿拙火【註5-56】爲所緣，各個修持一座。

微細脈道，乃至汗毛孔，是如何燃燒的呢？舉例來說，專心觀想它宛若獸毛，火的頂端尖而有熱觸，顏色是紅彤彤的。由此可了知界和靈熱生起的情況。若神志昏沉，則專心觀想下面的火勢，十分熾盛，致使有難忍的燥熱和熱觸等。同樣，要求並使體內的火勢，生起體外的火勢、體外的火勢，生起體內的火勢。身體困乏者，守持心於根本火，是爲殊勝的等至。不生起靈熱者，就地認眞觀修拙火所緣並消氣。

所謂「七日」，指六脈輪，加上根本

【譯註】

5-56原註：亦有頂間不生火的傳規。

火，共爲七。

感覺靈熱微弱者，據謂應敷設日座、帷幕和華蓋等。

現在介紹「除障」法。隨順向對方吐氣，觀想爲發射鐵鈎似的火光，安住任何加害自己者的胸間。隨順納氣，極其迅速地，將他攝入體內，投入根本火，巨大的燥熱力，使之難忍，隨即將其燒毀無遺後，在無分別狀態中靜慮，並行迴向祈禱。

所謂「長身」法，指觀想從四肢、支節的諸脈輪，經脚趾到下方金子地層，猛火燃燒。

所謂「護輪」法，是了知如何在拙火所緣中，觀想守護自他的火輪和火網。最後，收斂全部猛厲火，於根本火，隨即入定。至於廻向、發願等，可依照別的教言來進行。它與靈熱，發揮效益相聯繫。

2. 發揮安樂效益

現在介紹「安樂發揮效益」。若生起暖，卻不生樂，則拙火憑依二脈輪【註5-57】，即心中明白顯現清淨本尊神的空明之身、三脈和四脈輪等，修練氣息，燃燒臍間脈輪、脚脈輪及微細脈道，焦氣直冒。同樣，燃燒心間部位【註5-58】的四脈瓣。繼而燃燒眉間四脈瓣【註5-59】。

同樣，燃燒手脈、喉間和頂間諸脈瓣

【譯註】

5-57 原註：馬爾巴譯師說：「樂、暖、空的經驗，超越苦和捨二者，我有臍火熾降的教誡。」《續》云：「臍間猛厲火燃燒。」

絳央大師說：「修練氣息，燃起火，到達臍間，燃燒三脈和諸脈輪。所謂『焚燒五如來』，指燃燒心間的四脈瓣，和上方的脈瓣，又燃燒眼睛等處。故係燃燒眉間四脈瓣，和下方的脈瓣。又一詞是說，燃燒喉間脈輪，使之沒了。關於『四喜』的次第，一般而言，守持心於月界壇城（即大樂菩提或月液）欲滴，心住於樂明之中。因白分（男精）故安樂，因赤分（女血）故明亮，是爲『種種喜』；混合白分、赤分，住於雙運，是爲『勝喜』；諸法遠離認定空性之自性，是爲『俱生喜』。燃燒五如來，又燃燒眼睛等，燃燒使得太陰『ᡠ』字滴漏。」

故在修習臍火熾降時有所謂「燒」、「熔」、「降」、「匯集」、「退

下接233頁

。所謂「熔化」，指心中明白顯現諸脈，觀想大樂脈輪，如秋天明淨天空中【註5-60】的十五圓月一樣。心中明白顯現，從父體所獲白分精液光輝熠熠。觀想修練氣息使臍間短音「ཨ」字燃起高約八指的火，白分精液熔化，「ཧཾ」字頭朝下。

所謂「滴降」，指觀想從「ཧཾ」字滴下白芥子大小的一滴明點，落在三脈交會處的火上，燃起樂暖。繼之，從「ཧཾ」字流下馬尾粗細的明點流，到達喉間脈輪，是爲歡喜智。明點流到心間脈輪，是爲勝喜智【註5-61】，明點流到臍間脈輪，是爲俱生喜智。明點流至私處脈輪，白分與赤分相混，形成紅而白的光澤，守持心於樂空境界，故爲離喜智。相反，修練氣息使赤分紅，如紅寶石的熔液，它流到臍間脈輪爲喜。到達心間脈輪爲勝喜，到達喉間脈輪，是俱生喜。到達頂間脈輪是離喜。

所謂「散布」，指觀想白分、赤分混合後，由於修練氣息，整個身體，猶如裝滿牛奶的皮袋，形成白而紅的光澤，此種光澤充盈全身，從而心中生起樂空三摩地。

所謂「送至依止處」，指鼓氣的同時，收攝所有白分於「ཧཾ」字，收攝所有赤分於短音「ཨ」字。

以上諸成就法，修持一座。

再又，噶瑪拔希寶師在《五輪論》中

上接232頁

【譯註】

回」、「散布」、「送至依止處」。譯者註：捨，於身心無損害故，不欲遠離，無利樂故，不欲値遇，平等正直無功用住。

5-58原註：「五如來」之義。

5-59原註：即「四佛母」。

5-60原註。絳央大師說：「伴隨慾氣觀想，從眉間許多白分液滴，一滴接一滴向上流動，如風吹雨似的。」

5-61原註。深恩法主通窪頓旦說：「精液在頂間脈輪動蕩，感覺樂滋滋的，是爲樂智，它斷除粗分虛妄分別。精液到達心間脈輪，是爲勝喜智，它斷除我執之虛妄分別。精液到達臍間脈輪，安樂增廣，是爲離喜智，它斷執持手印的妄分別。精液到達私處脈輪，身語意三者安樂，且無妄分別，是爲俱生喜智。三種喜斷除能取心的一切妄分別，生起樂、空、明三者無別的感受，認定它，並現證在一切時，所體驗的樂空證悟。」

說道，臍間燃起猛厲火，一事的意義是，用證悟自心的智慧火，頃刻燃燒三界輪迴的柴薪。唯一無垢法身，叫做智慧拙火，作爲方便（方法）的無所緣拙火，指在私處三脈交會的三叉口，自心同方便智慧的種字「ཨ」無別，從此處智慧火猛燃，此火底部粗，頂端細，有熱觸，呈三角形，大小如油燈火焰。它焚燒五脈輪的種字後，是所修穴位的拙火。諸《母續》說有四印，即外業印、內三昧耶印——拙火、現分法印——幻身、大印——光明與俱生和合。夢境是幻身的支分，往生和中有同後者相聯繫，包括在後者。三昧耶印的本義，是混合紅、白明點，借以修練手印的習氣。

倘若尚不能生起遍布全身的暖和樂，則在生暖之前，強烈地修練臍火所緣，用手掌揉搓（臍間），感到安樂時，頂間脈輪「ཧཾ」字上出現一個白色的「ཧཱུྃ」字，將它觀想爲珍寶之底部或頂端。繼而提升下體氣息。若尚感安樂不足，則強烈觀想那「ཧཱུྃ」字行至頂間脈輪。以上修持，若生起樂暖，卻不引生無分別意，則認定所出現的虛妄分別爲心，視爲不渙散的意念，轉移所緣，進行觀修，守持心於如來聖像，或木棍、石子等【註5-62】。

修習之果達標後，修持涉及下文所述

【譯註】

5-62原註。絳央大師說，所謂「上師拙火」，指在別的時候，或就在此時，一般說來，觀想自己所信仰的上師，或密勒日巴尊者，或都松欽巴，身著具有火之自性熱燙，如火的布衣或法衣，手執血淋淋的顱骨，口飲盛滿顱骨，具備安樂自性的腦血，舞蹈蹁躚。伴隨觀想上師，修練上文所述，瓶氣從頂間，進入體內。按照次第修練瓶氣三、四次，觀想上師由從私處脈輪，行至猛厲火。臨近下座時，觀想上師在猛厲火中舞蹈。若因心風等原因，心感不安，則觀想上師於心間。此外，什麼部位不舒服，就觀想上師在那裏。世稱此成就法爲「上師武器」。若出現筋絡扭挫，和氣息錯亂等風息障礙，則觀想疼痛處爲空朗朗的，此叫「空武器」。再又，觀想疼痛處的猛厲火，是爲「安樂武器」，或者分析該病患的自性，成立不成立，從而發現在任何地方，都看不見疾病的自性，是爲「無二武器」。

觀想臍火的優點。

觀想樂空發揮效益，正如法主瞻林·曲季扎巴貝桑波所說，以父親、母親血統而尊榮的粗樸寺寺僧，遁世者袞噶洛追在草稿中，闡述了安樂發揮效益有三：「熾降」、「條理」、「追緝」。

⑴「熾降」。前行儀軌，按上文所述。根本火勢猛燃，全部熔化「ཧཾ」字，出現白芥子大小，或馬蘭草籽大小的一滴明點，降至臍輪火頂部，發出絲絲聲，樂暖旺盛，心情喜悅，專注地守持心於它。最後舉行迴向等儀軌。

⑵「條理」。前行儀軌同上。根本火猛燃達八指，或者燃至喉間脈輪，使得頂間脈輪明點本體，頭朝下的白色「ཧཾ」字猛燃，細如蓮花的一根花蕊，或馬尾的明點，連續不斷地降流，落到拙火上。隨意地守持心於樂空，不散逸。座間或臨起座時，觀想白分、赤分各個存在。舉行迴向等儀軌。

⑶「追緝」。觀想上述，火勢猛燃，逐漸引燃全部頂間脈輪、脈瓣，乃至頂髻輪，火舌觸及「ཧཾ」字，作爲明點自性之流，注觸及火舌，從而火勢越來越低。流注同時滲入根本火。再次觀想火勢，熊熊燃燒，火的頂端燥熱，能量增強，致使明點的效力越來越大，一起融入根本明點。

據謂二根本種子，永遠不會燒焦。起座時，收攝二種子的白分，於眉間脈輪，收攝赤分於臍下的種子。應知發願等儀軌，同於其他。修持一座。

「貪欲次第」。上文敍述了如何修練三脈、六脈輪、支脈、分支脈，乃至汗毛孔，使白界和赤界的明點，遍布脈道之中。憑依根本火，脈道內火勢猛燃，使上方囟門的白界「ཧཾ」字頭朝下，如黃牛的乳房，三個「ཧཾ」字朦朧不清。三脈的上竅猶如切除了瘤疤的空竹管，「ཧཾ」字在穴竅中探出頂端晃動，由於火之威力，從「ཧཾ」字不斷流出馬尾粗細的流注，上下追緝，從而感受到安樂。同樣，觀想追緝至臍間，幻化脈輪的諸脈瓣，從而感受到安樂。同樣，入定觀想追緝至五脈輪、四肢的脈輪、支節的脈輪、七萬二千脈道、微脈管，乃至汗毛，白、赤兩種明點，遍布全身，從而感受到安樂。修持一座。

或可這樣觀想：心間以下充滿陽界猛厲之火，與心間以下，充滿陰界之白明點，猶似匣子的兩半和合，守持心於其間。練臍火時所說的除滅魔障，爲射集的光焰，把一切魔障挽扭後，將其置於紅白明點和合的正中。故應消除惡毒，與加害之心，而得喜樂之感受。

3. 無分別意發揮效益

觀修熾降拙火，使安樂興旺。其時，考察安樂的自性，思索何爲樂？是身還是心樂？若身體安樂，該樂來自體外，還是體內？來自上方還是下方？認眞找尋、研究。若未發現來自何處，僅出自自心，再觀察、思索、探討是來自過去的心，或是將來的心，還是現在的心？過去的心不返回，未來的心尚未生，現在的心是一念頃，自性空，不停留。如是考察安樂的自性，安樂之任何自性，皆不成立，決定任何亦無所緣，從而了知、體驗到安樂，是不生不滅不住，依緣而生的甚深道理。

總之，以上觀修，使無分別意發揮效益。修持一座。

現在介紹長久堅持原始心。諸法之眞，如遠離一切戲論之邊。在光明境界中入定，觀想離戲心的眞實本性，長久堅持和護持原始心。

4. 拙火的功德

下面介紹拙火的功德——臍火所緣的零星次第。

觀想自己爲佛母，安住在自己臥處三角形火法基（火塘）正中，在三角形（火塘）中由「ༀ」字生起三堆火，是爲「曲烱瑪拙火」。

安立火種的數量，等同體內脈道、四肢和支節脈輪的脈瓣。觀想修練氣息，和幻輪的威力，火堆在各處右旋、左旋、燃燒，是爲「讓昌瑪拙火」。

作爲中脈的翻江倒海杵，血脈和精脈的氣息，眞切攪動中脈，中脈火猛燒，觀想體內外，各處遍燃，叫做「蘇辛瑪拙火」。

在一肘高的臺地上摔倒，將上體的氣息，引向私處（原文直譯爲女生殖器），將下體的火引至上體，眞切發熱。站立，又摔倒，叫做「迪東瑪猛厲火」。

架設日座、太陽靠背、太陽傘於近處，或安立於坐褥、臍間、喉間，或者任意處，進行觀想，叫做「尼瑪松塞拙火」。

對形形色色的火，不加限制，即觀想體外四方八維，各有一個大小不等的智慧火團，火團的內徑可隨意，高低亦隨意，眞切地觀察一個火團，下方火團的光束向上，上方火團的光束向下，彼此交織，構成火光帳幕的撐架，帳幕上束以光之纓珞和半纓珞，帳幕外智慧火之火舌，包圍帳幕旋轉，把帳幕遮蔽得無縫隙。帳幕下方，是大火熊熊的地基，具德上師的身像光輝熠熠，作爲表現火團體性的寶頂，安立在帳幕上。按照經書的規定觀修幻輪，修練氣息，是爲「古塔瑪拙火」。

「崗森瑪拙火」是：心中明白顯現自己是佛母，觀想空明體內的三脈和四脈輪等；觀想臍間脈輪，有青色的「ཨ」字，周圍環繞六十四個「ཨ」字；觀想心間脈輪，有紅色的「ཨ」字，周圍環繞八個「ཨ」字；觀想頂間脈輪，有藍色的「ཧ」字，周圍環繞三十三個「ཧ」字；觀想羯磨空行、蓮花空行、珍寶空行和金剛空行等，以文字的行相出現，文字作爲神佛的自性而存在，在臍間脈輪爲「ཧཱུ」【註5-63】字，私處脈輪爲「རཾ」【註5-64】字。結合修氣觀想火猛燃，引燃臍間脈輪、心間脈輪、喉間脈輪和頂間脈輪的種子（字），在各處燃起顏色各異的火。此外，四肢和支節脈輪四個字【註5-65】燃起火，火旋轉。把體內一切，視爲智慧火的體性，就是「崗森瑪拙火」。

同樣，心中明白顯現自己，是手持刀和顱骨的金色空行母，迎請十方諸佛菩薩、無量勇士男和瑜伽母，融入自己體內。由此威力，體內外各處咸是火山和火堆。再次觀想衆佛菩薩，和多得不可思議的勇士男、瑜伽母雲集，融入體內，成爲火猛燃的外因，三千娑婆世界成了大火團，心安住於遍處火之禪定。精進於氣功幻輪，叫做「拉巴瑪拙火」。

觀想具德上師，坐在本尊神臍間的日

【譯註】

5-63「ཧཱུཿ」，讀音爲「佟」。

5-64「རཾ」，讀音爲「攘」。

5-65 原註：即「ཧ」、「ཡ」、「ཀྵ」、「ཨ」。

座上，其身宛若鐵匠炭火中，燒紅的鐵件，放射無量的光芒，此光迎請十方所有三時善逝佛，融入上師體內，引燃自己的拙火。心專注於自己體內外一切情器世間遍布上師的火光團。修練氣息和幻輪（即成就法，下同）如前。叫做「上師拙火【註5-66】」。

心專注於周身遍布火，即點燃、放射、聚集智慧火，身體眞切搖動，叫做「帕瑪拙火」。

修練上述拙火外燃的成就法中，任何一種都要觀想汗毛孔，均有微細的火，如野獸周身長滿毛。火舌略左旋後猛燃，燃至四指高時，整個身體無間隙地燃燒。特別是從諸根門冒出羂索、氆氇、粗牛毛織物等行相的火焰罩身體的前後左右上下，繼而變爲彩虹宮、無量宮的行相。最初智慧火團有自己的臥室大小，然後擴大到住地大小，然後有所住谷地大小，然後逐漸蔓延，四洲世間、二千中千世界、三千娑婆世界，全都普遍燃燒起來。明白地看見在火中自己，是本尊之身，具備火的體性，（感到）三十七練身法，和六幻輪法切實有效。最後，收攝體外的火於汗毛之火，收攝汗毛之火於四肢之火，收攝四肢之火於根本火，收攝根本火於頂間脈輪火，收攝頂間脈輪火於臍下細微的智慧火。繼

【譯註】
5-66原註：崗森瑪猛厲火、拉巴瑪猛厲火、上師猛厲火是都松欽巴的密法。

而修習等至。

「變化智慧輪」，即諳熟如是流散，和收攝的禪定。它以觀修變動智慧火爲道。法界性智之火，白而明，平等性智之火，黃而明，妙觀察智之火，紅而明，成所作智之火，青而明。觀想次第改變，收攝甘露的各種顏色。同樣，所謂「火的唯一形相、太陽的行相、明點的行相」等形態的變化。所修「ཨཱ་ཨཱི་རི་」、「ཧཱུྃ་ཨི་ཛང་ཁི་ཧཱུྃ」、「ཨཱ་ལི་ཀཱ་ལི」、「ཨ་ཀ་ཙ་ཊ་ཏ་པ་ཡ་ཤ」【註5-67】等有多種字形。輪、金剛、珍寶、蓮花、劍等係定印的多種變化。陽體善逝、佛母、靜像、猛像等是聖像的多種差異變化。如是正確區分所修咒字，和清淨本尊的多種變化，入定觀想各種粗細趨轉。

4 恢復固有的自性

觀修殊勝拙火即恢復固有的自性。噶瑪拔希寶師說，（世人）執事和相，而諸法自性平等，爲了解脫至此，應縱念身爲智慧身，無需精勤；脈係智慧脈，無需觀修；心爲智慧心，不做任何種類的觀想；語是智慧語，不可言說；六識的感覺是智慧的顯現，無破立；風息是智慧風，無來去。故殊勝拙火，是守持唯一無垢法身境

【譯註】

5-67「ཨཱ」，讀爲長音「藹」；「ཧཱུྃ」，讀爲濁音「捧」；「ཛང」，讀爲濁音「張」；「ཁི」，讀爲「康」；「ཀ」，讀爲「迦」；「ཙ」，讀爲「zā」；「ཊ」，讀爲「扎」；「པ」，讀爲「巴」；「ཡ」，讀爲「雅」；「ཤ」，讀爲「夏」。

界，熟練它則在法身即身成佛。

從根本火乃至四肢和支節向外，和附近眞切地發射燥熱，即觀修火、明點和太陽等拙火的所有形態變化。其時，該行相雖十分清楚，卻無自性所緣。應入定專心觀想眞實明空，無別平等之義。如是，各種性相所緣，紛紜顯現，無阻地證得無二俱生智，叫做殊勝拙火，又叫「密義近護虛空旃陀離」。

「虛空」一詞，謂諸法之法爾界本來大空，指自性清淨的法爾界。以如實證悟其自性的清淨智慧，焚燒一切執相的虛妄分別，因它極其勇猛，故云拙火。如斯，遂稱虛空旃陀離。它不是愚夫們的行境。因係極難通達的法，故稱近護。它是諸佛密意的精髓，較之別的秘密最爲秘密，無上之義遂成立，僅能以其名來表述。如此之眞義，名殊勝拙火。它不僅是不可分析的俱生眞實智，而且是任運天成的無垢虛空藏，三摩地大海自在僅僅是它。

以上述拙火的熱暖、智慧爲所緣，部分修習完畢後，尙有觀修以拙火爲食、爲衣、爲坐騎、除障、轉爲武器、安立爲住宅臥具，觀想爲翻江倒海輪、除魔、一切直指身大印瑜伽。

是爲修習之果達標。

又，觀想上師在喉間脈輪，本尊神在

心間脈輪、護法神在臍間脈輪。它們是智慧火的自性，臉上均顯現有「ཨ」字。觀想諸種飲食，爲體現火之自性的甘露，焚燒了一切罪孽。觀想所有修證功德，光輝閃耀，獻予上師和神佛，使之喜悅。

此外，觀想上師、本尊神之身不可思議，是金剛身，本來就存在，他們因供養而歡喜。是爲以拙火爲食。

同樣，觀想頭頂上上師，是火之自性，發出火光，身著肩帔和裙子，佩戴各種飾件。將這些衣飾，穿戴自己身上，從而體內各處，遍布智慧火之靈熱，十分溫暖，遠離一切逼人的寒冷。以體內外的甘露，沐浴作前行，按摩身體、四肢和支節，同時修練氣息。是爲以拙火爲衣。

專心觀想下方，也眞切地燃起智慧火，安立寶座和靠背，讓智慧火，遍布各方。特別是下方所有佛土智慧火猛燃，火舌觸及自己的坐褥。是爲以拙火爲坐褥。

無論前往哪裏，均貼金剛拳於腋下，觀想長有雙翅的兩位淺綠色女風神架起自己的腋窩。左右脚下，有兩個淺藍色的業風輪，風輪頂點配備飛幡，脚踏輪上，風吹動風幡，自己眞切地行走。修練柔和的氣息，凝視天空。是爲以拙火爲坐騎【註5-68】。

觀想在自己的心間上師之身，呈金剛

【譯註】

5-68原註。蓮花生大師說，堅守風心，以拙火爲衣，即心中明白顯現諸脈，猛烈調伏氣息，專註下方短音「ཨ」（阿）字燃起的火焰充盈體內外。觀想在火焰頂部，衆多智慧空行舞蹈蹁躚，自身劇烈跳禁戒舞，從而體內不自主地燃起樂暖，斷絕對衣服的貪著。欲以拙火爲食者，伴隨「哈斯」之聲，住持風息於胃中，身體高聳，抱膝，精勤地觀想體內諸脈的斷面如麥穗的斷面，向上承接，錯落稀疏，內中充滿氣息、甘露、粘液，邊緣如牛奶，漲溢外流，渾身如皮袋，裝滿熱酪一樣。上士觀修三天，中士觀修六天，下士觀修九天，頓覺體內，充滿樂空智的精華，斷絕對食物的貪著。欲以拙火爲飲料者，觀想自己是羯磨空行母，脈道中滿盈，由水成就的無數金剛空行母，住持寶瓶水風，約束體內六穴道，三天後修持穩定，消除口喝之苦惱。嗣後口渴時，僅僅憶念，即可滿足。

忿怒明王舞蹈之姿，攜帶智慧火、寶劍、彎刀、鉞斧等多種堪畏的武器，向作障和興害的所有人，和非人戳去，大殺其威風。全部爲害者，化爲智慧火的自性，融入上師體內。是爲轉拙火爲武器。它是滅除災難諸緣的最佳手段。

觀想自己所住全部地方、地區燃起智慧火，火燃之處呈三角形，面積無量。火的大地、火的屍林、火的無量宮，猛烈燃燒。同時，修練氣息外消。是爲以拙火爲住處臥具。

不論自己住在何處，觀想在視野內，具有千萬根輻條的火輪，向各方轉動，防守所有災難。火山猛燃，多得不可思議的勇士男、瑜伽母遍布十方，所有邪魔鬼怪沒有了。同時，修練氣息，諷誦咒字「ཧཱུྃ」、「ཕཊ」【註5-69】。此叫觀修拙火爲護輪。

觀想三脈交會處的「རཾ」字燃起火。修練吐氣功，從右鼻孔呼氣，由左鼻孔納氣。觀想最初氣息遍布頭部，繼而次第遍布頸部、心間、臍間等全身。修練吸氣、鼓氣和消氣等吐納法時不觀想。再次觀修如前。因具備守護所有機體等多種功德，叫做持界拙火。

在心間等任何不舒服部位安立「རཾ」字，觀想用風息點燃「རཾ」字，焚燒這種

【譯註】

5-69「ཕཊ」，讀爲「頗」。

或那種病患。在臥處觀想具有甘露丸自性的具德上師之身像，具足安樂本性，並對之祈禱，從而成為總管一切病患的除病旃陀離，遍行於體內，這就是所謂「醫療法雖然數不盡，卻應重視拙火武器」的含義。

另外，一心專注赤分在喉間脈輪，劇烈地搖擺，是為幻化拙火瑜伽，（成就此密法），遂對深廣的幻變法獲得自在。

觀想赤分在心間脈輪，是為光明拙火瑜伽，（成就此密法），遂證得白晝、夜晚和往生時的光明。

如是，據謂僅僅修練甚深旃陀離，便順利無礙地成就幻變、夢境、光明、中陰、轉識等成就法。其教誡的關鍵如此。

「直指身大印瑜伽」。經書云，由教誡的省文便了知。若覺得拙火非身大印瑜伽，則思維並守持具備火暖的風息、生起暖樂的明點流，和脈的行相，本是旃陀離的一部分，若視為全部內容，便造成混亂，心強烈散逸，違越無上金剛乘的規定性。

原始智、法身、俱生藏的眞義，係諸法的遍主，叫做勝義旃陀離，是暫時生起樂、明、無分別意的所依。顯現脈、風、明點的諸種旃陀離，以彼為道的各種方便旃陀離，是把總稱當作個別名。在表述時未發現實有穴道的生盲們對片面情況妄加評論，是不正確的。身大瑜伽存在總別的

各種差別，抓住它的個別支分，宣說它是空明身大印瑜伽的另一變異。關於此經籍，有所論述。錯誤地對待教誡所說的解脫者，未見事情的本質。故眞實地表述，勝義拙火身大印瑜伽本來面貌的秘訣，是極難覓得、極爲深奧珍貴的諸續部精華之精華【註5-70】。

修習之果達標，指嫻熟觀想次第，從而所緣境之諸種性相，將出現於實有法、感受和夢境。

以上介紹臍火所緣的大端，下面敍述餘義。一般說來，初學修脈時，守持心和眼觀的方法，甚爲重要。若能守持心，則修練氣息不難，自然生起樂暖。此時若能守持心，小臍火所緣甚爲重要。熾降過早，會有明點方面的障礙，宜修持一小座時間。

一般而言，密咒的要點，是以三毒爲道，憑依拙火淨治欲念方面的妄念，觀修風、脈，生起類似欲念的安樂，守持自性空而不實，甚爲重要。雖消除明點方面的障礙，但最初身體煩亂時，修練也無益。其後長時觀修，也要有效地修練，此甚爲重要。

《初禪五支分》云，伺察諸所緣是對治，專心是靜慮的本質，喜樂二者是功效，喜自心上起，樂自身上生，但勿貪著於

【譯註】

5-70原註：如是，不引心趨向風、脈、明點，而是在身大印瑜伽的境界中和合、觀修，將證果。

此，應更加發揮效益。憑依幻身，心上生起歡喜，甚爲重要。發揮「明」的效益也僅僅是幻身。若不認識此安樂，過患甚大。有的人覺得觀修某些幻身，會起貪心，由此妄念而生苦；有人認爲觀修某些幻身，成爲修習的障礙後，形成婦人等妄念。應知那是功德，但勿貪著於它，要封以「空」之印，甚爲重要。總之，無論生起好壞的證悟，或是虛妄分別的幻變，勿得貪著，應像水流一般地不間斷修持。

關於諸除障成就法，他書有介紹，茲不敍述。

諸續詳細闡述的，
臍火指導的實修，
口耳相傳此次第，
讓尚多吉大師著。
教誡要點的拙火，
就是那《五脈輪論》，
世稱它爲六幻輪。
腰部右旋和左旋，
臍間脈結自解開；
扭轉上體向左右，
心間脈結自解開；
轉動頸脖並上仰，
頂間喉間脈結散；
手脚活動伸與縮，

關節脈結自解開；
搖擺身體並按摩，
調伏全身所有脈，
有緣者們請修持。

都松欽巴尊者，所著《雪山雄獅拙火傳規之幻輪法》說，身體要點爲脚，以格子似地交叉，雙手如禪帶束縛（膝部），頸脖如鐵鈎俯曲，深深吸一口氣，盡量住持，頭向右轉，又吸一口氣，頭向左轉。若身上出汗，練身十二次，結登地定印，向右扭腰三次，向左扭腰三次，手抱右膝扭轉三次，抱左膝扭轉三次。拇指內曲，如拋羂索一般抖手三次。繼而呼氣，同時上體如馬打滾，嘩嘩地抖動，是爲十二練身。

噶瑪巴寶師所寫《三十七練身法》說，運氣，是修練氣息的要點，應圓滿。在氣息圓滿狀態中，由鼻孔呼氣三次，隨即住持氣息。雙手結登地印，右旋和左旋各三次，共六次。抱右膝右旋、左旋各三次，遂練身十二次。抱左膝右旋、左旋各三次，遂練身十八次。拇指撳壓無名指的脈道，握拳，做投擲羂索的姿態，向左向右各三次，遂練身二十四次。做高強箭手引弓放箭之姿，向左向右各做三次，遂練身三十次。爲了解開脈結，按摩手內側、外

側各三次，遂練身三十六次。爲了排出濁氣，如馬窸窣窣地抖動上體，遂練身三十七次。然後盡量練身一百次，乃至千次。疲勞時，心不散逸於任何地方，入於空明無蔽的定中。如是，利根者一次練身，即可斷除能取心；資質中平者，以六個月或六年時間即證悟法身；資質低下者，據說可即身成佛。

又，那洛巴說：「觀修六個月，可守持六種風息，三十七頃刻，可證得三大阿僧祇劫地道【註5-71】的智慧。」法相師認爲在三大阿僧祇劫行善積德，方可成佛。而那洛巴認爲在此生三十七頃刻便可成佛。故應練身，不間斷地修持身大印瑜伽。是爲精勤練身的要點。

密勒尊者說：「點燃拙火方法的加行有四要點：祈禱爲加持的要點、除障爲念修的要點、協調爲外因的要點、秘密爲三昧耶的要點。」

第一、修持上師瑜伽。在此，耳傳加持道是因愛戴而祈禱之道。祈禱是強烈禱告得從心中、脚內、骨髓流出淚水，啓請上師點燃樂暖智火。

第二、除障爲念修的要點是不讓魔、病、煩惱作障，直指拙火，念誦佛母三十四萬次，遂從違緣中解脫出來，獲得加持之樂暖。

【譯註】

5-71 地道，大乘菩薩十地和正道的簡稱。

第三、協調爲外因之要點，分八點：住處爲依止處的要點——白天無俗人之嘈雜，夜晚無匪盜，易於籌措生活資料和柴水之處；親睦是助伴的要點——守護三昧耶和戒律，見行與上師一致；飲食瑜伽，即若甚炎熱，則用涼爽（的飲食），若甚冷，則用含有暖熱精華（的飲食）；穿戴爲衣服的要點——雖熱不裸體，雖冷不穿狗皮，不離空行母所喜之布衣，它策勵精進，應備辦之；安樂是臥處的要點——臥處與禪帶等長，頭不著枕；不離爲禪帶的要點——禪帶之量是對折起來長一肘零四指；男子觀修瑜伽母，瑜伽母融入體內，婦人觀修呬嚕迦，趨轉時觀想陽體、陰體本尊擁抱，互不騎跨；無厭倦的行爲是，行坐、負重、跑跳之事不要弄得身體疲勞和出汗，不喧嚷和嘻笑。

秘密是三昧耶的要點——一般而言，指耳傳教誡，特別是指耳傳的所緣；幻輪是風息的要點，感受煙等景象爲修行標誌，是秘密之要點。

如是修練，若間斷生起靈熱，則修習穩定；若一時生起，則不穩定；若不及時觀修，則不會出現（上師）加持之靈熱。脫下一件衣服、兩件衣服後，穿卡其或棉布衣修練。太熱則觀想冷；出汗，則揉擦身體。繼之，以豌豆粉擦拭污垢。最後在

任何場合棉布衣亦可禦寒。若此，則遠離穿衣的希求，叫做藐視大種的證果者，滿足於以風息為食物。

再者，觀修方面時間的要點，過飽、過饑之時修習，會有脈停，氣息散走的過患，勿修習。子夜觀修，氣息逸走鬼脈，會出現鬼怪的感覺，勿修。各種妄念散射時，心王位於幻化脈輪，可修習。子夜後天亮前是涎分【註5-72】屬水之時，修習拙火，四大調和（身體健康），所有脈道都空朗，引導風息、明點流入脈道，散布全身，風、脈遂成菩提心，大有效益。

行為舉止謂不騎馬，不吹號，不曬太陽，不烤火，守護明點，不吃過於辛辣的食物、薑、青頭蒜、藿香、魚肉、腐肉、酒、麵粉，不飲冰水，白天不眠。另外，身如幻變的神像，語如念誦風金剛聞空之音，心不離空性悲憫之禪定。

【譯註】

5-72涎分，藏醫所說人體內部的一種機能，起吸收營養，感覺飽足，結合關節等作用，感受外因即成寒病病源，相當於中醫所說六氣中的寒濕二氣。

第六章

發揮幻身道教益的教誡

◆正行六法之2◆

關於修習幻身道的教誡。具德那洛巴說：

ༀ【註6-1】字種子在喉間，
外部顯現僅是幻，
體內感受不可言，
晝夜顯現僅是幻。
名叫幻身的教誡，
譯師扭轉貪心否？

馬爾巴說：

生係俱生幻化身，
住爲共知幻化身，
死是光明幻化身，
應知萬物是幻變。
解除二取之束縛，
自我解脫三中陰，
我有三幻身教誡。

都松欽巴尊者說：「若不知顯現是幻變，則不知夢境是幻變；若不知夢境是幻變，則不知中有是幻變。若不知此義，便在輪迴中浪游，故關於幻身的教誡甚爲重要。」

幻身成就法有四要點，其中身體要點同於拙火成就法；境的要點是外部顯現爲

【譯註】
6-1 「ༀ」，讀爲「嗡」。

白晝，和紅色的景象；時間的要點多數是白天；所緣要點有四：使未守持者守持，即整體地修練初幻變、使守持者堅守是未淨幻變（法）、堅守者發揮效益，是清淨本尊神的幻身（法）、恢復固有的自性。

◈◈◈使未守持者守持
——整體修練初幻變

1 前行

仲・袞邦巴說，首先修習前行——幻變之三助伴，即回遮貪著世間、觀修死亡無常，從而極度傷感、篤信三寶的功德，從而皈依。

1. 皈依境

皈依境——三寶，以發願、入道、發殊勝之心、菩提心，此爲前行。作意於如是之希求，觀想在六趣無論何處，苦業不可思議，寒熱地獄之苦慘烈之至，無法長時忍耐。同樣，觀想別處的諸苦，於是回遮貪著世間。

2. 觀想死亡無常，極度傷感

前往屍林等處，認眞觀想其事，或者

手拿住親友死後的一段遺骨，作如是憶念：他們活著時，種姓、門第是那般，音容是那般，那些日子是那般，現今卻是這般，一直觀想到苦痛，這正是「眾生的壽命，宛若天空的閃電，比陡山石雷石還快。」作如是想，心中生起悲傷。又觀想，我也將如此死亡，何時死亡沒有定準。先前出生的已死亡，現在活著的，百年之內會死得一個也不剩。任何人都不能從閻王的口中逃脫，轉輪王英勇頑強，擁有輪王七寶【註6-2】，統治四洲，他們最終也孤獨死去，大梵天、帝釋天等天王也將死亡，我等低賤如水泡之身，壞滅更是勿庸待言的，而且具有無礙五通，和神變的聖者阿羅漢們、自在菩薩們和世尊薄伽梵等，也要示寂，其他的更不消說了。

3. 篤信三寶的功德，從而皈依

如經云：

任何佛陀和獨覺，
成佛斷除了煩惱，
捨棄如幻的軀體，
一般凡夫何須言。

眾人未超越死亡，壽命是剎那無常的，住世時間無定準。要死，老幼無定準。

【譯註】

6-2 輪王七寶：金輪寶、神珠寶、玉女寶、主藏臣寶、白象、紺馬寶和將軍寶。

在自己憶念中死亡的數字，使自己愼重起來。了知死亡後，心情極端傷感、厭煩。心中這般變化，必定考慮到有誰能拯救自己，出離世間之苦。除了三寶，誰都無力拯救。因此，應篤誠信仰三寶的功德，皈依之。皈依三寶，觀想死亡無常，觀想世間的罪孽，以此三者作前提，是爲幻身成就法三助伴的教誡。

《六法詳論》說：「另外，如所說，任何緣生均是無生，法身即是諸佛之身。」如是，內外諸法咸是緣生，萬物自性，遠離生、滅、住諸邊，自性清淨。善逝的法身，眞實無誤，凡夫們受到染污的心中，雖感覺有衆多行相，但各自的自性，無任何改變，這就成立了無上幻化的流轉性。如所說：

不誦多次祈禱和敬禮，
有益教誡目的即是此，
請你留意稍加考慮吧，
世尊說心是諸法之本。

上文所述心調柔後，在寂靜處，專注修習幻變之類三摩地時，清楚觀想在靜處的坐褥上，毗盧遮那尊者脚結跏趺。自己明白地修習「清淨」和「興旺」等前行次第，銘記「嗨呀！諸法自性清淨，隨時顯

現之相續無阻攔，卻如幻變，為此事，我等修習三摩地。」入定專心觀修過去的法，不追蹤，未來的法不迎逢，現在的法不作意，保持心的原狀。

2 修習幻變成就法

1. 八喻

(1)如夢境般修持。八喻中第一喻是，如夢境般修持，即皈依發心，乃至修習上師瑜伽。繼而祈禱加持自己，諳熟幻身成就法。接著，考察外部諸種顯現，均如幻變八喻，即色等，它們由心迷亂而顯現，在外部無有，宛若夢境和幻術；它們由緣而生，宛若回音或影像；無常如露珠或水泡，雖顯現卻無自性，宛若陽焰或彩虹。如是觀修，斷除認為顯現是穩定的妄念。

《六法詳論》的詳釋是：如是，萬物即世間出世間所攝諸法，純粹無自性而顯現，正如夢境喻一般。任何人睡眠時，夢境中所顯現的地方、住宅、男人、女人、牛、馬等，若對這些是來自何種外境，加以考察，未見來自東、南、西、北、方隅、上、下，這些夢境來自任何外境，是不能成立的。又加以考察，這些形形色色顯現，本是安住於體內，在睡眠時釋放出來，而顯現的嗎？也不是。有人說「夢境中

的牛馬等這些稀有的形象，是安住於心和肺等人體的支分，由眼等根門釋放出來」，若找尋，隨時隨地都不能覓得。如是，不是出自體內外任何地方，在顯現為各種境時，看不見它位於身體內外任何地方。當夢境消失時，像對先前出現於夢境中，進行考察一樣，加以研究，未見消逝於任何地方，也未看見融入內境（指五臟六腑）的任何支分。如是，各種夢境最初，未來自任何地方，嗣後也未住於任何處所，最後也未消逝於任何地方，無有生、住、滅。因為遠離此三種性相，故係無為法。因係無為法，故係不能以自性為所緣的大空。如是，明明是無，卻顯現，叫做夢境。

夢境本是無有，卻顯示各種流轉。萬物——世間出世間所攝諸法，僅僅如夢境。因此說，「嗚呼，我先前將顯現的這些事物，執為實有，以能取心，緊緊守持是不對的，現在遵循先師的教誨——諸法顯現，宛若夢境中顯現境，生起清淨的信念，視現在的地方，同夢境中的地方無二致。」是為結合水等譬喻詳細地觀修。

(2)觀想如幻。正如考察夢境一樣，考察幻變。諸法明明無自性，卻顯現，叫做如幻。

《六法詳論》云，幻術師對木條、石子等任何實物，念誦幻變方面的眞言，隨

即顯現各種魔術幻變，被幻術欺騙的人們，生起諸多喜、悲的感受。就在此刻，幻變的牛、馬等不是來自木條、石子等的裏面，也不是來自外部任何地方。同樣，全然看不見它們的住、滅。它們憑依幻術而緣生，顯現得光彩奪目。萬物僅僅宛若上述，憑依無明等緣起的天然次序而有，又以逆次序形式，顯現爲世間和涅槃之狀，它們均因其自性不生、不住、不滅，即無爲大空。世間出世間顯現得可見，它們僅僅是顯現衆多魔術幻變罷了。因此，諸法如幻，我不理解如幻，卻視世間之輪相續，是不對的。現在以清淨的信念，確定佛經的可靠性，正確無誤，進而修持之。

(3)觀想諸法由緣而生如音樂。顯現得可見所攝諸法，憑依匯聚衆緣而有，依其喻，叫做如琴瑟。

《六法詳論》云，吹號、擊鼓、彈奏琵旺琴等樂器，出現各種不同的音樂。在出現音樂之刻進行分析，音樂無自性，鼓音純粹來自木質鼓桶，還是鼓皮，或手的動作？全非。僅僅借助它們之中任何一項不會有咚咚響的鼓聲，集聚這些外因才有鼓音，鼓音非眞實。但在出現鼓音時，各個詳察，是得不到鼓音的。

同樣，鼓音住、滅也不可得。因此，它遠離生、住、滅，是無爲法。明明是無

爲法，卻是緣生，未捨棄幻變之類性相，遂成聞空【註6-3】無別之義。同此喻一樣，諸法僅由緣而生。眞是所謂「風憑依空，水蘊憑依風，大地憑依水蘊，衆生憑依大地」。外部所顯現的諸法，全然是緣起，緣起無所不包。體內（構造）由大種之緣起，人身眞實顯現爲生、住、滅的形態。這一切均爲緣生，除這樣的外因外，實有一點也不能成立。諸法無自性，僅以顯現之續不滅相區別。確定以上正理後，（人們）說：「嘿！諸法是匯聚衆多外因的本體，因其自性，生、滅的性相一點也沒有。」

⑷觀想如回聲。《六法詳論》云：回聲反應，雖然眞切，但發生於集聚彼此外因，若各個考察，永遠覓不得。如是，則通達所謂「明明無自性，卻僅是眞切顯現」，從而抉擇，和觀修諸法，與回音相同。

⑸觀想無常如露珠。每一剎那無常，叫做如草尖的露珠。《六法詳論》說，露珠沒有常的機緣。同樣，諸法，根本沒有不常，和常的機緣。應如前文敍述，觀修無常一段那樣進行修習。

⑹觀修如水泡。諸法每一剎那，都在變動。舉例來說，叫做如水泡。《六法詳論》云，用前文所述的正理來分析，生起諸法每一剎那，都處在無常狀態的清淨信

【譯註】

6-3 聞空，聲可聞而自性空。

念。

(7)觀想如鏡中影像。觀想諸法雖顯現，卻無自性，如鏡中影像，即諸法雖顯現，卻得不著自性，如譬喻那樣，叫做如鏡中影像。《六法詳論》云，在十分潔淨無垢的鏡中，可出現的一切色和其顏色、標誌、形狀及性相等，雖然在鏡中，極其清楚地顯現，但鏡中卻無有。倘若有，則考察在鏡內，或者在鏡外，中間？也考察鏡中的影像，從何而有？消失於何處？加以研究，均覓不得。因此，它無生、住、滅，在（鏡的）內外各處都得不到，自性寂靜。雖然寂靜，卻又顯現不滅。在其未滅之時，其自性卻無，故遠離一切戲論。應僅僅如此地考察諸法。

(8)觀想如水月。諸法雖顯現，卻無自性，如譬喻那樣，叫做如水月。《六法詳論》云，在極其清澄的水中，極其清楚地顯現月亮的影像。其時，天空之月未來水中，除了天空的月亮，也沒有別的什麼出現於水中。如是，應考察水月係何？什麼也得不到，叫做根本無水中月。雖無，但全然顯現，它是緣生的本色，解脫於關於本來大空性的一切言說、想像之邊，僅僅如此而已。萬物——世間和出世間，所攝諸法雖然顯現，卻無自性的性相，且得不到，大大逾越詮釋和想像，不沾染一切戲

論之邊。決定是這樣的。

如是，諸法明明無有，卻顯現超越常等謬誤。當其顯現時，自我解脫爲無自性。作爲易於理解此義的方法，宣說幻變八喻，來考察分析。另一種說法是，觀想如陽焰、如彩虹。這些顯現都不成立爲實有。它與指出「諸法均如此」，內容是一致的。這裏僅以主要譬喻水月，來展開論述。龍樹大師說：

所有依止的事物，
主張成立眞實者，
無論他們怎麼說，
將成常等的過失。

《續》云：

自性本來就不生，
正如非眞非假般，
一切均如水中月，
眞情允諾者應知。

如是，介紹了關於幻變的八個譬喻。有人說，諸法如星宿、白內障（所見景象）、油燈、幻術、露珠、水泡、夢境、雲、閃電。對諸有爲法應作如是觀。

另外，以魔術爲喻，掌握經部敘述的

各種（道理），進行觀修，或者僅以少許譬喻眞切地理解義理，認眞觀修，做得切實有效（也可以）。

總之，盡量入定，安住於正行無妄分別的大幻變三摩地。若不能安住，則仔細觀想有關幻變的諸喻，決斷一切均係幻變，再次像先前一樣修持。在一座之內，盡量如此修持。停止時，發願、廻向。所有座間，應修練不喪失如幻的禪定境界。如此之次第，劃定觀修四座或六座，（堅持修習）會迅速生起有關幻變的清淨感受。

爲何要整體地修練？書云，爲了抉擇並觀修世間出世間一切，均係幻變。如謂：

三界所有的有情，
業所幻變的把戲。

又說：

正如幻術那一般，
正如幻術的行相，
不是眞實叫妄念，
說是迷亂錯認二。

又說：

正如所見的那般，

世間假有被應允，
猶如彼處無有彼，
同樣允諾為勝義。

如斯等等，指出了二諦等諸法的所有變化，純是幻變。在自己心中結合此義，進行觀修，叫做整體修練幻變成就法。

2.十二喻

以幻變十二喻來抉擇。密勒尊者說：「由因緣而有，故似幻術。因具有波動等性相，故似陽焰。明明無依止處和受用，卻顯現，故似尋香城。雖顯現，卻無自性，故似彩虹。明而圓滿，故似鏡中影。遍布各處，故似水月。顯現為己，又是他，故似回聲。具備心，故似夢境。無常且迅速，故似閃電。明明無有，卻顯現，故似光影【註6-4】。雖是一，卻顯現為多，故似雲。因係各種色【註6-5】，故似幻變。」

對上述內容，應反覆考察，融入自體，像前文所述的那樣觀修。如斯修持、觀想，遂斷除憑依顯現的妄念。修持一座。

❖❖❖使守持者堅守——修練不淨身的幻變成就法

【譯註】

6-4 光影，眼花撩亂所見二重像。

6-5 色，指事物的形狀和表現，相當於現在一般所說的物質的概念。

1 抉擇身體以影像

學者前面懸掛一面鏡子，和長約一肘的木條，自己的影像，清楚地顯現於鏡中，觀想鞭笞影像、給佩戴飾件、予以褒貶（與我無關）都是一樣。深恩法主通哇頓旦說：「修練不淨身的幻變成就法，有兩種觀察法：稱頌自己，若有原由，則他人稱頌，我有何喜？稱頌自己，若無原由，他人的稱頌，則無功德。他人揭發過失和詆毀，亦是如此，對自己詆毀和揭發過失，若有原由，他人詆毀和揭發過失，（於我）何有加害？詆毀和揭發自己的過失，若無原因，他人詆毀和揭發自己的過失，更有何妨。因此對褒貶，應安住於遠離苦樂戲論之境界。」對自己的身體，也作同樣的觀察，觀想爲回聲，觀想心動如陽焰。心穩定後，生起信念，則發現念頭無自性，褒貶無差別。修持一座。

仲・袞邦巴的筆記云，若欲詳知，首先要抉擇身體幻變如現空【註6-6】的影像。在寂靜處保持身體的要點。皈依、發心等前行次第，如上文所述。在自己前面，架設一面鏡子，和一肘長的木條。自己沐浴，穿戴好服飾，讓鏡子對照自己，對鏡中影像，多次稱讚，考察如此做後，影像

【譯註】

6-6 現空，指現分方便，和空分智慧。

是否生起喜悲，它不生起驕傲心，和歡喜的心情為好；若生起，則心想，與影像相同的此身軀，你若生起傲慢情緒，和歡喜的心情，怎麼辦？應修練得同鏡中的影像一樣。繼而，捨棄先前稱道自己的身體，以灰等齷齪之物塗面抹身，著襤褸之衣，板起面孔朝鏡子，多次詆毀說：「像你這樣一個福德淺薄的人，如何辦？世尊佛陀次第轉法輪，使若干人解脫，其時你未出世。嗣後，飲光尊者等那麼多的人，住持佛教時，你又未出世，不值遇傳承佛語證得殊勝成就的歷代前輩上師，你出生在比五濁橫流更五濁橫流，煩惱三毒，如此熾盛之時，愚笨缺乏信仰，所需功德，一點也無，利欲薰心，像你這樣一個人，有何用處！」察看影像，有何不悅，若無則佳；若有，應修練得，如鏡中影像一樣。無論自己出現何種悲喜，應修練得如鏡中的影像一樣。修持一座。

2 抉擇語言幻變如聞空回聲

前往岩山，或森林等地方，對（設想中的）善惡、好壞、尊卑者悲啼，會有相似的慘叫傳過來，從而感受尊卑、善惡、褒貶的妄念無自性。修持一座。

若欲詳知，《六法詳論》云，為了抉

擇語言，詮解之空性，宣說設法說明的辦法，誦讀「ཧ་ཧ་ཧི་ཧི」【註6-7】、「ཕཊ・ཕཊ」等諸多眞言音韻、經懺——各種讚歌、世俗稱心的和不悅意的話題。考察所出現的內容，相似清楚的回音，斷定它無自性。同樣，我等所說之話亦無自性。頭頂、上顎、唇、舌等發音部位，顯現說各種所言，雖顯現，卻無自性可言，從而理解「（語言的自性）超越所詮（內容），不是語音、言辭和文章」。繼而，專心觀想，「嘿！由於貪著我們所說的言辭，過去生起千百萬迷亂，現在不這麼管了，證成超越語言的自性，甚善。假若心不住於此，仍舊再三觀想，設法說明的辦法，使有關如幻變的三摩地，極端穩定。觀修自己的語言，生起無法收斂的禪定，眞實發現體內外一切聲響，都是回音。

3 抉擇心動如陽焰

觀想身語意三者寂靜如幻，感受穩定，作如是觀：考察他人褒貶，或驅使自己，自己是否生起愛憎，若不生愛憎，是較爲熟練，甚善；若還要生起，應依前文所述修練。若不生起，則前往人群之中，或集市等處，以此爲緣，考察是否損害自己（寂靜的心），若不受損害，是嫻熟幻身

【譯註】

6-7「ཧ」，讀爲「哈」。

成就法，甚佳。平等成就法的要點，也是如此。若還要生起愛憎，應前往寂靜處，強烈地祈禱上師，借以生起厭離心，強行割斷貪戀，生起精進，觀修如上。如此做，遂對身語意無貪著，縱然生起些微愛憎，也能以憶念回遮，最後成爲平等一味。修持一座。

若欲詳知，《六法詳論》云：「雖發現身、語之行相如幻，但若不通達心性如幻變、夢境，以設法說明來抉擇。陽焰誘騙野獸，極端愚蠢的野獸把無水之處，假想爲有水，趨赴那裏後，永遠找不到水，徒勞折磨自己。對此，善巧的人們考察說，那不是水，是陽焰，永遠不受憑依陽焰的煩惱和損害，對陽焰不生迷亂。同樣，心動之相，續如顯現陽焰，愚蠢的凡夫們，應以淨與不淨、樂與苦、世間與涅槃等各種法爲所緣，斷除心動之相續。受用性相，得到千萬種勞累。任何人均可以神聖上師教誡之光，使心靈之眼極其明亮，他們隨時隨地不以夢境中，所見食肉羅剎之色等，迷亂解脫的性相爲所緣，卻親見。以此爲內因，致力於任何事，無需用一點功，自然安住於無中邊的平等大法界。」

了知上述後，不間斷憶念、修習如下內容：「唉唷，我等心中所顯現陽焰之類，一定沒有自性，卻不把『無』了解爲無

，如是，則長期全然是苦，應把我眞實【註6-8】眞實地了解爲無。經常顯現的相續，宛若尋香城，（心）不爲是非、有無等性相所動，自然地安住於現分的自性。」應經常修習上述憶念。嫻熟它爲上乘，以所謂「自與他、內與外、心與顯現」不同的區分來自我解脫。菩提心極端清淨，現證在光明空性方面一切平等，無上證悟圓滿、殊勝。如是，以設法說明的三種辨法，在如是幻變的空性方面，清淨身語意三者，叫做個別地修練。

❖❖❖堅守者發揮效益——清淨本尊神幻身成就法

堅守者發揮效益——清淨本尊神幻身成就法，分作兩點：堅守者發揮效益，和觀修本尊身。

1 堅守者發揮效益

當體會穩定後，考察他人讚頌，或驅使自己均可，看自己是否生起愛憎，若未生起，應前往人群雲集的集市等處，以他們爲緣，分析自己（寂靜的心）是否受損害。在地方居住，考察是否歡喜。若愉悅，應前往寂靜處，再次強烈祈禱上師，生

【譯註】

6-8 密乘事部修習中，四眞實之一。法性清淨本尊之見，證悟自心本性空明之智慧戲論邊，住於顯現世俗現分，爲完全清淨本尊體性正見之中。修習六法，謂無能取所尋思，無無尋現分、無極微塵色、無相分作用，自性光明和自證本性者。

起厭離心，捨棄所貪著的財富，生起精進，觀修如前。此成就法使對身語無貪著，對顯現生出愛憎，首先能以憶念回遮，最後成為平等一味【註6-9】。

2 觀想清淨本尊身為幻變

為了善巧先前的辦法，安住於（本尊之）事業，憑依聖像，即以在鏡中出現金剛勇識，或本尊神的影像為喻，觀想身體如影像——幻變的聖像，深信語言如回音，深信眞言，亦即大乘自然之聲如回音，把心動如陽焰，觀想為在大樂方面自我解脫。總之，對現在平庸的現分而言，妄念認為是體外外境實有，加以守持，又不了知體內迷亂的能取心，從而在能取心的妄念中，出現強烈的執著實有，於是漫遊輪廻（生死連綿之意）。觀想它們不眞實，按照經書所說斷除能所二取，遵循密宗的傳規，改變諸顯現為大樂，修練不以執實的妄念來守持（大樂）。修持一座。

若欲詳細觀修，《六法詳論》云：倘若對此不能生起清淨的信念，則修持設法說明的辦法——密乘生起次第修習法。在無垢的鏡上，畫金剛勇識聖像，宛若顯現其影像。此語之義，是抉擇身體似影像，宛若如來的身密；抉擇語言僅回音，宛若

【譯註】

6-9 原註：若快速教授這些觀修法，同上。

如來之語密；抉擇心似陽焰，宛若如來之意密，進而修持之。

1. 抉擇身體似影像，宛若如來的身密

《六法詳論》云，在學者前面，平穩地架設無垢的寶鏡，讓其照射世尊金剛持，或任何聖像，當清楚映照時，作如是觀想：鏡中如來聖像，生自何處？父係誰？母爲何人？從何而來？如是安住之際，在鏡前？在鏡後？或者同寶鏡的極微塵混雜而有？當它不在鏡中顯現時，前往何方？若加以上詳察，未得到（聖像之）來、住、去。明明未得到，如來的影像卻清楚地顯現出來。如是，顯現的是「無」，顯現本身無自性。全面地確定後，再將自己的身體，視爲與此相同的本性，觀想自己的身體，爲金剛持或佛，像考察鏡中影像，那般考察自己的身體，明明是空，卻顯現爲具有如來衆多性相之身，且十分光明。將此念念於心。

2. 抉擇語言似回音，宛若如來之語密

《六法詳論》云，按照前面介紹，個別地修練段落所說，在可以出現如來經卷十二支分的偈句，或靜猛等明咒【註6-10】嘯音的回音之處誦讀，分析回音，以伺察次第抉擇，「無」與顯現平等一味。專心

【譯註】

6-10 明咒，密宗中以修習本尊事業部分，和心金剛智慧部分爲主的眞言。

安住於此境界。

3. 抉擇心似陽焰，宛若如來之意密

《六法詳論》云，以陽焰喻，決定心爲幻變。同樣，在此也決定（心爲幻變）。再者，斷定並觀修如來的意密，是極爲清淨的智慧，不可毀，遠離一切污垢，其三摩地極穩定。以上諸法，自己首先熟習前者，然後按照前者，觀修諸法。

◈◈◈恢復固有自性

恢復固有自性，即在所有修法時間段落內，做如上修持。茲敍述餘義。如謂：

正如幻變那一般，
不是眞實說妄念。
正如幻現的行相，
胡說顯現是二個。
如幻牛馬彼處無，
正如彼者【註6-11】是勝義。
正如不滅那一般，
正如彼者是假有。

五蘊等一切顯現，均如幻，雖在心識顯現，卻無眞實，故是虛假的，叫做世俗

【譯註】
6-11 原註：指大樂自性。

【註6-12】。幻變和夢境是迷亂、無有，但發現它們不眞實，故不迷亂，叫做勝義【註6-13】。如謂：

若無幻變彼之因，
清楚發現彼係何，
同樣轉依爲他時，
正如收斂幻術時，
發現木條等，
是迷亂的根源，
對自己心，
不是眞實妄念見。

發現顯現的，是能所二取。在對顯現強烈的執實心，發生反感時，發現不迷亂的自證分和光明。顯現存在於幻變，幻變之事物非眞實。如是，對幻變等而言，說顯現是有、是無。幻變的牛馬既迷亂又顯現，不可以說是無；那牛馬無有眞實，說是有也不行。故智者們說：「雖有顯現，卻無有眞實。」如云：

同樣此有復象【註6-14】者，
所視之物非眞有，
同樣色等種種物，
名言說是有和無。

【譯註】

6-12 世俗，覆蔽眞實的一切虛假事物。

6-13 勝義，即眞實，諸法本性，遠離言說思議，依分別自證慧，所行境之法性。

6-14 復象，靑光眼病者視覺中，以一爲二的幻象。

據謂一切顯現皆如此。依此正理般若波羅蜜多，和諸法均如幻變。所謂「如夢」，對迷亂而言，說是二；對眞實而言，無二。迷亂和眞實是一個雙運。

虛構和歪曲，
否定了諸邊。
小乘主張是，
衆生將淸淨。

由於此原因，遂知幻身成就法的教誡，甚爲重要。

第七章

把握夢境道的教誡

◆正行六法之3◆

第一節 夢境道

關於把握夢境道的教誡，具德那洛巴說：

夢境是睡眠的中陰，
和合往生中陰心識，
要點又名中陰教誡，
譯師是否精研通曉？

故有釋例的夢境、本義的夢境和時極【註7-1】夢境。

◈◈◈夢境的因緣

首先介紹夢境的因緣。如謂：

具有煩惱習氣之心，
持命風有行【註7-2】而起來，
通過脈道能所二取，
從而出現二現迷亂【註7-3】。

【譯註】
7-1 時極，最短的時間。
7-2 行，使心造作活動的作用。
7-3 二現，承認內心和外境分別存在的感覺。

此是說，「在阿賴耶識上，自第六識意識及習氣，由持命風，生起染污意，心起造作活動，是爲夢境的本質，通過脈道生起，能取所取的體相。」它概括了世尊在《大方廣菩薩藏文殊師利根本儀軌經》中，詳細論述的道理。

夢境不清淨，是幻象，是如何出現的？首先心間的阿賴耶識，包括全部六種成就法。其次，心與持命風，一道活動起來，到達上體頭頂，出現諸天界的感覺；（心與持命風）照射到虛空，出現上行至高山等處的感覺；行至眼前，遂極其清楚地看見色的行相。同樣，出現混合聲、香、味等景象。當心與持命風，俱往心間下方私處等部位，遂出現地獄、餓鬼、牲畜的景象，（心與持命風）下行至石峽、密林等處脈道，遂出現黑暗、一切事物模糊不清的行相。心與持命風，俱行至身體中部的諸脈，其時出現四洲等上方的景象。

另外，行至前面的脈道時，出現東方的景象。行至後面的脈道時，出現西方的景象。行至左側脈道時，出現北方的景象。行至分布著脈道廣闊部位時，出現廣闊外境的景象。行至脈道分布狹窄部位時，出現外境十分狹窄的景象。命【註7-4】流往右側，出現死兆，其時，在夢境中夢見屢次前往南方。稱「往南」是死兆，應理

【譯註】

7-4 命，《俱舍論》等佛書說，體中暖、識所依之主要根器爲命；其餘經論則說，自體存活之力，以及呼吸氣息爲命。

解此義。

在夢境中顯現何種實有法的外因是，命中涎分比重大，即什夜之時說是膽液（重），黎明屬風之時。此時，因界身的自性，遂顯現在夢境中。如斯等等，在《續》中有載。佛書在「由於界之外因於境中」一句之後，敍述說，有關風息夢境的部類是，地方爲草坪等，青藍色的實體、藍色衣服、黑色、黑鳥、飛行天空、騎馬、藍色珍寶、神智清明，夢境中的事物，顯現得變化不定、模糊不清等等。膽界夢境的部類是，燃起火、紅色衣服、黃色、紅色大地、金子、顯現黃衣，顯現的有情和實物等，大多是黃色，緩慢而穩定，神志輕鬆，顯現同恐懼等相聯繫的景象。涎分界夢境的部類是，顯現水、雪、白色地方、白衣、婦女、大象、銀子、珍珠等白色珍寶、神志安樂等衆多景象。據說，按照界的次序，出現相應的無量夢境。故佛在《大方廣菩薩藏文殊師利根本儀軌經》中說：「按照風、脈界的次第，憑依習氣，而夢境顯現。」

不能守持夢境的因緣

1 消除四因的辦法

密勒尊者說，不能守持夢境有四因、四緣。四因謂渝盟、信仰不虔誠、貪著強烈和中邪氣。消除的辦法是：

⑴灌頂、懺悔、恢復三昧耶和禁戒；

⑵篤誠信仰、祈禱、敬獻曼荼羅和致力於使上師歡喜；

⑶施捨器物、斷除任何貪著、觀想無常；獨住，不與罪孽深重者，和犯戒者為伍，避諱屍衣和不淨，諷誦百字咒。

四緣是：醒時散失、迷亂散失、遺忘散失和相續散失。

2 四緣

1.醒時散失

（人在夢中）記憶夢境尚有剩餘，（驟然醒來）覺得不能入睡，認為睡醒了，隨即停止記憶，剩餘夢境，（夢中）未明悉的夢境，醒來無功夫記憶。對此，要不停息地記憶剩餘的夢境，再三記憶。醒來睡不著時，應分析是何種原因所致。若是被喧嘩聲吵醒，則在無人處睡眠；若夢中記憶，夢境過於歡喜，則要放鬆心；若被冷醒，則應修習拙火，或加厚衣服。

2.迷亂散失

在夢中不知是夢，遂造致誤失。對此，應生起信仰，且祈禱，強烈地憶念，一切顯現是夢境，是幻變。

3.遺忘散失

未記住夢境，遺忘了。對此，要強化記憶，強烈憶念、想望清楚的夢境。

4.相續散失

未做夢，或者雖做夢，但不明悉夢境。

關於觀修夢境的空性，《六法詳論》說：「夢境中一切顯現、心的一切優劣幻變、幻術的精巧行相、一切現空的色、聞空的聲音、本來遠離生、住、滅的心、與夢境無別的白天之顯現，均非眞實，自現自解。幻變就是幻變。應安置於『空』的境界，專心如實地憶念和想望。」

第二節 實修正行

◈◈◈四要點

實修正行有四點：身體要點、時間要點、處所要點和所緣要點。

身體要點。作獅子睡姿，頭朝北，右側臥，面向西，背朝東，枕稍高。

時間要點。白天顯現、夜晚顯現和睡眠時。

處所要點。喉間脈輪。

所緣要點有四：守持、修練、斷除畏懼和觀修幻變。

一切修持（指修持夢境成就法正行）之前，白天觀修拙火和幻身成就法，繼而修習上師瑜伽法。《六法詳論》云：「在無人喧嚷，十分寂靜之處，使用相應的食物，行為清淨，作如下觀想，我夢境中所顯現的決定，無自性，卻施設為有，執著實有，極為錯誤。由此威勢，白天的顯現，和中陰分位，成了迷亂的連環套，甚不善。現在，我生起了確定夢境，就是夢境的無垢清淨心，觀修幻變成就法，究竟地住於幻變法的三摩地。接著，不離認為一切，皆是夢境之顯現的憶念和想望，修持如下：嗨呀！迄今我睡眠，均成了無意義之事，現在我要守持夢境【註7-5】，轉變

【譯註】

7-5 守持夢境，意為夜夢也能自制，不散失迷亂，明悉夢幻而不實。下同。

夢境，爲法性遊戲；而今的顯現，是夢境，而期望自己不睡眠的妄念，比錯誤更加錯誤，是惡毒的無明流轉，要用憶念，守持夢境，這叫做白天連續地守持憶念。晚上到了睡覺時，把臥處整理得舒息，在喉間脈輪，觀修上師瑜伽法，無限虔誠地祈禱，上師使自己守持夢境，祈禱上師賜予加持，使自己認證夢境就是夢境，祈禱上師賜予加持，使自己轉變夢境爲法性遊戲。繼之，觀想上師融入自身。」

◈◈◈守持夢境的教誡

守持夢境的秘訣有三：以想望來守持、守持紅、白明點和憑依文字來守持。

1 以想望來守持

做獅子睡姿，使夢境顯現各種性相。瞌睡重者，身體聳立，遵守身體要點，喉間畫四瓣妙蓮，心專注妙蓮正中，當即產生夢境，心再三想到，要認證夢境。若能認證夢境是夢境，就行了。

年梅塔波說：「脈瓣爲四瓣紅色妙蓮，四粒字色白。紅色四脈瓣，是從母體獲得的菩提心，四粒白字是從父體獲得的本

體。」四瓣妙蓮正中是「ཨོཾ」字，前面是「ཨ」字，右面是「ནུ」【註7-6】字，後面是「ཏ」【註7-7】字，左面是「ར」【註7-8】字。首先守持前面的「ཨ」字，其後困倦欲睡時，將「ཨ」字安置在「ནུ」字上。同樣，將「ནུ」字轉移至後面的「ཏ」字上，將「ཏ」字置於左面的「ར」字上，將「ར」字移置於正中的「ཨོཾ」字上，隨即入睡，產生夢境。

在夢中，不知夢境是夢境，是未守持。倘若未守持，心想到我要守持夢境，再三生起希求，從而不遺忘。夢中劃分座間時段。醒來時，考察是否守持了夢境，守持了，生起欣慶；未守持，則檢討心識。再次修持如故，務必守持。如謂：

諸法猶如外因般，
安住希求之心所，
若是盡量地祈禱，
相應果報會實現。

僅以清淨的憶意、想望爲道，願望會實現。故應日以繼夜地，強烈想望，進行觀修。

2 守持紅白明點

【譯註】

7-6 「ནུ」，讀爲「魯」。

7-7 「ཏ」，讀爲「打」。

7-8 「ར」，讀爲「熱」。

倘若未守持，則觀想喉間脈輪，妙蓮正中的白色明點，或紅色明點【註7-9】大如糞彈，明如鏡鑒或晶石，心中想到，應知一切顯現，均是夢境。再三想望，致使在夢境中出現恐懼的景象，以此作守持夢境的外因。

《喀爾卡瑪》說：

喉間脈輪的正中，
四瓣白色妙蓮上，
無量光輝拇指大，
在其頸部正中處，
紅色明點白芥大，
以它清楚爲所緣。
珍惜白天的修持，
眞言ཨ་རུ་ཏ་ར་ཨཱཿ【註7-10】，
盡量念誦不間斷。
内外情器諸世間，
全是無量光刹土，
再三強烈地憶念，
想望之後產生夢。
觀想自己是本尊，
頂間安住衆上師，
強烈祈禱且觀想，
據謂白天所修持。

【譯註】

7-9 原註：年梅塔波主張是紅色蓮瓣，黑色明點。

7-10「ཨ་རུ་ཏ་ར་ཨཱཿ」，念爲「阿魯打熱嗡」。

3 憑依文字來守持

若此，尚不能守持夢境，則觀想喉間脈輪明點處的白色「ཨ」字，修持如前。同樣，次第觀想，或同時觀想前面蓮瓣的藍色「ཨ」字，右面蓮瓣的黃色「ནུ」字，後面蓮瓣的紅色「ཏ」字【註7-11】，左面蓮瓣青色的「ར」字。想望、祈禱上師和不被別的妄念阻礙，甚爲重要。如是，則能守持。

都松欽巴尊者說，清楚地觀想，自己是瑜伽母，喉間脈輪，有四瓣紅蓮，正中，有一個紅彤彤的「ཨཱཿ」【註7-12】字。迎請上師，安住頭頂，示現瑜伽母的行相，篤誠地信仰。三次或七次祈禱說：「請賜給加持，使我今晚，能守持夢境。」頂間上師，放射之光經囟門下降，融入喉間脈輪的「ཨཱཿ」字。心想，「ཨཱཿ」字是上師、十方衆佛菩薩、全體勇父和勇母，身語意無二智的自性。把心識全部納入「ཨཱཿ」字，「ཨཱཿ」字，首先來到夢境中。繼而，自己安住於瑜伽母境，不做觀想。「ཨཱཿ」字也在「空」的境界中約束心識。若睡著了，則了知在夢中一切，宛若心識和幻術。酣睡時若能守持，則守持於私處；若睡眠朦朧能守持，則僅僅守持喉間脈輪，和眉

【譯註】

7-11 原註。《喀爾卡瑪》云：「由於『ཏ』字的緣起，身體會被火燒糊；從那『ཨ』字生出水；由那南北兩個字，生出波浪和風息。勿視此爲惡兆頭，四位怙主在加持。被狗逮住仇敵追，出現諸多神變時，此係守持的標誌，如是修持各七日。」譯者註：「南北兩個字」，指「ནུ」（魯）和「ར」二字。

7-12 「ཨཱཿ」，讀爲濁音「滂」。

間脈輪。

無論修持兩座或多座時間，依次以「ཨ」字至「ར」字，有次序地觀想，細心專注每一個字。再次從「ར」字到「ཨ」字依次觀想。繼而，僅僅收心於「ར」字。從而睡著了能守持夢境。如是，清淨的想望，是一切之所依。觀想火色明點，將火風納入肯綮，由此威勢，在夢中眞切地，燃起大火堆。如斯等等，顯現形形色色，不協調的神變，使睡眠不深，易於記憶夢境。

觀想五個字，將五種受用風息，導入肯綮，成爲迷亂習氣自解的緣起。

相反，長時修練，卻不能順利守持夢境，可將五個字，轉移至心間脈輪，按下文所述，有次序，和無次序地專注、觀修，則能在酣睡時，生起三摩地，清楚地守持夢境。這些守持夢境的方法，同下文所述，守持光明的方法換位，再改變威儀瑜伽，加以修持，故相互顚倒。爲何是顚倒？因爲全然需要使睡眠不深，再配以威儀（舉止、行爲），同隨順的辦法，以威儀來守持相悖逆，故稱爲「顚倒修持」。

「確定肯綮」。先前安立於喉間脈輪的那些字，居中者不變化，其餘四個字，無論右旋或左旋，最初緩慢轉動。繼而，專注於快速轉動，不分晝夜不說別的事，

諷誦五個字。繼之，收攝周邊四個字，於居中的字上，改變居中的字爲紅色的「ཨ」字。由於居中之字全部變化，觀想在「ཨ」字上身色爲紅色的世尊無量光佛，手結定印，有拇指大，或四指高等各種身量。一心專注無量光佛，喉間脈輪的紅色「ཨ」字或「ཏ」字。此叫做以轉動字輪的辦法，來「確定肯綮」。

還有用念誦眞言的辦法，來「確定肯綮」，叫做通過生起本尊身來「確定肯綮」。觀想喉間脈輪，爲光明金剛彎刀，將自己的身——異熟蘊斬爲千百截，放縱心，不做觀想，叫做以金剛彎刀，來「確定肯綮」。翻轉自己身的裏外，所有臟腑如瓔珞一樣，懸垂在外，心僅專注於喉間脈輪，如熊仔離開母親，或如旅客在「羌塘」荒野上行路那樣，生起強烈的厭離心；有時實行瘋人禁戒行，叫做以不退轉蘊，來「確定肯綮」。另外，「確定肯綮」的守護法，多得不可思議，但僅是這一些，就足夠了。

◈◈◈修練夢境

修練夢境分兩點：「改變」和「增添」。

1 改變

在想望守持夢境的基礎上，了知夢境，是夢境無裨益，應觀想自己變爲本尊。若能改變，甚佳；若不能變，則白天觀想變爲本尊。睡覺時在夢中改變，和白天觀想無差別。由於想望，必須迅速改變自己爲本尊，因而會成就的【註7-13】。如是成就時，就前往金剛座、鄔仗那、天界、佛國而言，可希求同先前（的自己）無差別。無論改變爲何，白天想望和精進，甚爲重要，故應如斯修練。

守持夢境時，同先前介紹的清淨本尊幻身法一樣，改變自己成任何本尊之身後，心想到，這就是所謂的夢境。要不間斷地想。

晚上到了睡覺時，祈禱上師如故，在舒適的臥處，身姿如「身體要點」，以先前介紹的，任何守持法中一種易於守持，爲所緣境，一心一意地思忖：現在我不滿足於守持夢境，要在夢境中，修練幻變成就法，我白天觀想，自己是如來身，同晚上改變自己無差別；今晚，我不但要守持夢境，而且（在夢中）要變爲本尊身。在一一變爲任本尊身時，不片面耽著於某獨個本尊，應觀修各種本尊。若本尊是觀世

【譯註】

7-13 原註：修習時段不一定，也可修持多座，修習「改變」，修練「增添」均可。

音菩薩之類，改變純粹觀修白觀音之心，觀想自己變爲黃色、青色、藍色等多種身色的觀世音菩薩。同樣，在憶念中改變自己，爲一面兩臂，乃至臉、臂無量，體型變化多端的觀世音，其眷屬多少適宜，也有各種變化，其形態有靜有猛。它們具有內外續部規定的差別，數量無邊無際。就像觀修觀世音菩薩那樣，應用於所有本尊神，進行觀修。倘若在夢中，雖欲改變自己爲本尊神，但不能改變，是由於不能扭轉無始以來，壞習氣滋長的串習力所致，故白天要極大努力地，修持介紹幻身成就法時，所述的教誡。熟練時，晚上就容易成就夢境法。

如果改變自己後，無論夢見什麼景象——情器世界的行相，學者應照舊觀想，改變自己爲本尊神。總之，佛的諸受用圓滿身、幻化身、千佛、八大菩薩、聲聞聖者、獨覺佛等，咸是佛身的無量變化，心盡量如實地觀想，是爲清淨的修練。

不淨修練，以白天強烈記憶、渴望夢境爲基礎，將那些景象，改變爲風息、改變爲火和水，顛倒地改變一切，把極空的虛空，改變爲堅固的大地等等，從大種的諸多變化入手。

復次，首先觀想改變自身爲清淨身、改變爲水等等，改變爲各種形態。觀想自

身諳熟穩定時，對外部所有顯現，便諳熟如故了。

同樣，觀想改變自身，爲經部所說的地獄有情之身體形態。同樣，觀想改變自己，爲無量意中色、妙翅鳥、獸王獅子、大象等身軀龐大的牲畜、身軀中等的牲畜，乃至蟲蟻等微小的無量牲畜，改變爲多種羅剎、尋香、非人、非天等無量的不可言說的有情之軀體、衣飾和面貌；觀想改變自己，成人世間身材高矮、面貌悅意不悅意等，有無限差異的有情；觀想改變自己，爲四大天王、帝釋天等三十三天，乃至從虛空至色究竟天的諸天之身形。如前所述，當諳熟改變自己的身體時，觀想形形色色的顯現，全然若此。觀想所有顯現和出現的自他實有法，彼此互改外形，從而三摩地可堪能，對諸法獲得自在。是爲不淨修練。

虛妄分別，是被偏執之污垢染污的凡夫之心，偏離眞實義的本性，事實上它是大清淨。將妙美善視爲殊勝，將相反的事物，視爲下劣、不淨，這比迷亂更加迷亂。在抉擇上述所言後，在淨與不淨平等一味的法界，安立善逝如幻之身的無邊幻變，修練廣闊無量的改變自己身形的三摩地。

2 增添

在夢境中，能改變自己爲本尊時，觀想由此增益，爲二、三和多個。同樣，夢中顯現的人等，所見景象應作同樣的改變。

如是，修練「改變」後，心想現在我要修練「增添」，把一個同類的本尊，無限地觀想爲十、百、千、萬、十萬、百萬、千萬、億，乃至阿僧祇個，無論是哪一個，皆無一一偏執的污垢。是爲關於不可思議的「改變」之幻變成就法，亦即神聖的秘訣。

諳熟「增添」法後，學者若觀想佛土，首先，白天觀想毗盧遮那佛的密嚴淨土等，觀想所有自他，均是善逝毗盧遮那佛和菩薩。睡時，一心傾注喉間脈輪正中的「ཨ」字，隨即，心想要觀看毗盧遮那佛的淨土。假使以此憶念，未能守持，出現（密嚴淨土的）自相的夢境，而若能夠認證，則可改變爲夢境；若不了知，則諸法，咸是心的幻變。要猛烈地觀想，如此不知不妙矣。

同樣，若觀想妙喜淨土【註7-14】，以藍色「ཧཱུྃ」字爲所緣，觀修如前；以黃色「ཏྲཱཾ」字爲所緣，觀修南方珍寶莊嚴淨土；以紅色「ཧྲཱིཿ」字爲所緣，觀修極樂淨土

【譯註】

7-14 妙喜淨土，東方不動佛之剎土。

；以青色「ར」字為所緣，觀修成業淨土。以上觀修，其方法無差別。亦可以改變白天的所緣。這就是修練。

在抉擇淨土時，不以「改變」、「增添」夢境為滿足。心想（我）要抉擇淨土，隨即白天，一心傾注於觀看美麗的須彌山、四洲、在上方的日月、印度的金剛座、香跋拉等殊勝的聖地、寺院的多種相異的美麗。心想這是夢境，不離想望地觀想。到了睡覺時，生起強烈的希求，要在今夜夢中，抉擇今天的觀想。繼而，守持夢境，借以抉擇。倘若不能如實抉擇，則白天清楚地觀想《大乘阿毗達磨經》所描述的一類狀態，晚上也就能相應地，親見和證悟，特別是掌握如下教誡的細微關鍵，進行觀修，會順利地如願以償：

太陽月亮的光芒，
雙手未能去捕捉，
右手掌心為月亮，
左手掌心為太陽。

佛的幻化身、受用圓滿身，品類繁多，但質而言之，修練五部如來的淨土，白天觀修以身心分離為所緣，心中明白顯現自己，是本尊之身，在明亮的心間智慧勇識，約四指之大小。思忖到：現在，從我

的此身軀出發，前往別的佛土。隨即，從外型是本尊身的自我，之頂間囟門離去，前往所欲之淨土。

若欲修練前往毗盧遮那佛的淨土，觀想自己的自性，就是本尊神，它逝往上方高處的高處，在叫做密嚴剎土的佛國，有白色珍寶噶噶構成的大地、如意山、結構殊勝稀有的無量宮、如意樹、林苑、甘露河、池塘，等等。佛土的建築，設施無量，在中央八獅拱抬的寶座上，是日月蓮臺，世尊毗盧遮那佛，安住在蓮臺上，手結殊勝的菩提印，其眷屬多如海洋。世尊面前，有心幻變的蓮枝，自己安住其上，進行敬禮等積福活動，善逝授記自己，將菩提成佛。由此威力發現佛使無量有情成熟、解脫。繼之，心想我的目的，業已實現，要趨往我的身軀。隨即返回原處，由自己身體——遵守清淨三昧耶的本尊神——的頂間進入心間，顯相先前觀修的剩餘部分。白天再三，如是觀修，晚上睡覺時，一心傾注喉間脈輪，正中白色的「ཨ」字，不離渴望地心想，要觀看毗盧遮那佛的剎土，從而將如願以償。

同樣，白天完成瞻念世尊，極喜不動佛的妙法無量莊嚴淨土等之加行後，晚上睡覺時，思忖到，今夜要如實抉擇今日的觀修。隨即，一心傾注喉間脈輪前面脈瓣

上藍色的「ཨ」字，借以修練，於是如願以償。

同樣，白天，瞻念世尊寶生佛的珍寶，莊嚴淨土，清楚地瞻念世尊寶生佛，和其多如海洋的眷屬；晚上，專注黃色的「ཧཱུྃ」字，進行修練。

同樣，白天清楚地觀想，怙主無量光佛，和其衆多的眷屬、極樂淨土；夜間，專注於紅色的「ཏྲཱྃ」字。

同樣，白天清楚地觀想成業淨土、不空成就佛，和其無量的眷屬；晚上專注青色的「ཧྲཱིཿ」字，進行修練。

以上修練，是觀想五部如來的淨土。其他辦法，是顯現殊勝的幻變景象。

由此而殊勝，具有觀修緣分的人們，心中應明白顯現，白天觀想的世尊諸佛、淨土和海洋般衆多的眷屬，除了自己的心，體外其他的事物，均不存在，我應放棄在東、南、西、北等方位尋覓淨土的希求，它們就在此處，是三摩地的幻變，所住之地，即是淨土，自己就是世尊主佛，自己的住宅臥處，就是無量宮，住在這裏的人們，本來就是海洋般的眷屬。對此存在，應生起信心，它是修練夢境成就法的幻變，無論如何，都是成立的，卻無任何質礙。長時觀修中，匯聚眷屬，以自身的光明，照亮所有淨土，使多如海洋的有情成

熟、解脫；晚上也如是抉擇，從而獲得成就，即如前文所述，次第地觀修五部如來。修習三摩地不迅敏者，按照《大方廣佛華嚴經》等極爲詳細的經藏所述，去觀修。幻變之門大海莊嚴之光團，充滿浩瀚無邊的法界，珍貴的手印寶篋，廣大無量成就於晝夜所有時間，不倦地安住於所有地方。

修練極樂淨土。抉擇續部所說的二十四聖地和三十六地域。白天，以身心分離的辦法，修練（心識）眞正前往某聖地，或者經修練，深信自己，隨便居住之地，是觀修的某聖地。若暫時欲觀修前往鄔仗那聖地，則觀想那裏排列著空行母，舒適的資具無量，其中央是一見，就令人毛骨悚然可怕的屍林、火、水、山、林、雲、塔、證果的大德、護方神、龍、食肉羅刹等，多得不可思議，遍布大地；由紅寶石建造的無量宮，一切性相齊全，勇父、瑜伽母等多得不可思議的眷屬，努力奉命雲集，主母世尊金剛瑜伽母，身著《現觀莊嚴論》所說本尊神之服飾，具備神變，以金剛歌和崇高的舞蹈，使有緣者們，頃刻享受神聖的無漏安樂。無論感覺，是他人如斯前往，或明白自己如斯前往，像上文所述，對世尊和衆空行，生起無垢的信仰，在定中上供、祈禱，從而得到灌頂，和

訓誨。若按後者，則觀想同勝樂等勇父、自在一起，交流信息，由此儀軌，廣大地感得浩瀚無邊淨土上的所有勇父、瑜伽母，雙運智慧安樂之音樂，由此，獲得圓滿的體會。白天入定，修練二次第中任何一種。睡覺時，強烈希求今夜像白天，一樣地觀修。右耳「沃堅」脈六角形法源（女陰）形象鮮明，它是由「ཨ」字生起的。在那裏妙蓮太陽座上有「ཧྲཱིཿ」字或「ཨཱཿ」字，其色如珊瑚，或者由於心間脈輪的特性，清楚地看見是蔚藍色，結合守持夢境的儀軌，修習必定成功。

按照以上，向讀者詳細介紹的次第，有次序，或無次序地，觀想甚深續（密宗經籍）詳注的從雜蘭達惹，至古魯岱畢摩二十四聖地，以及另外三十二，或三十六地域，如是，將在多如大海的勇父，和瑜伽母會衆中，順利地獲得大密的殊勝教誡。對全面觀想三身，之淨土的此辦法而言，以多種形態之理，修習「改變」和「增添」法，就會進入，並安住於無量，和不可思議的幻變法的三摩地，現證自在智慧。

◈◈◈斷除惡夢

在夢中若出現火、大水、深淵、狂風

、食肉鬼、羅刹、狗和仇敵等【註7-15】，心情恐懼，阻礙修練，則心想：夢中的火，曾燒焦誰！夢中的河水沖走誰！從而得到安慰。

另外，觀想自己喉間脈輪的諸字，心想，若是衆佛菩薩的幻變，誰懼怕它呢！倘若尙不能消除惡夢，睡覺時，觀想火燒自身，觀想自身是火，是水；納氣入體，觀想息滅體外風沙；把靈魂當作「ཧཱུྃ」字，觀想將它拋入中脈和空中，於是消除恐懼。

守持夢境時，有醒時散失、迷亂散失，和遺忘散失。從最初，就希求不醒、不迷亂、不遺忘，便行了。

1 消除對神變的恐怖

消除惡夢的辦法有三，其中消除對神變的恐怖是，在守持夢境和修練時，夢見眞切地燃起大火，或暴發洪水、刮起可怕的暴風、出現無量的深淵。同樣，夢見鬼、食肉羅刹、虎、豹、獅子等多種野獸、毒蛇、金翅鳥等有形之物的爲害，阻礙觀修夢境，則白天，檢討自己的心識說：「唉！夢中景象沒有自性。對無自性的幻象而言，虛妄分別，迄今產生衆多的迷亂，致使精力分散，自己遭殃。夢中的火，曾

【譯註】

7-15原註。《喀爾卡瑪》云：「夢中所見大江河，不動金剛的幻變，誰曾心中生畏懼，承認幻變跳過去。蓮化怙主幻變大，羯磨怙主幻變風，寶生佛幻變懸崖，承認惡夢是幻化，對此怎能生惶恐!狗和仇敵的怖畏，全是菩薩的幻變，對此自己生恐懼。對於諸佛菩薩等，自己怎可生懼怕！未睡之前，再三想，河水僅僅淹沒膝，觀想渡河到彼岸。火風地等也同樣。」

燒焦誰？夢中的河水，曾沖走誰？誰曾因夢中的風，而心散逸、入迷？誰曾在夢中，墮入深淵而四肢殘廢？夢中猙獰的鬼怪，吃掉和消滅過誰？這類事從前未曾聞悉，今後不會發生，現在卻對我等活靈活現，這是自心迷亂的原形，但我視以爲眞。不要當作眞實的事。否則，像我這樣的人，將被人極端貶抑。」

於是，生起強烈的懊惱，向上師敬獻曼茶羅，衷心地祈禱，請求賜予加持，使自己修練夢境成就法無災殃，請求加持在修習三摩地時，體會法性遊戲平等一味，白天專心地想望上師加持。晚上到了睡覺時，心中生起勇氣和自信，說：「我馬上做夢時，不害怕、不畏懼、不畏縮火和水等夢境，不受損失，對它們施行禁戒行。」結合守持任何一種夢境而入睡。

守持夢境時，不把出現的這種，或那種神變執爲實有，對之實行禁戒，於是自解。這是以運用有關幻變的三摩地爲道之方法。

2 對治緣起的加行

另一種是，在夢中出現火爲害時，白天階段觀想頂間脈輪的「ཧཾ」字亦即菩提心，伴隨音韻，它降下十分清涼的甘露流

，裝滿了中脈。夜間睡覺時，心中想到，夢中景象是風、脈、菩提心的本色，我修習三摩地，用月液菩提心之水流，熄滅滋養赤分火界的神變景象。在守持夢境時，作以上觀想，於是夢境清淨。

同樣，對夢中水之為害，觀想燃起猛厲火，焚燒壞習氣憑依的所有脈道，全身是火。在夢中因風，而心散逸，則觀想脈輪之脈瓣是金剛、劍鋒輪等光亮、堅固、顯赫的標幟。對夢中深淵的災難，則觀想狂風，摧毀情器世界的一切實有法。繼而，不以任何為所緣。

以上諸種觀修，同前者一樣，要日以繼夜地想望、修持，那些神變遂息滅。觀想猙獰的鬼怪、野獸等，隨某一大種的主色而變化，從而認證是各個大種的原形，遂成就夢境法。這叫做「對治緣起的加行」。

3 顛倒緣起的加行

再者，另一種是，夢中火為害時，觀想自身是更大的火堆，壓倒夢中先前的火。同樣，夢見水、風、深淵、鬼怪等，全可應用此術。這叫「顛倒緣起的加行」。

上述三種對治，能順利地斷除惡夢，是教誡的神聖關鍵。

◈◈◈回遮夢境散失

剛剛守持夢境，尚未有功夫修練就醒來，叫做醒時散失。應強烈希求說：「勿睡醒！」繼之，剛守持夢境，就上引下體氣息，翻轉心識向下，憶念暗處【註7-16】，從而三摩地穩定。雖無醒時的妄念，但守持夢境時，對夢境的迷亂，生起強烈的執爲實有之心，並以憶念守持，若不能回遮，叫做迷亂散失。強烈希求勿迷亂，心專注於心間光澤青藍色的不散明點【註7-17】，說：「這就是夢境。夢中景象無自性，可隨意改變。」

因修練「改變法」的諸多支分，遂自我解脫。把極端迷亂之境守持，無外因而生，但憶念不散逸，若在一念之後，出現的連續一念不興旺，不能引導下一念，因爲遺忘憶念，故叫做遺忘散失。強烈希求地思忖到，勿遺忘憶念。在我守持夢境時，爲了憶念不出差錯，掌握住處、友人、舉止的狀態，仔細分析，心想，它們均無變化。接著，在守持夢境時，心想，自己的住地是此，臥處的形狀是這樣，臥姿、住在附近的友人，和陳列的資具，是這樣或那樣，考察他們究竟如何，卻未發現究

【譯註】

7-16暗處，內能取根，外所取境，均爲心及心所諸識未生者新生，已生者增長之處或其生長之門。

7-17佛教密宗所說永時不散的明點，是極微心風，終生不散的明點，謂心間赤白菩提。

竟如何，若出現別的狀態，思忖說：「唉！這是由於我等記憶不清所致，沒有如是顛倒的事。因此，應隨念過去存在的狀態。」考察之，會在某時發現究竟如何。在如實目睹時，說道：「我的異熟身存在於臥處，在任何地方意生身【註7-18】都無質礙，可前往任何地方，可任意改變，均如願以償，是爲以所修各種神變爲道，亦是前文所述，按照「改變」、「增添」來抉擇修練。

消除三種散失，異品障礙便沒了，隨即出現夢境幻身三摩地的效益。

發揮效益，效益僅同夢境和合。倘若無論怎樣都不能守持夢境，則應首先積集資糧，斷除對世間的貪著，猛烈地祈禱上師，把白天一切顯現眞切地視爲夢境。如是，必能守持夢境。修練亦與此相同。努力結合猛厲火、幻身、本尊身來修持，甚爲重要。

守持夢境後，空性，是本尊在夢境所說之法，連自他以及詞語均無。迷亂消失於感覺。修持中，轉非眞實爲大手印雙運，詳察夢境，是否宛若白天所修之幻身。此是光明成就法的前提。

關於夢境的自性，不論是否能修練有相三摩地的諸多變化，在明悉夢境時心中思忖到，我要在此夢境中，觀修空性三摩

【譯註】

7-18 意生身，死後尚未受生之前，即生死中陰，以香爲食，心如幻化，諸根圓滿，通行無礙。

地，隨即長時修習，如下等至：境和有境的所取、能取的迷亂，在原地消散，若極端諳熟自心的自性——明空無執的眞實，則能將夢境成就法，納入光明成就法，而無需觀待下文所述的光明成就法之秘訣，僅僅憑依此，修道和證悟，就清淨無垢。這就是和合夢境的教誡，天資殊勝者的瑜伽法。

第三節 觀修夢境爲幻術

觀修夢境爲幻術。勝義夢境成就法，在抉擇夜間夢境是幻術後，再次和合夢中景象，進行觀修。

◈◈◈大夢境

《六法詳論》說，「大夢境」是心中思忖到，就在現階段，我等睡在世間的大夢境中，無明之眠來壓抑，過去無始以來的習氣，滋長流轉【註7-19】的威勢，從而做了諸多夢。因此，就在此生，隨時隨地不遺忘，了知夢境的回憶，以「改變成就

【譯註】

7-19 流轉，因果前後不斷流轉。

法」等教誡之所有方法，在此生修證成功，使道智究竟。繼而又思忖到，適度地修練所抉擇的「改變」、「增添」、幻化和淨土。倘若在夢中，按照「改變法」能改變自己的身體，這不是夢，我等未睡著。這些顯現有質礙，眞切地感覺到是眞實的。對此，我現在修練，也是成就不了的。

應再三思慮，生起分別心後，能不能改變自己的身形？顯然是由於壞習氣的串習力牢固、不牢固的差別所致，我等修持甚深教誡，由於定力大小的差異，遂有改變自己身形難易之分。因此，對諳熟教誡，我要十分精勤和認眞，不沾染懶惰和懈怠之污垢。

◈◈◈三摩地

心想現在我不睡覺，是深重的邪分別。只能分析爲，瘋子宣稱說我不瘋，只能視爲小孩昏昏欲睡，卻說我不睡覺。對使用了幻術眞言的玩意兒，卻不認爲使用了眞言。同樣，我等深睡，產生大夢境時，未發現和不了知是夢，則我比瘋子更加神經錯亂，比迷亂者更加迷亂，比愚昧者更加愚昧。像我這樣的人，在反省自己的過失後，應全面地致力於消除顚倒心。思忖

到，現在不對這些彷彿是眞實的事物，進行成功的觀修，何日才是出現成就之時？獲得無疵瑕寶貴的暇滿的人身，被合格的善知識攝持，掌握了不顚倒的教誡和教導，自己具備了修持的緣分，在如此之際，從輪廻的大海中解脫出來、現證眞實義的時間已到。因此，要修持甚深的秘訣，不能疲沓剎那。於是白天修習晚上的全部修持，總有一天，要出現晝夜無別的三摩地，關於幻變成就法的三摩地，便完整了。

勝義夢境亦即大夢境，它是以幻變成就法三摩地爲基礎，生起次第和圓滿次第究竟，任運天成證得善逝身智慧流轉。是爲教誡的殊勝關鍵。

有的人稍稍守持晚上的夢境，卻貪著於修練，自信地說，這麼做可消除中有的恐懼。若不修練勝義夢境，（心）不會徹底清淨。因此，以不了義夢境喩爲道，設法通達未了解的勝義夢境，這就是指導初學者的辦法——設法說明的部分辦法。

◈◈◈末時夢境

有的人入睡後，夢見自己死亡，又夢見鳥和野獸，吃自己的屍體、料理各種後事等。此時考察自己是否死亡了。明明未

死，卻不能阻止出現這樣的景象，什麼迷亂的景象，都可顯現，雖然感覺死亡，但明明未死。夢見我等現在，眞正罹重病，遭受死亡苦痛的折磨，夢見屍體被拋棄等諸多景象，它們明明是夢中景象，全然無自性。未死亡雖屬實，但夢中卻顯現爲死亡。夢中景象決定，是純粹由極端迷亂的心，製造出來的。不了知此眞情，卻夢見我已死亡，其他一群又一群的人們也死亡，我死後，軀體成了這樣或那樣，心已成了這樣或那樣。生起無邊的緊緊執持，爲實有之妄念，是極端愚蠢凡夫的感覺。智慧眼被白內障覆蔽，對親見眞實義而言，成了天生盲。因此，夢中死亡的景象，不論怎樣眞切，我用此大夢境法來抉擇，夢中死亡的景象無自性，從而增盛信心。在對末時夢境，和勝義夢境詳細分析和解釋後，進行正確的觀修。

明悉夢境，就不會將夢中死亡景象，信以爲眞。同樣，也不會執生、住爲眞。於是，進入遠離一切戲論的甚深中觀道。以末時夢境爲道，也是極深奧的教誡。

由此，引申出來，末時夢境法，表述綜合了觀修中有成就法，和夢境成就法的所有廣大教誡。由前文所述，可了知此理。簡略的三類夢境法，教誡概括了大部分實修。若欲詳知，請閱《夢境三聯論》等

書。

若白天嫻熟幻身法三摩地，晚上夢境迷亂，就自然清淨了，夜間諳熟以夢境守持、修練白天的觀修，但仍要抉擇白天的幻身法。如是，決定是唯一的道次。

以上所述，是上師所講的實修傳規——各種夢境成就法、幻身成就法。

再又，觀待消除四位的迷亂，遂有消除迷亂的四種根本教誡。應知，爲了諳熟各個修持的次第，遂作如斯表述。

夢境法的餘義

修習夢境法，據謂是中有法的前行。夢境的本質，是藏識上的唯一意識（疑爲末那識，亦即染污意）與持命風一起，在體內的各種顯現，心未外出體外，也未進入眞實境之中，應視夢境，僅僅同幻身相同。那麼，夢中顯境的內因爲何？藏識上存在各種業的習氣，對其影像能取之心，加以虛妄分別。現在心中作意於睡蓮，遂出現青色和葉子等景象，所謂的此睡蓮，除了貪著的心識外，未得有別的。夢境與它相同。諸法似夢。了知世俗假有如斯，修練「增添法」熟練，於是中有和現在，是幻變也就成立。在夢中，不要一旦能幻

變就驕傲。《般若經》說：「白天修習般若波羅蜜多，（證悟）若增長，夢境中修習也增長。」如謂：

諸法猶如夢幻般，
不可名狀不可執，
全部出自業和因。
煩惱諸種因和業，
非如正理心中生，
非如正理的作意，
安住清淨心性上。
任何清淨不安住，
諸佛爲了通達此，
演講諸法如夢幻，
如斯通達且駕馭，
形成睡眠和夢境。
平庸迷亂醒時有，
因此上士聖者們，
無貪修練夢和幻，
現證雙運妙果吧！

第八章

光明道寶炬教誡

◆正行六法之4◆

第一節 修習淨光成就法的次第

光明道寶炬教誡。具德那洛巴說：

睡眠夢境分際點，
法身自性是愚痴，
離言光明安樂境，
繼而封以光明印，
名叫光明的教誡，
譯師知否心無生？

又，據謂有基位光明、道位光明、果位光明、修道光明、證悟光明，甚爲衆多。

密勒尊者說，修習淨光成就法的次第是：憑依身體要點，進入臥處、憑依處所要點，認證所修、迎請淸智尊【註8-1】擒住無明之牛、直指定慧，和發揮後行光明的效益。

首先在寂靜處用溫水沐浴。繼而，次第塗抹小香（尿）、酒、熔化的脂肪——若無，代以酥油。接著，塗抹芳香，斷除身體勞作，悠閒而居，依止方便智慧之食，守護睡眠三天。

【譯註】

8-1 智尊，元始已有，迎來融入三昧耶尊的出世間本尊。

◈◈◈憑依處所要點，認證所修

憑依處所要點，認證所修，分為四點：時間要點、處所要點（原文如此）、身體要點和所緣要點。

1.時間要點

下半夜至日暖前，入睡至產生夢境前是風息入中脈之時。

2.處所要點

正如轉輪王的威勢，不超越四洲，自心活動範圍，不超越四大脈輪。平時心住於臍間脈輪，睡眠時住心間脈輪，作夢時住喉間脈輪，入定時住頂間脈輪。淨光成就法一心傾注心間法輪。

3.身體要點

右側體臥，以右手拇指，輕壓頸部顫脈動管，左手手指，置於鼻前，作獅子臥姿，或端坐而睡，頭朝東方極喜淨土。

4.所緣要點

清楚地觀想，心尖朝上，內中為藍色八瓣妙蓮，正中是藍色「ཧཱུྃ」字，四面的

蓮瓣，前面的有白色「ཨ」字，右面的有黃色「ཟུ」字，後面的有紅色「ཏ」字，左面的有青色「ར」字。

◈◈◈以智慧眼，擒住無明之牛

就是智慧眼，係監視者，無明之牛即弟子，對二者來說，好比用細繩，把牛拴在金橛，用寶錘驚醒無明之眼。

首先，把一根長達一尺的棉線，拴在弟子的頭髮上，再把弟子的頭髮，拴在上師的無名指上。寶錘，指頂端套布套的長達一尺的細木條。弟子首先向上師敬獻薈供曼荼羅【註8-2】，強烈祈禱佛語傳承的上師說，請加持弟子我，守持光明。點燃能燃一夜的脂肪油燈，把以大肉（人肉）爲飾的朶瑪食子，視爲馬，以食物獻新供養空行，上師閉關修行，守護明點，修習上師瑜伽，祈禱上師。

一旦瞌睡，形同死亡，四大隱沒的次第是：最初瞌睡時，心識隱沒於地、水，感到身體沉甸甸的，神志昏憒，口水漣漣；隱沒於水、火時，額間熱烘烘的，緊閉眼；隱沒於火、風時，鼻子發出呼呼的強烈鼾聲；風息隱沒於靈魂時，白天的妄分別受阻，不產生夜間的夢境。在此期間睡

【譯註】

8-2 薈供，佛教行者，觀想憑借神力，加持五妙欲及飲食，成爲無漏智慧甘露以供師、佛三寶及自身蘊、處、支分三座壇場，積集殊勝資糧的儀軌。

眠的光明，是明空無中邊，宛若虛空，不可認證，十分清晰。應通達之。繼而上師說，我如此拉線，用木棍打，若守持光明，則觀修所守持的剩餘部分；若未守持，則再次觀修，不要回答我。再又，上師說，若守持住了，外部徵象是，器官的光澤十分明亮，不打鼾；若未守持住，則拉線和金橛，擊以寶錘，它使弟子明白記住睡不醒的教誡。

◈◈◈直指定慧，有頓時類

直指所守持者，次第生起類——憑依儀軌，結合感受來直指。頓時類守持光明無一定，應相信它。次第生起，類直指心，首先臨近睡覺時，平常一心傾注「ཨ」字，對境的粗分分別心隱沒，通達明相和空；短暫睡眠時，專注「ཉ」字；對境的細分分別心完全隱沒，增相和極空更加短暫；專注於「ད」字，極細微的分別心隱沒，出現得相和大空【註8-3】；在極短睡眠時，專注於「ར」字，所有分別心隱沒，出現得相和一切空；欲短暫睡眠時，專注於「ཧཱུྃ」字，八十種分別心完全隱沒，認證大光明。或者短暫睡眠時，四十種貪欲分別心被阻；睡眠較為短暫時，三十三

【譯註】
8-3 大空，領納離喜妙樂。

種關於憎恨的分別心被阻；睡眠極短暫時，七種有關愚痴的分別心被阻，出現光明法身的眞情【註8-4】。繼而，一旦睡醒，就日以繼夜地，不斷觀修。

消除修習淨光成就法的障礙，可從上師口頭了知。

◈◈◈發揮後行淨光的效益

分作兩點：有戲論和無戲論。

1 有戲論

觀想前方半天空中藍色的「ཧཱུྃ」字，字如琉璃，極爲明亮，分別心不能使之中止。繼而，若生厭，則觀想「ཧཱུྃ」字作爲五部如來的自性，元音符號「ུ」隱沒於「ཧ」字，「ཧ」字上有新月，新月上有圓圈，圓圈上有「ད་ལ」【註8-5】二字，二字明光熠熠，在空性無分別意境界中入定。若對此生厭，則觀想本尊空明之身，其心間的藍色「ཧཱུྃ」字融化爲光，空明之身充盈藍光，本尊身增大，等同虛空，在此境界中入定。

【譯註】

8-4 光明法身，指示寂的佛身。

8-5 「ད་ལ」，讀爲「陀羅」。

2 無戲論

應了知現在的各種景象，如鏡中影像和水中月亮，僅僅是顯現罷了，自性不成立。在後得位，顯現爲先前的幻身，並可做任何事情。具備如是之精勤，不觀待時間，此生或臨終時，即可生起十地的證悟。

《六法詳論》說，在此世尊釋迦王，把他的法稱爲光明海。《般若八千頌》說：「心者無心，心之自性是光明。」所以，一切有情的原始心，是自然的清淨光明，諸法唯一不滅的遍主。如謂：

一切種子是心性，
顯現世間和涅槃，
賜予所欲之妙果，
敬禮，如意寶一般的心。

從此語便可了解到心是一切的本體。

心的自性是光明，
宛若虛空無變化。
由於不了解眞實，
從而出現貪欲等。
本無新有的客塵，
不改心爲諸煩惱。

此語是說心，本來清淨。

任何所思此心無，
入定沒有任何事，
正確看待眞實性，
親見眞實方解脫。

此語是說，以存在的眞情爲道，遂得解脫。

如是，本性的品質，自然光明，諸法的法性，是自己的心性，它自性清淨，任運天成，遠離一切戲論，此狀態離言絕思，是般若波羅蜜多。

非有非無非謂非如彼，
永不減少無有生和滅，
無有增益亦無那清淨，
所謂清淨僅表述勝義。

如所說，本體之實況，如此罷了。若不通達，則不能證得眞實義。見解與證悟聯繫，甚重要。

又，按照師尊教誡所說，眞切地通達，內外諸法自性清淨，遠離性相之污垢的空性，永遠不偏離此眞實。如斯，叫做直指基位光明。若欲詳知，請閱《大手印教

誡》之詳述。

第二節 所緣要點之修持

修持有四：身體要點、時間要點、處所要點和所緣要點。身體要點與夢境成就法相同；時間要點是睡眠與白天，同於夢境成就法【註8-6】；處所要點是心間法輪；所緣要點有四：未守持者守持之、守持者堅守之、堅守者發揮效益、恢復固有自性。

❖❖❖未守持者守持之

未守持者守持之，即守持拙火和幻身。守持夢境者，在寂靜處祈禱上師，向空行散施食，專注地心想，要守持光明，觀想自心爲蓮花【註8-7】，蓮花正中有藍色的「ཧཱུྃ」字，前面蓮花瓣有「ཨ」字，右面有「ནྲྀ」字，後面有「ཏྲི」字，左面有「ར」字。心想，如是一切顯現均係智慧的幻變，雖然顯現，卻無自性。此觀修法可能守持光明。修習一座。

【譯註】

8-6 原註：拂曉、天亮、日暖是守持的時間。

8-7 原註。蓮花生大師說，光明有共通光明，和殊勝光明。共通光明是一切境不顯現，出現宛如日出的景象。殊勝光明，是一切景象，彷彿如日月星曜散布，自性不成立，出現諸境比未蔽覆更明，卻不可認證的境相。無論出現殊勝或共通光明，都不要貪著，在明空境界中入定。觀想自心爲四瓣白蓮，白蓮正中光的明點有蠶豆大小，妙蓮正中色白，前面蓮瓣色藍，右面色黃，後面色紅，左面色青。眼觀法是注視眉間，白毫處的空間，在無分別意的狀態中入定。繼而，視線稍移，觀想眼光所注視的目標上有一白色的「ཧཱུྃ」字，「ཧཱུྃ」字放光，照射到世間出世間、情器世界萬物上，所有一切化爲光團，聚集過來，融入「ཧཱུྃ」字。觀想「ཧཱུྃ」字最後融入自身心間，五個彼此貼近的明點。心中思忖到，如是，一切顯現均是心的幻變，心的性相雖顯現，卻無自性。在思維過程

下接321頁

繼而，夜間睡眠進入光明境界。觀想心間的「ཧཱུྃ」字【註8-8】放光，收攝整個動靜情器世界於自身，身體又收縮爲「ཧཱུྃ」字，觀想它是蠶豆大小的光點。入睡時，目前的感覺隱沒，在未產生夢境前，出現明亮而無虛妄分別的景象，它不是酣睡，恰似瓶罩中的油燈，隨即加以認證。詳察助伴等人是否喚醒自己，自己是否守持。如果守持了，則出現樂空與明空混合的景象。

◈◈◈已守持者堅守之

白天觀修堅守光明。身體要點同猛厲火成就法，體姿要盡量舒適。眼觀方法是專注眉間白毫或天空，觀修無分別意。若不能安住於此狀態，則觀想天空中的「ཧཱུྃ」字。「ཧཱུྃ」字放光，收攝一切，入定於明空境界。認證所有妄念，觀想收攝於明空境界。此種觀修晝夜所有景象，和合於明空境界，甚爲堅穩。

◈◈◈堅守者發揮效益

蓮花生大師說，一心傾注心間五彩光

上接320頁

【譯註】

中，觀想五種合而爲一，充滿虛空，如旭日東升，滿天明朗，入定於無分別意境界。

8-8 原注：蓮花生大師說，觀想自己心間一個白而明亮的「ཧཱུྃ」字，「ཧཱུྃ」字放光照射到世間出世間、情器世界萬物，它們化爲光團，收攝光團，融入自身，身體本身也隱沒於心間的「ཧཱུྃ」字。「ཧཱུྃ」字熔化爲光，光點有蠶豆大小。臨睡時，觀想蠶豆大的光點增大，充滿虛空。

瓶，抉擇睡時愚痴，是清淨光明；守持心於眉間三角形，骨頭內藍色的明點，它雖顯現，卻無自性，抉擇憎恨，是清淨光明；一心傾注私處火星似的紅色明點，抉擇它，是基位光明，貪欲是清淨光明。修持一座，或另外修持。入定於無氣息吐納、縛結與開脫境界，抉擇它，是道位光明；自性空而公正不偏，自性明而不滅，悲憫遍布，無戲論，抉擇它，是果位光明。若產生夢中景象，因先前守持夢境，故了知是夢。其時，照舊在此夢中觀修，守持爲明而無妄分別之境界。若以此術，不能守持，則守持心於眉間三角形，骨頭中的藍色明點，它雖顯現，卻無自性。或者據說，一邊觀想心間，五彩光匣，一邊入睡，遂出現一切虛妄分別，明而空的景象，或者樂空合而爲一的景象。

都松欽巴尊者說：「觀想神聖上師，住在頭頂，向上師祈禱，使自己通達光明成就法。上師熔化爲光，以瑜伽母的行相，安住於心間白色光蓮的正中。在瑜伽母臍間，三角形的法源（女性生殖器）中有一風心相，混白而紅的明點，光彩奪目。瞌睡來時，觀想心間瑜伽母放光，萬物化爲光。」

1 以風、脈、明點守持精氣

1. 把脈視為精氣

仲・袞邦巴在其草稿中說，若欲以風、脈、明點來守持精氣，則心中明白，顯現自己變為本尊神，從體內正中至上方，中脈粗細如麥穗，具備四種性相，舉例來說，它如豎立的晶石柱。守持心於心間，觀想心間的光，把體腔內各處，映照得明明白白，猶如油燈照亮屋子。想望守持光明，睡臥便能守持。這就是把脈，視為精氣。

2. 把風息視為精氣

前行次第完畢後，觀想體外景象，都生在由珍寶構成的佛國淨土，在用珍寶建造的光輝的無量宮中，充盈無量的佛和菩薩，排出的氣息，觸及那一切。吸氣時，外界一切，收斂為無量光芒，由鼻孔進入體內，自己整個體內，充實得滿滿當當的。心中希求，同上文所述，睡臥即能守持光明。

3. 視明點為精氣

前行的諸種次第完畢後，觀想自己是本尊神，頂間脈輪明亮的明點猶如圓月，

明點放射無量光芒，自己體內一片光明。其後，光芒由汗毛孔外射，照亮自己的住處，乃至所在的地區。懷著如此強烈的想望睡臥，遂能守持光明。

2 三重天守持法

若欲詳知，《六法詳論》說，使未守持者守持的秘訣是，明白地觀想，具有十萬個太陽威光的神聖上師，安住在自己的心間，篤誠地祈禱後，上師隱沒於自身。心中希求到，我要守持光明，再三觀想自己心間的「ཧཱུྃ」字化為不動佛或他的受用圓滿身，一心傾注其心間藍色的「ཧཱུྃ」字，「ཧཱུྃ」字極微小，好似用毫毛畫的一般。由於希求守持光明，專心致志地記憶，故能守持。

馬爾巴譯師尊者說：「觀想自己為本尊神，在空明的體腔正中，中脈顏色蔚藍，有中等箭桿長。一心傾注於心間或眉間。希求守持光明，結合不斷的憶念、觀修，必能守持。」

如是，用此三重天守持法，和另外的守持法——先前介紹的守持法，認真修練，必能守持。

如是之守持，雖在酣睡中守持，也能記憶光明的自性，心中有信心地想到，此

即此矣，叫做守持光明。

再者，有所謂「粗糙守持」和「細膩守持」兩種不同的守持辦法。其中「粗糙守持」，是強迫剛猛的氣息，流入中脈，產生無量的巨響，身體如輪一般，不自主地轉動，從而遭受禍殃，出現極端苦痛的感覺。對此，先前已諳熟者，若不能守持，顛倒地對待鬼怪等景象，以致釀成障礙，卻修等引【註8-9】認證說，這就是光明，從而實行了前定之事。它不能調伏少許風、脈，或者強有力的粗分心風者，會出現這類景象。「細膩守持」，不產生這般令人驚駭的景象，順利進入光明境界，不管如何，身心充滿喜樂的滋味。

修行所得記憶力，具足清淨，它和安樂構成光明，微弱亮度的光明，好像月亮映照空房；中等亮度的光明，宛若登山頂，目睹各方；亮度強的光明，使具有殊勝證悟者，看見空性的各種清淨能所二取，閃爍之至。有亮度的光明、自他所取和能取所，攝諸法無所緣，猶如清淨的天空中央、符合空性的實際，及無分別意的光明，此三者之中，出現任何一種，或兩種，或三種俱全的景象，說此為光明，我將修持等引。若生起清淨的憶念，叫做守持光明。再三諳熟它，就不耽著妄念光明的所有性相。

【譯註】

8-9 等引，又名定，平等住，根本定。修定時一心專注人法無我空性所引生的禪定。

若能守持夜間的光明，在晚上觀修，進行回憶，所出現的景象，僅僅如此。若不出現那樣的感受，則明白地觀想前方天空中，楷書體的「ཧཱུྃ」字，它色藍，長一肘，向各方放光，內外情器世界全都化為藍光，收攝於自身，自身也化為光，隱沒於前方的「ཧཱུྃ」字，「ཧཱུྃ」字的元音符號「ུ」隱沒於「ཧ」字，「ཧ」字頭上被斬斷頭，換為新月，新月上是圓圈，圓圈的自性不可得，宛若虛空一般，在無分別意的境界中，入定修持等引。此術在心中，生起白天的光明，大手印，明空一味的三摩地。白天之時精勤地，僅僅修習它，晚上的體驗，就十分穩定，因此叫做使之堅守的秘訣。

3 發揮效益

發揮效益分三點：發揮安樂光明的效益、發揮明亮光明的效益，和發揮無分別意的效益。

1.發揮安樂光明的效益

白天長時修練前文所述，甚深明亮的拙火，夜晚睡時，觀想上師，或者行相殊勝的金剛持之身，或者佛母之身，安住在三脈會合的三叉口，修練控制下行風的功

法，生起強勁的體驗。在此狀態中，不失掉體驗慢慢入睡。是爲發揮安樂光明之效益。

2. 發揮明亮光明的效益

白天抉擇介紹幻身成就法時，敍述的內外萬物、神佛和天母、善逝的無上壇場，專心致志地觀修。入睡時，一心一意觀想具有月亮座、無垢之傘、坐褥、靠背的神聖上師之身，宛若無垢的水晶，或明淨的寶鏡，十方淨土、眷屬、祖師和不可思議的所有宏化事業，頓時全部顯現在心間。智慧不高者，僅守持心於上師，極爲明亮之身，伴隨修練極其柔和的瓶氣入睡。是爲發揮明亮光明的效益。

3. 發揮無分別意的效益

白天生起遠離一切戲論、甚深、無緣、深處穩定的三摩地。到睡時，觀想眉間藍色，或紅色的法源（蓮花），正中是明點或「ཧཱུྃ」字，或金剛，或彎刀，或上師，或光輝熠熠的本尊身，不離大手印的信念入睡。是爲發揮無分別意光明之效益。

修習此三類功法，應結合特點，何種所占比重大，何種所占比重小，應善於增減，於是欲特別獲得的成就，便順利獲得。

◈◈◈恢復固有的自性

熟練地修行的瑜伽師，斷除身、語的各種功能，和心之全部收放，觀修顯現景象的自性，修習等引，遠離計較和挑揀。此術能在無分別意三摩地境界中，現證大光明。

經具德上師，闡述的基位光明，亦即法身的本質狀況，作爲晝夜光明之道，其果報，是關於本質之義的究竟證悟，即現證四身、五智、金剛大樂的光明身，從而果報圓滿。

如是，恢復固有的自性，包含於抉擇基位光明、修持道位光明，和現證果位光明三種修練中。

第三節 光明成就法之餘義

拉哇巴大師說：

爲時十二載之內，
入睡光明景象中，

獲得大手印成就。

《喜金剛續》說：

不要捨棄睡眠，
不要阻塞諸根。

一般而言，光明的含義是，酣睡等時，妄念到了藏識上，雖然同自己一樣，但與無明混爲一體，釀成迷亂。此時用憶念，加以控制，色、聲等行相雖燦爛，但未受尋伺染污。妄念雖不變，但隨時隨地出現，宛若水晶球，放置在手掌上的一種景象，是爲修習順利。

睡眠夢境間隙時，
愚痴有法身自性。

基位光明同中，有出現的光明無差別，若能以所認證的憶念，來守持，即爲道位光明，它轉變爲大圓鏡智，決定是果位光明。以證悟之智來守持，並與四禪【註8-10】相聯繫，其時以潔淨的寶鏡爲喻：

隨時顯現無妄念，
叫做道位的光明，
不分根本和後得【註8-11】，

【譯註】

8-10 四禪，四禪定或四靜慮之一。觀三禪之輕安樂，爲過患而成不苦不樂之捨者，即具備能斷三禪樂、出入息、未圓定等之對治支中，所有離八過患之清淨念、清淨行捨，功德支中之受捨，安住支中之心一境性定等四支功德之禪定。

8-11 根本和後得，修定之中和出定以後。

一切諸法平等性，
宛若虛空善逝意，
請證道位之光明。

第九章

中陰道的死心教誡

◆正行六法之5◆

第一節 六種大種中陰

關於中陰道的死心教誡，那洛巴尊者說：

睡眠夢境之中陰，
和合往生中陰心，
具備報身的自性，
夢境中陰相和合，
任運往生的關鍵，
名叫中陰的教誡，
譯師諳熟夢境否？

《六法詳論》說，關於中陰的教誡，有四：雙運四身之中陰、自證智慧之中陰、時際自性之中陰，和無誤緣起之中陰。但是，密勒日欽法主說：「若明白了知六種大種中陰的情況，將順利地通達眞情。」

又，勝義法性的中陰、自性夢境的中陰、顯現生死的中陰、夢境睡眠的中陰、最末世間的中陰、生住承襲的中陰，共計爲六種。

◈◈◈勝義法性的中陰

諸法的本質，是自性清淨的空性，不散大樂金剛心，俱生智，全是本來清淨的，不墮是、非、有、無、常、斷等任何邊。因遠離諸邊，故名言（名稱、概念）爲中陰。直指它的辦法之一，是憑借《方便智慧續》的精髓，通達明空俱生智，和樂空俱生智，從而獲得共通成就，和不共成就。這叫做正見中陰，或基位本質中陰。

◈◈◈自性夢境的中陰

雖守持一切不超越勝義本質，但明明無自性，卻顯現，此迷亂是不能扭轉的。回遮的辦法有：共通的、不共的、以能修無上殊勝道之辦法爲所緣，成就修證功德之異品。此處暫以「不共的」和「以能修無上殊勝道之辦法爲所緣」，作爲主要回遮辦法，灌頂使之全面成熟的行者，無顛倒地把道位生起次第，和圓滿次第，合二爲一；把神聖上師的教誨，無絲毫差池的眞實關鍵，作爲修法之道。因爲它不墮現分、空分和方便智慧分離之邊，故算作中

陰之名言，是全部道次之內容。

◈◈◈顯現生死的中陰

所有的顯現中，特別是從身、語、意的顯現、相續和從命、身、根等之顯現開始，直至消失，僅僅顯現爲幻術和夢境。因爲它存在，和顯現於生和死之中，故算作中陰之名言。

◈◈◈夢境睡眠的中陰

特別指不遵守身體要點，睡姿極端錯誤、無心的分位，以及心意和生命的流轉，全面不動時，全面顯現之內，因顯現出來。因爲它在入睡，和醒時之中顯現，故算作中陰之名言。

◈◈◈最末世間的中陰

據謂顯現的景象，自然地隱沒於前述各中陰，再次以四名【註9-1】集聚的行相，表現各種流轉。因爲存在於死和生之中，故算作中陰之名言。所謂世間中陰，不

【譯註】

9-1 四名，即四名蘊。受、想、行、識四者集聚成蘊，即意身，謂身心兩分中屬於心之一分者。

是指世間流轉時，所守持的一種世間中陰。所謂「最末」不能認定是「生和住世的最末」以外別的。

那洛巴尊者說：「歸納起來，迷亂有三：白天感覺迷亂、晚上夢境迷亂，和中陰業之迷亂。」因此歸結爲生死中陰、夢境中陰和世間中陰。應使白天的感覺不迷亂，守持夢境，守持中陰光明，或觀修它爲幻變。

白天感覺錯亂，是習氣使之錯亂，業使之錯亂，但以感覺爲主。同樣，晚上也感覺錯亂，是習氣使之錯亂，業使之錯亂，但以習氣爲主。同樣，中陰也感覺錯亂，是習氣使之錯亂，業使之錯亂，但以業爲主。

此處介紹，人們共許的所謂世間中陰。雖然據說有「先前產生的世間，有色肉（意爲有血肉之軀體）」、「將來出現的世間有色肉」等多種形體。但所謂「將來出現」是合理的。其情況是，從中陰的依止處，若往生天界，遂出現天界的感覺，叫做「將來出現」。出現天界的感覺，就不往生他處。由中陰依止處，轉變爲天界依止處，叫做「轉變」。同樣，無論非天、餓鬼、畜生等六趣哪一處，出現某處的感覺，和感覺某處，將投生在該處。

所謂中陰「具備無質礙」，須彌山、

住宅對中陰均無質礙。舉例來說，宛若向煙中灑水一般，中陰之身，可無質礙地往返，行走任何地方。但是，母胎和印度金剛座，有交杵金剛，是有質礙的，其他任何地方，可通行無阻。這叫做業之幻變無阻。它不是功德的幻變。業之幻變，可在剎那間，周遊四洲和須彌山等處，舉例來說，人僅憑伸縮手之間，便可想起一切。中陰之身，可瞬間無阻地前往任何地方。

所謂中陰「以清淨天眼，看見同類」，是指以福德的威勢生成，是指在正確地修持靜慮時，以清淨的天眼，親見同類。那麼，正確地修持靜慮，以清淨眼能否看見一切時的景象？非矣。若希求觀看，方可看見，不是隨時隨地均可看見，是由於靜慮時，心散逸才前往的。所謂「同類」，生於中陰的同類者，彼此可看見，舉例來說，若有生於天的同類者，彼此方可看見。同樣，若有生於餓鬼之境的同類者，彼此才可看見。

所謂「以清淨的天眼來目擊」，是說來自色界的中陰者，能看見來自非天以下的中有有情。同樣，來自非天的中陰者，能看見來自人和畜生以下的中陰有情。依此類推。據說此無一定。

❖❖❖生住承襲的中陰

所謂「不反覆者食香」，聲聞等小乘，認爲中陰有情，產生生爲天、人等任何一類有情的感覺，就將變爲該類有情，而不退至別的或尊、或卑的有情投生。舉例來說，將投生在天界的一個人，天界的感覺比重大，雖有投生天界以下的惡行，但不退至地獄等，任何處所投生。

同樣，出現將在地獄投生的感覺後，雖積善，但不退至善趣投生。同樣，中觀派和純粹的大乘，也有如是見解，但這是不合理的。舉例來說，一個將在善趣投生的中陰有情，雖產生將在善趣投生的感覺，但此時活著的親友們，爲了此亡魂宰殺許多有情（指牲畜）進行供施，該中陰身返回死亡處——景象不淸淨之地，對此生起強烈的憎恨，以此事作媒介，他將退轉，生在地獄。

同樣，貪著中陰時期的財物，或者財物被別的中陰身佔有，對此生起不悅和憎恨，他將退轉，生在惡趣。

同樣，爲了亡魂，做佛事和念經者們不潔淨、睡眠、心散逸、懈怠、三昧耶不淸淨，亡魂了知後，對此感到驚恐，從而

做了罪惡之事，心想，雖然做不淨佛事的人衆多，但這些師父們，未能佑護我，感到十分沮喪，極其不悅，這使他退化，生於惡趣。

同樣，雖產生將生於惡趣的感覺，但在此時，親友們不與罪孽爲伍，行善法，上師、阿闍梨們也身、語、意虔誠清淨地做經懺佛事，這些善事作媒介，也能使之退轉，生於善趣。

但是，這些不反覆者，依據的是中陰身本身的業。一個中陰身集聚了使自己上升的大善業，不以罪孽而退化。同樣，一個中陰身，累積了使自己下降的大業，縱然行善，也暫不能使之退轉向上。

所謂「以香爲食物」，是說受用的食物，是氣味。

有人說中陰身，有些微瞌睡。但（佛）說有睡意，需要所依，在此時，有睡意應有身體。

總之，中陰之心不穩定，輕而飄動，產生的不善的感覺力量強大，故從現在起就修練中陰。其情況是，心想白天六聚識所出現的感覺，就是中陰的感覺；事實上，成就中陰感覺，無需一剎那，於是扭轉貪著。

又，作爲眼睛之外境，出現美色；作爲耳之外境，出現悅耳之聲音，和美妙的

行相，這使亡魂在中陰之時，生在惡劣之處。對出現的妙好安樂的感受，心中思忖到，它非實有，應息滅執相。出現火之呼嘯聲等任何聲音，心想此是中陰的聲音，是擔心自己遺忘的備忘石子，於是不間斷地憶念。同樣地修練。若晚上夢見死亡，則會守持是晚上的夢境。若能守持夢境，則一心傾注今夜，一旦產生夢境，就修練中陰的感受，一旦產生夢境，就加以認證，心想它是中陰的景象，進行修練。如是觀想白天出現的感覺，和夜晚的夢境，是中陰的景象。經修練，天資上等者，無需用功，就諳熟夢境。

有的人白天修持還可以，但是白天觀修的內容，不出現在夢中，這是由於未掌握教誡的關鍵，和想望力微弱的緣故。應虔誠地祈禱三寶，白天生起強烈的渴望，伴隨太息聲來觀修。

有的人白天未修持，但晚上夢中，修持還可以，這是越級者，是前世修行的力量所致。

如是，所有顯現在夢境中陰流傳，所謂的中陰正是如此。

心想所謂的世間，和涅槃是相異而有，還是不相異？考察之，斷定世間和涅槃二者一致不悖逆。觀想彌勒法王，坐在前方天空寬大的寶座上，身邊圍繞眷屬衆菩

薩。觀想自己，被有情看見，極喜。觀想自己宛若相好【註9-2】的菩薩。視父不爲父，視母不爲母。同樣，對財食等任何東西不貪著。觀想說，我要從如毒蛇之窩的輪廻牢獄中，解脱出來，在彌勒法王座前投生，唉唷，多有緣分呀！據謂在臨終時資質上等者，通達光明；資質中平者守持中有爲幻變；資質下劣者，可選擇胎藏。

認證中有之光明。心中思忖到，臨死的徵象已俱全，現在死亡，要認證光明。對任何咸無貪著，長吁短嘆。隨即出現明相、增相、得相和隱沒【註9-3】；頂間脈輪的白色明點，以水大種爲性，下行；臍下四指處紅色明點，以火大種爲性，上行，二明點會聚於心間脈輪，必定產生基位緣起徵象的光明，一定要守持和安住於此境界。白天認證了光明，此時通達光明。由於白天修習光明，此時光明穩定。由於白天光明穩定，此時獲得穩定的光明，從而成就大事。據說若必定出現，基位緣起徵象的光明，具足六界的一個人，將漸漸死去，出現上述光明景象，而不是頓時，勿庸置疑。

守持光明，和修練光明功力不深，難於安住光明境界。不能安住光明境界，心識就外出，僅僅在人的手伸曲之際，就猝倒。繼之，蘇醒後，出現中陰的紛亂感覺

【譯註】

9-2 相，大丈夫福力外彰，顯露內德美妙身體相狀，如手足千輻輪等三十二相，諸輪王雖亦略具此種身相形狀，但其準確、美觀、明晰程度，遠不能同佛身所具的少分相比擬。

9-3 隱沒，臨死徵象，顯現大種隱沒。

。此時，資質中平者，將二中陰修練為如幻，產生中陰的燦爛景象。此時，信念之威勢增盛，通達上師的教誡和自心。出現如上景象，或無論出現何種景象，都毅然認為如幻不實，認為中陰是中陰，現在已處於中陰階段，一心想望前往彌勒法王座前的時間已到，應該前往了。於是，將立即在彌勒法王座前，蓮花藏化生。

資質低劣者，在三中陰挑選產門（子宮口）。對此善逝帕木竹巴說：

選擇產門為第四，
生死夢境中陰時，
修練十分下劣者，
未獲菩提於中陰。
挑選胎藏有教誡，
再者這般地拋出，
心中猛烈地想望，
極樂淨土去化生。
或者觀音的淨土，
縱然入住母胎時，
心中希求出生為，
婆羅門的轉輪王。
或者利濟眾生者，
大福大貴偉丈夫，
心想何處去投生，
猶如石彈和幻輪，

勿庸置疑去結生。

生有胎生、化生、卵生、濕生。在四生中無論出生形式為何種，在男女交媾時，若生為男性，遂憎恨父親。化生等無論受生於何處、就視該處為四種無量宮，或皈依處、或住地臥處，或財用，繼而耽著。耽著哪裏就在那裏出生。舉例來說，若將化生在不淨的骯臟處，便對不淨的微聚【註9-4】生起香味的觀念，隨即貪著，於是出生在那裏。出現受生的感覺，對受生之處不執著，無愛憎之性相，可選擇妙好的胎藏，如婆羅門辛沙拉，或如轉輪王，或無垢法嗣（人名）等入殊勝之胎位，請求十方衆佛菩薩加持，要入之胎為無量宮，施以灌頂，隨即入胎。選擇胎藏有出錯的危險，業力把妙好的胎藏，感覺為下劣的，把下劣的，感覺為妙好的，故不貪著妙好的，不憎惡下劣的，修持無取捨，為內中的奧妙。

第二節 實修

實修分兩點：實修和求解。

【譯註】

9-4 微聚，佛書所說欲界物質，由地、水、火、風形成色、香、味、觸，其最初最小的實有單位，僅為慧力所能分析想像，名為微聚。

◈◈◈實修

1 資質上等者，認證初中陰光明

如經籍所述，臨死徵象齊全後，修持有三：資質上等者，認證初中陰光明。

年梅大師說：「資質上等者，有一種光明修持法，自出現隱沒時，便專注光明，心不散逸，同本來的光明無別地混爲一體，隨即成佛。雖然此無往生，但取名往生。」

或者，身姿如身體要點，發菩提心，觀想心間太陽上的「ཧཱུྃ」字、「ཧཱུྃ」字放光，照射到全部外器世界無量宮中情世界全部有情，它們全部變爲本尊神。接著，外器世界收攝於內情世界，內情世界諸本尊，收攝於自己，自己隱沒於太陽上的「ཧཱུྃ」字，「ཧཱུྃ」字收攝於元音符號「ུ」，「ུ」收攝於「འ」【註9-5】字，「འ」字收攝於「ཧ」字，「ཧ」字字頭爲坐褥，其上爲新月，新月之上爲圓圈，圓圈之上爲「ནཱ་ད」【註9-6】二字，「ནཱ་ད」二字表空，使自心習慣地，停留在大手印境界。臨終時一心傾注「ནཱ་ད」所表空淨

【譯註】

9-5「འ」，讀爲「阿」。

9-6「ནཱ་ད」，讀爲「那陀」。

光明大手印境界，進行修習，叫做道位光明，或所修光明。斷氣後，所修光明，與本有自性光明，自然地會合，隨即成佛。據說未曾修行者們，以如是修行，來守持心，也可以成佛。

2 資質中平者，修練幻身和中陰二者

資質中平者，修練幻身和中陰二者。資質低下者，修習三中陰，阻塞並挑選產門。

首先，資質中平者，在死時【註9-7】，若先前所修光明，晝夜相連，對此專心憶念，心想業已知曉了基位光明。以憶念來守持光明境界。在臨死徵象齊全後，現世景象消失，在中陰景象出現之前，出現光明，因爲有光明停留長短的自在，可長久安住於光明，世稱在中陰城無有。在此種狀態中，以雙運之身站立，利濟有情，是大乘的特色。三界應斷除的妄念，全部被截斷，在此狀態中解脫，與中陰阿羅漢的意義同一。以雙運之身姿站立，悲憫地利濟衆生，是特別的教誡。如是，若光明境界穩定，雖出現初中陰的景象，在此時也修習光明如故，此即現證淸淨光明。

二中陰——修練幻身。現在一個諳熟夢境、幻身者守持幻身，臨終時認證中陰

【譯註】

9-7 原註。年梅塔波寶師說，資質中平者修練幻身爲往生。二種往生之中，第一種是，在生入睡時，再三觀修前往三十三天金剛持的坐褥，阿木凌噶石板，該石板舉之飛起，摁之鬆軟。顯現爲雙運報身之姿站在石板上，修習大手印，隨即成佛。第二種是往生的正行，在臨終出現隱沒等徵象時，心智轉移至阿木凌噶石板上，顯現爲雙運本尊之身，卻無自性，宛若影像一般地站立著，在修持光明的境界中成佛；所謂中陰無往生即指此。若初中陰不能守持光明，在二中陰、三中陰等時，修持如故，必能守持光明。再又，白天修持甚爲重要，這又叫做極喜往生。

爲中陰，心想應觀修中有如幻，甚爲重要。接著，在出現中陰景象時，生起了知中陰和諸法如幻的信念，如以夢境成就法修練「改變」、「增添」那樣地觀修，逝往淨土和兜率天，是不困難的。

3 資質低下者，修習三中陰

三中陰——遮斷並選擇產門。（馬爾巴在《色頓瑪》中說，首先回遮憎恨，遮斷產門；知曉因果、遮斷卵生；知曉明空，僅僅是彩虹，遮斷化生；以憶念和智慧來作媒介，遮斷濕生。）雖無上述諸種功德，但是，戒律清淨，或者已獲得上師是佛的意識，或者獲得較爲明亮的拙火，或者生起次第較穩定，這樣的一個人，將成就三中陰。以臨終作媒介，修練往生甚爲重要。初中陰將出現於彼世間。

根本位。據謂死後三天半以前的中陰身，同原有的妄念混雜；三天半以後，僅出現下世的景象。如上所述，該中陰了知，將在何處受生，特別是若生爲男性，則愛慕女性；若生爲女性，則愛慕男性。在此時記憶以上體會，思忖到，往昔就這樣地遊蕩於輪廻，現在不要受其制約。若能僅以愛憎，阻止妄念，則遮斷胎藏。繼之，在中陰期修練原有的體會。是爲佛說。

關於此點，佛書云，若在中陰就能看見下世的父母，若對上師獲得先前的信仰，則心想上師、父母給自己灌頂，向上師敬獻身、語、意。

佛說應拔除愛憎之心。又說生起次第要堅穩，將父母觀想爲本尊的陽體和陰體。是爲遮斷照了境【註9-8】。遮斷照了者是，觀想自心爲「ཧཱུྃ」字、觀想爲本尊神，專注拙火之類的體會，以及僅僅生起有關戒律的對治。遮斷照了境和照了者，應具備三要點：臨終時，原有的體驗清楚、認證中陰時，強烈想望，和不懶惰地棄置上師的教誡，而應極爲練達。若具備此種條件，死亡本身，就變爲道之助伴，從而中介清淨，同後支分相結合。

都松欽巴尊者說，若此術尚不能阻受生，則現在業力使中陰不受生，而引發力卻使之受生，遂有在受生，和不受生二者之中選擇的可能，若受生，則生爲轉輪王，或善知識之子；僅受生爲平常人，不能利濟有情。若不欲受生，就仔細觀想母胎爲精舍，或者是一個色彩斑斕的法源（女陰），仔細觀想自己在內中，是一尊八面十六臂的吉祥喜金剛，觀想其心間，有一粒白色明點，明點熔化爲光，自己也熔化爲光，法源也熔化爲光。智慧身雖顯現，卻感到變爲無自性時，親見本尊之尊容，

【譯註】

9-8 照了境，心識自己向外，照了各自對境，而不反身向內之識，如眼識等。

隨即在此中有獲得大手印的殊勝成就。這是那洛巴尊者的主張。

◈◈◈中陰的教誡

1 資質上等者認證說明

若欲詳知，《六法詳論》說，關於中陰的教誡有三：資質上等者認證光明、資質中平者修練幻身、資質下劣者選擇產門。

認證光明有二：產生中陰的情況，以中陰爲道係中陰成就法的秘訣。

1. 出現中陰的情況

佛典云：

感覺和妄念隱沒，
粗分和細分隱沒，
隱沒之後的諳熟，
自性光明遂出現。

以上所說內容，是所謂明相隱沒——明增得相次第隱沒、所謂妄念隱沒——八十種自性妄念隱沒次第、所謂粗分細分寂滅——諸大種和小種收攝的情況。雖然它

們先後次第無一定，但對一般人而言，應把大種隱沒，視爲主要的。

最初，粗分細分收攝情況是：諸凡患不治之症者，開始走向世界之彼岸（意爲走向死亡），他們命終之際，土隱沒於水，身體不能動彈，感到土往下沉；水隱沒於火，口水鼻涕外流，體內水分乾燥；火隱沒於風，體溫從體表消失；風隱沒於靈魂，外氣斷絕，內氣稍稍不斷。這時，前後各種感覺隱沒，妄念一併隱沒。

明相隱沒的徵象是，外象爲如月亮升起，白光皎皎，內象是現似冒煙之相。此時，憎恨所轉化的三十三種分別心泯滅。三十三種分別心是：離貪、中等離貪、極離貪、羨慕、悅意、憂傷、中等憂傷、極憂傷、忌諱、畏懼、中等畏懼、極畏懼、貪求、中等貪求、極貪求、近取、不善、饑餓、乾渴、感受、中等感受、強烈感受、領會、領會者、領會之所依、各個分別、知慚、慈悲、中等慈悲、極慈悲、欲求、積蓄、忌恨，計爲三十三種自然分別心。關於此，阿雅德畦的《入菩薩行略論》有述。

增相隱沒時，外象是出現日出，或如灑血一般一片紅光的感覺，內象爲現似螢光，忽明忽暗之相。此時，由貪欲轉化的四十種分別心泯滅。這四十種分別心是：

貪著、極貪著、歡喜、中等歡喜、極喜、喜悅、極喜悅、驚奇、掉舉（放逸之心）、滿足、交媾、接吻、吸吮、依託、勤勉、驕傲、從事、掠奪、奉送、愛好、結合俱生喜、結合中等俱生喜、結合極喜、風騷、極風騷、憎惡、善、言辭明白、眞實、非眞實、決定、近取、布施者、催促他人、勇武、無恥、狡詐、殘暴、蠻橫、虛僞。是爲由貪欲轉化的四十種分別心。這在《入菩薩行略論》有述。

得相隱沒於光明時，外象是出現黑暗，如墮昏暗籠罩的深淵之景象，內象是出現心識，宛若油燈明亮之相。其時，愚痴所轉化的七種分別心泯滅。這七種分別心是：中等貪著、遺忘、迷惑、不語、憂傷、懶惰、猶豫。是爲愚痴所轉化的七種分別心。這在《入菩薩行略論》有述。

另外，在上述之時，色隱沒於聲，眼不視色，……聲、香、味、觸諸法隱沒。同時，體內的諸處也隱沒。總之，蘊、界、處等進入勝義壇場，其情況在關於六成就法的《喀爾卡瑪》一書有明述。

與諸種隱沒，全部一致，頂間白分、「ཧཾ」字性屬水大種，下行；臍間赤品性，屬火大種，上行；風、脈、心三者的元氣，同時會合於心間，從而出現基位光明的性相，它猶如太陽升起在無雲的晴空。

再又，此時自己往昔諳熟的特殊安樂、明亮和無分別誰占的比重大，主要諳熟何者，它將化爲此時的威勢，無誤地親見（佛之）三身的密意。

2.以中陰爲道的中陰成就法之秘訣

臨終分際，目睹隱沒的徵象，不要恐懼，心想不久，我將現證光明法身，懷著無限喜悅，做到像往日守持光明修證一樣，進入光明壇場。若自己修持能力下劣，則應具有友人激勵等要點（重要條件），斷除損害三摩地的諸禍患，而安住。如是修習，遂出現中陰光明的特徵。其時，如實認證先前諳熟的關鍵本質，出現恰似故友重逢，或遊子回首似的感覺。諸法的本性，住於自性火光明，叫做母光明；由於五種精氣，匯聚之緣起，出現清晰的三摩地，叫做子光明。二者融混無差別，叫做母子光明會合的靜慮。諸法自性清淨的大空，叫做不變法界的光明。樂空無分別平等一味，由於時分的緣故，明空天成自然心，叫做智慧光明。這些化爲一味無別，便算作界心融混，或法界智慧平等一味的名言。僅僅上述，即爲事實上的密嚴刹土，而像愚夫，用妄念來論述的那樣，認爲依止處，和上師個別是不成立的。因此，在法界密嚴刹土自性清淨宮，祖師係偉大

的金剛持，是「具備七支【註9-9】的法界智慧平等一味的本體」。此在甚深續部有述。

因此，修行者在機緣極好之時，應擯棄有關修習的一切掉舉，精勤地修習旃陀離大樂瑜伽法，或光明大手印瑜伽法，就會在生死二者之間隙，獲得光明大手印的殊勝成就。眞言眞實藏不顚倒，據謂即生可證得無上菩提。然而佛說，此係觀待時間之上中下三者，之中的後者。如是，將獲得決定（指報身所具五種特法）。因具備雙運受用圓滿身的不可想像的流遷——想像之中雲海的生處——清淨所緣加行，故爲殊勝支。

尊者大譯師（指馬爾巴）眞正攝益的楚爾大師（即都松欽巴大師）說：「此非中陰，是眞正的死有【註9-10】。」這同密勒尊者師徒教誡所持的觀點相悖，密勒師徒云：「如是，夢境和非中陰，它們偏離諸法，含藏於中陰這一眞實關鍵。那麼，又該是怎樣的呢？世間出世間的萬物，全都含藏於中陰。具體對生有轉趣之實有，支分等稱之爲『最末中陰』，對此暫時匯聚白分、赤分和心並融爲一體的眞實智，稱爲初中陰法身光明。」這也是寶貴的密乘經籍之殊勝意趣。

【譯註】

9-9 七支，修學佛法時加行七法，如積資糧七支、懺罪七支及密乘七支等。

9-10 死有，剛捨今生身命或臨命終時的身心。

2 資質中平者修練幻身

1.初中陰光明出現

爲了即生現證現等覺，往日應修持，精勤地修習金剛阿闍梨傳授的寶貴教誡，永不厭倦。對修證之智應獲得定見。但是，未成熟者們，受精進程度限制，若無這樣的功德，以後出現二中陰的景象。

前文所述，一切有情往生世間時，出現初中陰光明。然而，遠離教誡之要點，不會獲得決定，恰似兒童瞧見佛殿似地，雖然感覺，卻不能安住於未認證的狀態之中。以威勢和外因而聚合的身體之各要素，將各不相關；感覺日月等，或上行或下行，靈魂和大持命風，同時從九竅之中的任何孔穴離去。《續》云：

肚臍平安去欲界，
憑依明點色界身，
出離上體無色界，
善趣區分彼三類。
從鼻離去爲夜叉，
從耳出去爲非人，
天母倘若從眼出，
將成人間主宰者。
從口出去是餓鬼，

從舌出去是畜生，
離開肛門去地獄。

由於上述道理，具有在某處受生的業力內因之靈魂，從這個或那個穴竅離去後，隨即成爲中陰之身。經書說：

具備前後世間的軀體，
器官齊全通行無質礙，
具有宿業幻變之能力，
清淨天眼瞧見同類們。

這是說，由貪欲和憎恨，轉化的分別心隱沒時，十分清楚地看見我等下世，將在叫做某某的地區受生，受生的地方是此，父體是此，母體是此，彼二者的情況如此。

所謂「前後」，指上世下世，從此開始叫做下世。受生，即在某世間投生，叫做「成就其色肉」。

中陰有情的眼根，如胡麻花，如斯等等，實體的諸種器官明明無，卻如夢中人，見聞色聲等的器官一樣。因爲一切齊全，故叫做「根俱全」。對十分堅硬的金剛岩，也如蜜蜂在日光中，飛舞一樣，沒有絲毫質礙，故叫做「無著」。刹那之間到達所欲前往之地，故叫做「游動」。中陰

之前的業力滋養的神變，十分強大，且衆多，故叫做「具備業之幻化力」。中陰期間，彼此看見，具有靜慮所產生的清淨天眼之對境，故叫做「以清淨天眼見同類」。中陰有情的狀態，如上所述。

2. 中陰身受生

中陰身受生，爲有形的有情，是經過五種解脫光路，而前往受生的。五種解脫光路，與五趣類【註9-11】的顏色一致。若憑依白路，叫做天，以氣味爲食，是被恐懼折磨的含識（有情），它受制於風力，連停留片刻的自由也沒有，是被顯現爲十分粗大、凌亂的煩惱翻攪的有情，被無窮悲苦之黑暗籠罩，壓迫不知所措，彷彿被強勁的業力之風，刮至各方似地，身體呈現十分衰弱的行相。

爲了克服如此之恐怖，應在此生認眞、如實地修持上文所述夢境、幻身成就法之教誡，從而獲得信心。若在夢中和現前（現實）有正確無誤的徵象和體會，則在時間要點的決定時刻，能夠修練有關受用圓滿身的教誡。

正確無誤的徵象爲何？指白天之時，生起清楚明白的如下信心：這些顯現如夢似幻，自性清淨，叫做「習智之量」。若產生是否是幻變之類的疑慮，則是返回輪

【譯註】

9-11 五趣類：地獄、餓鬼、旁生爲三惡趣，人、天爲二善趣，共五趣類。

迴之時。若不自主地，受制於執持對境之外緣，爲實有之心識，叫做「習氣懷恨之味」。不是由於信念之憶念，進入世間，叫做「偏離慈愍之處」。倘若對達到智慧標準，無任何疑慮、強烈的對境外緣，也不奪其心識，以及能夠隨意地延長信念，停留時間，則就越過了返回輪迴的三個錯誤時間。應知這就是所謂的無顚倒。對夢境，也應僅僅按此分析，將取得類似的不顚倒之徵象。

瑜伽師以自己信解之作用，修練命、明點的金剛瑜伽法——明空光明信念，或上師的甚深秘訣，或修練本尊身瑜伽，或以某種不淨幻身三摩地爲道。上述修法，又以中陰成就法爲道。

當感覺前文所述，隱沒之諸種徵象時，應生起強烈的想望，做如下觀想：啊！初中陰之智慧大手印，殊勝智，雖然我不能以福德之力來修習；但是，我卻因具德上師的恩德，稍微獲得通達諸法決定，是幻術的潔淨之心，而且具有極大精勤、奮勉修習的些微定準。雖然不能認證、守持初中陰，卻要以三摩地修練二中陰。隨即猛烈地祈禱上師，斷除心散逸的諸種逆緣。具備此種美妙的中介而安住。心中由於未得到灌頂，焦急得如發昏一般。若不能通達光明法身，則感覺中陰身；其時，三

天半內有時淸醒，有時不淸醒，不能斷定自己已死，或活著，混亂雜沓的景象攪心，心識具備紛繁的散逸。一旦淸楚地出現確定自己已死之心，將淸楚看見陳舊之蘊（自己的屍體）、親屬們悲傷的情景，以及他人享用我掠爲己有的資財，等等。

對從前未具有敎誡信念者們來說，看見如斯情景，卻不能以所修憶念來守持。正如有的人，在睡眠夢境中，夢見自己死亡，遺體被火化，或拋入河中等衆多幻覺，但不會生起所修的憶念。因此，當出現如此確定，和不確定的諸種景象時，如謂：「唉！我全然確定業已死亡。一般說來，所有衆生，受制於無常之魔，特別是我的屍體，剎那變化是諸法的本性，我確定已死了。此外，由於神聖上師念誦秘訣，出現沒有太陽和月亮，卻有五種解脫光路的景象，身體無臭味，以及感受前所未見、未聞的色和聲，通過以上徵象，來認證中陰的時間已到了。」

遂生起如下堅定願望：如是景象，純粹是中陰，我等原有的身體已拋棄，中陰的恐怖，僅僅是現在眞正顯現；現在，我修習甚深秘訣之時已到了。若是上等資質者，就憶念殊勝的旃陀離甚深修習次第，繼而修練俱生大樂智。若不具備如是之能力，則專注於修習自性無緣大空性，修練

極爲深奧的自性身，心中明白，顯現中陰一切顯色，均爲善逝之身，所詮解之聲，全是善逝之語，所有顯現，咸是善逝之意——無分別智，借以修練受用圓滿身，即清淨幻化身之義。倘若沒有能力，進行如斯修習，則正確地思忖到，唉！我等往日修道，確定夢境爲夢境，幻變純屬幻變，通過此途徑，再三修練心，已極練達了，現在要眞正抉擇，如是中陰景象，純粹是夢境，是幻術，無自性，明明是無，卻全面顯現；雖然顯現，卻不能成立爲實有，對此無任何所斷和所證，我要極力消滅愛憎和愚昧之相續。

再又，全部衆生世間似幻，卻未證悟是幻，從而在輪廻的苦海中，再三受生老病死之苦折磨。爲了極度悲憫這些衆生，使所有衆生，安住無上菩提方面，故應以如幻三摩地來修道，以修道的體驗，促使智慧在心中明白顯現。保持此狀態，恰到好處地，修練清淨幻身，亦即幻化身。

隨順資質，次第進行修習，最優者，證得大樂持明的成就，飛遊太空。縱然不是那樣，也能在空明不滅智方面，發揮效益，把許多劫的歷程，分割爲一頃刻一頃刻之段落，隨即快速地，通過全程。如果今生，對修練夢境成就法，十分諳熟，則成功順利。因此，有緣分者們，宜於不懈

地修持三相屬的甚深夢境成就法。

3 資質下劣者選擇產門

資質下劣者選擇產門，分作兩點。首先，《續》云：

1.被業力牽引至六趣

中陰世間的有情，
猶如旅客路上行，
業力好似那繩索，
捆縛牽引至六趣。

此語的含義是，若缺乏認證白天迷亂的堅定憶念，就不能認證中陰。受取和守護從前之身，十分困難，最後死亡給予如斯千百萬苦痛，但仍不生起厭煩。因爲過去的身體，已沒有了，從而痛苦，一心渴望受生，今後我何時才會有身軀呢？確知死亡後，出現正法的些微光輝，但由於此不諳熟，故該光輝，不能穩定。受用愛憎和愚昧等三種相續，他人又不能扭轉，從而沮喪，自己無奈地哭得昏倒，有的卻歡喜得笑逐顏開。

看見如斯等等狀況，生起無比憎恨，說：「唉！在我如此悲慘之際，這些中陰

有情極端快活，他們比怨敵更怨敵。」看見他人享用自己積累的財物時，十分耽著，尾隨這些財富，被人帶走，貪戀促使全面生起忍耐不住的強烈的憎恨，痛心地說，我珍視的這些財物，被他們這般地弄沒了。對遺體也是最初生起喜愛、貪著之心，繼而產生喜歡，其今後不存在的希求，對凌辱遺體等事也愛憎。

此外，憑依見、聞等各種逆緣，煩惱如火一般熾盛，如風一般狂暴。考察如斯逆緣，將使我於何處受生呢？倘若是一個受生於天的有緣者，無論出生於何處，看見的是天庭和其財用，以及十分俊美的天子、神女，其時生起愉悅之心。由於此因，此時之遺體生輝、有香味、肢體柔軟、美麗、雙目微閉。由於諸天的威勢，空中出現絢麗的彩虹等景象。就在此刻，看見入胎結生的情況是：俊美的天子和天女，歌舞嬉戲、歡笑等情景，中陰者懷著貪著之心，說：「我將前往那裏。」遂受生於那裏。

若是一個受生非天者，則看見行走的非天勇士，身著閃光的甲胄，揮舞極為鋒利的武器，微細的閃電無間隙，一片可怕的忿怒行相。中陰者說道：「我將前往那裏，致力於作戰。」遂受生於那裏。

若是一個受生於人的有緣者，看見的

是人們，受用安樂或財富，思忖到，我將以該處作為依止處。繼之，對父體、母體結合，懷著愛憎和嫉妒之情，受生為人。

受生為旁生的情況是，不管怎樣，均以愛憎為中介而受生。對將受生於某些旁生，和諸餓鬼來說，中陰者看見自己未來的依止處，雖無歡愉的貪著心，但感覺到大海翻滾聲、森林燃燒爆裂聲、山嶽崩毀聲，等等，從而極度惶恐地，迅速逃跑，不由自主地，鑽進幽暗的山洞。以此感覺而受生。

將在地獄受生的有緣者，看見在山坳和森林等處狩獵的獵人，由於惡劣的習氣，說道：「啊哈哈！我將前往那裏。」遂前往。被先前受生在地獄已經成為地獄卒者，帶至地獄世間。某些人臨終時，看見閻王的差使，極度恐懼，真正死亡時，被嚇昏。中陰蘇醒時，產生找尋自己身體的想法，感到中陰身干擾，頭頂有眼。它被暴風捲到太空，隨即摔到燒紅了的鐵質大地上，被熔化了，頃刻變為形象猙獰的地獄有情，地獄的衆守護神，用各種手段來殺戮，十分悲慘。

諸趣衆生有胎生、卵生、濕生和化生，受生情況紛繁，此處略表點滴。

2.修習次第

死亡時，應生起強烈希求，作如是觀修：「啊！自無始輪廻以來，直至最末的而今，無數次受生，爲了守護身體，多次遭受苦樂，和惡言，使心憔悴，永遠不能從憂苦的輪廻中，解脫出來，這是不好的，現今，我對中陰生起清淨的定解之憶念，下世不受生，它是多種苦的根源。極度憂傷地向上師祈禱，斷除諸種惡劣的媒介，而安住。雖然未對初中陰、二中陰生起定解，但在出現末中陰景象時，使原有的憶念醒悟。《一元寶性論》說：

既不潔淨又不香，
五趣衆生無安樂。

記憶上述內容，一心專注如下：軀體是應極度藐視的對象，是諸多煩惱之所依，勝似骯髒的爛泥堆，我永不在三界受生。無論貪著四生所攝何種悅意的出生處，均是媒介，故不應留心任何東西。善逝說，諸法無自性，我爲何要耽著於無自性的諸法？因此，要立即消滅貪著之相續。特別是暖和濕是愛【註9-12】的中介，憑依暖、濕而實現受生，我不應貪著它。胎生和卵生的情況相同，看見大多依附父體、母體的情欲，對此產生愛憎和嫉妒，受此影響而受生。故我永遠不尾隨煩惱心。

【譯註】

9-12 愛，欲離苦受，値遇樂受，如口渴者迫切貪求。十二緣起的第八支。

另外，本無怖畏之處卻恐懼，產生欲隱匿於土穴、岩洞、折斷了的枯樹之根部等幽暗處之心，這是受持粗惡之身的徵象，此係昔日所聞。我對任何均不應畏懼，也不作遁逃、隱蔽的虛妄分別。總之，永不忘記：受生的方式不可思議，無論什麼景象，都不貪著，不要畏懼和憎恨，保持原始心，以往日所聞之法義來修心。此時，回憶和修習往日最熟悉的正法之光。卑微的我，想起世間諸法無常之眞情，憂傷而意倦，一切時間生起無垢的清淨心，關閉受生之門。

倘若是一個守持共通乘（大小乘）戒律的中陰者，則生起強勁的對治說，我等是居士、沙彌、比丘，我允諾（守戒），極力斷除一切自然罪過，全面杜絕不合正理的身語意之業，決定關閉產門，關閉通過別的方式受生之門。若是信奉大乘者，則一切時間，不離珍貴的增上意樂菩提心——我爲了最勝菩提而發心、修行，爲了一切有情，應生起不能忍耐的厭離心和大悲，這些屬於中陰的有情業，和煩惱之諸多苦痛，特別熾盛，極爲窘迫，使他們遠離諸苦，獲得最勝大樂無上菩提，有何不可？這是神聖的殊勝道。

倘若，是一個以生起次第本尊身爲道者，則把生起愛憎的一切對象，觀想爲本

尊神的身、臉、手，或者觀想爲手印（手勢）和種子字等，其三摩地十分穩定，平常的迷亂被消滅，受生之門被阻塞。以圓滿次第甚深無緣光明爲道者，僅僅觀想該光明，即可關閉受生之門。

如是，以修習脈、風、菩提心的金剛瑜伽爲瑜伽行，將獲得極大成功。由於對甚深「上師之道位圓滿」【註9-13】秘訣的精髓，獲得定見，故決定成功。若此，所謂「無生自我解脫」的方法——教誡之協調，如斯而已。

若欲受生爲信仰正法之身，借以修練菩提道，則要從各方找尋，和選擇地方、種姓、父母和親友，他們不應是隨順正法，進行修道的障礙。此時安住共乘、不共乘（密宗金剛乘）和最勝無上道，因爲具有能引發此於彼受生之教誡的極深要點，故無需衆多生世，所希求之事將獲究竟。通過受生形式的中陰清淨，妙匯緣起，道也僅僅是此。

所謂「末中陰阻塞和選擇產門」，勿作主要的，事實上，是閉塞和選擇四生之門。它又叫做「無誤緣起中陰」。

【譯註】

9-13 道位圓滿，心及心所於法界中，寂靜離戲本有之智，遠出意外，功力所現客塵，自趨明淨之方便。此中一切果位，諸法自然圓滿，故名圓滿。

第三節 中陰道的餘義

經書說：

世間有情死亡時，
明相妄念皆隱沒，
粗分細分均隱沒，
隱沒之後習慣了，
自然光明即出現。

此語是說現今一般人，臨終時出現的景象。明相隱沒是：色隱沒，眼不明；聲隱沒，耳不聞別的聲音；氣味隱沒，鼻如塞了羊毛一般；味隱沒，舌不能品嘗食物的滋味；所觸隱沒，身體之觸【註9-14】毀滅；法隱沒，世間之法不明晰。粗分隱沒是：土隱沒於水，身體的元氣，不堪能；水隱沒於火，口水鼻涕外流，體內乾燥；火隱沒於風，體溫從體表消失，據說轉趨惡趣者，體溫從下肢消失，轉趨善趣者，體溫從上體消失，情況紛繁；風隱沒於靈魂，外氣斷絕，內氣奄奄一息。細分和妄念，隱沒的情況是：明相隱沒時，最初外

【譯註】
9-14 觸，五遍行之一，根境識三者和合，從而觸境察辨自境之心所。

象是，看見與往昔不同的景象，內象是神識飄搖、迷離，如煙一般【註9-15】。繼之，外象如月亮升起，出現白光皎皎的景象。內象是神識飄動如陽焰。此時，通常確定自己業已死亡，由憎恨轉化的三十三種分別心被阻。增相隱沒【註9-16】的外象是出現如旭日東升紅彤彤景象，內象是如螢光忽明忽暗。顯乘經典說，這時儲存貪愛下世的種子，由於以往的業力，心中閃現六趣衆生，各個和具體景象，這如同播種一般。應知此時中介，是甚爲重要的。《續》云：

瑜伽師們歿時吉，
飲血【註9-17】等等瑜伽母，
各種鮮花手中持，
各種寶幢和飛幡，
各種音樂來歡迎，
引至空行的淨土。

有罪者們，出現閻王差使的景象，貪欲所轉化的四十種分別心被阻。得相【註9-18】隱沒於光明，外象是出現如黑暗的羅睺一般漆黑之景象，內象是出現如油燈一般清晰明亮的景象。此時，愚痴所轉化的七種分別心隱沒。

如是，分別心收攝於阿賴耶識上，神

【譯註】

9-15 原註。年梅塔波寶師說，「明相」的含義，是微細脈道收縮，風息進入精脈、血脈，二脈的微量風息進入中脈，分別心的諸風次第被阻。其中首先憎眼轉化的三十三種分別心被阻，心性首次稍許明白顯現，故叫做明相。

9-16 原註。年梅塔波寶師說，「增相」的含義是，分別心的諸風息，有三分之二進入中脈，貪欲所轉化的四十種分別心被阻，較之以前心性異常清晰，故叫做增相。

9-17 飲血，即飲血金剛，無上密乘本尊上樂金剛的別名。

9-18 原註。塔波寶師尊者說，「得相」的含義是，所有風息進入中脈，愚痴所轉化的七種分別心被阻，心性明而圓滿，璨然顯現，故叫得相。

若按修行來說，此是寂止；若按光明而言，是靜慮的光明。得相隱沒於光明的外象，是出現宛若黎明的景象，內象是出現宛若無雲晴空的景象，原有的靜慮光明和此時的自性

下接367頁

識變得宛若虛空一般。繼之，在六塵、六根、六識和五大種收攝的頃刻，中脈上端的白分明點、下端赤分二者、大持命風和靈魂，剎那間會合【註9-19】，出現一剎那基位光明法身。但由於無明的緣故，不能認證，靈魂離去，隨即出現中陰。

原有的貪愛遺留情況是：此時轉趨地獄的有情，由於過去過度地習慣十不善，遂出現十不善的景象，自己所感覺的空色收攝和顯現，遂出現兩種景象。罪孽深重者，轉趨阿鼻地獄等，出現地獄卒的形象，自己（指屍體）的血和膽汁，被風吹濺到自己身上，眼睛變爲殷紅或黃色，身體被灼熱熾逼，正在貪著時死去，故出現猛烈折磨的景象，其感覺是火燃燒和兵器等，耳所聞是不間斷的風聲，伴隨此種情景死亡後，在靈魂轉移的瞬間，才有片刻安樂。所見景象是，看見森林、火、水等，由於貪愛那裏，於是前往。據說其時，身體再次感覺出現，先前的衆閻王前來，隨即尾隨前往之景象。罪孽較輕者臨終感覺是，出現地獄世間、藍色的兵器森林、山嶽和草原，有情彼此殺戮、啖食，血濺大地。由於從前習慣於殺生，故思忖到：「唉！我也要前往那裏。」此種感覺強勁，前者異熟業強勁。詳細的敍述，請閱《正法念處經》。

上接366頁

【譯註】

光明二者，融合爲一體，叫做無分別智，和無分別光明，若按修行而言，此屬勝觀；若按光明而言，叫做自性光明和基位光明。《續》說，安住於此，遂有中陰，獲得法身。

譯者注：寂止，一切禪定的總括或因，心不散往外境，專一安住所修靜慮之中。勝觀，一切禪定的總括或因，以智慧眼觀察事物本性眞實差別。

9-19 原註。年梅塔波寶師說，體內氣息奄奄一息時，頂間從父體得來的「ཧཾ」字下沉，與從母體得來的猛厲火自性——方便智慧二者之種字在心間會合，屍體的光澤保持一天，或兩天，三天，四天，五天，六天，其後是果位光明，外象爲宛如黎明的景象，內象是彷彿晴空無雲的景象。這時，道位光明同果位光明融合，自然地明亮，遠離一切虛妄分別，充滿無漏安樂，所出現的景象也是安樂的自性。此時，修習教誡，明亮的幻化身、安樂的受用身、無分別的法身，以及彼三者

下接368頁

轉趨餓鬼，受生於甚爲吝嗇的世間。

轉趣爲旁生，懷著喜愛和貪著這種或那種畜生之心，或者什麼都不記憶，昏然死去。

受生爲人者，據說懷著強烈貪著人的感覺，大多決定要受生爲人。

受生爲非天的情況，類似受生爲天，據說懷著稍許自豪的情懷，死在下弦月。

轉趨天和善趣者們的貪愛心，據說亦是如此：他們看見受生處所圓滿的資具，天和非天們坐在寶座上，從而生起歡喜之心，回憶過去所行善事，不後悔地死去。因爲匯集了本尊和上師等好條件，儲存了世間的種子，據說，差不多在上弦月，和太陽燦爛時死亡。

如是感覺的內因是，心中有過去行善，與不善之習氣的種子，存在於體內的根本風，和支分風飄動，從而出現煙和陽焰等徵象，以此作爲緣，遂顯現出來，風息顯現爲諸種相異的空聲。

繼之，暫時進入光明，出現中陰。此刻不甚熟悉光明者們，譬如秤杆的高低。據說此（指光明）一旦隱沒，隨即出現中陰。轉趨色界者們，熟悉靜慮，住於中陰時，憑依靜慮的預備工夫，此時出現色界景象，對他們來說，中陰期不長。轉趨無色界者，由於以往諳熟無邊虛空等四種體

上接367頁
【譯註】
無別的自性身等，四者俱全，叫做「一切功德圓滿的中有」。

驗，一旦死亡，立即逝往太空，非種子的一切分別心被阻，故別無中陰。《續》云：

虛空之上衆無色。

此語是說思忖身體要點結合三有（三界）。若此，往生彼處非衆生。

現在介紹中陰本身。據說六欲天【註9-20】、人、非天、旁生、餓鬼、地獄有情等的中陰期，大多是七天，有的更長，又說爲四十九天。但實際上少於此。關於中陰，如謂：

具有前後世間的色肉，
器官俱全無有質礙性，
具備業之神通變化力，
清淨天眼看視同類者。

顯乘經典說，譬如身強力壯的人，在戰場上墜馬，迅速被擒一樣，強烈的求生欲望，使中陰有情迅速受生，同生死流轉結合，因此爲何要延遲七天？初中陰出現時，感到如夢。關於意生身，比方說，宛若水中的影像，具有根、受【註9-21】、想、行和識收攝，四大種卻無。此時看見遺體，已知道業已死亡，心想到，我也需要一個身體，唉！在哪裏受生呢？卻仍舊保

【譯註】

9-20六欲天，即欲界六重天：四大王衆天，三十三天、夜摩天、化樂天、兜率天、他化自在天。

9-21受，觸受對境，生起領略或苦，或樂，或不苦不樂的感受之心。

持貪愛，看見男女天神，又看見天界。知道將在那裏受生，心生歡愉。由此原因，屍體彷彿瞇眼微視，肢體柔軟，顏色明亮，發出香味。這類中有有情，大多是化生。因此（佛）說他們七天受生。

受生爲非天，情況雷同。

同樣，受生爲天、非天、胎生和人的情況是，中陰有情看見父母和合的外緣，懷著貪著心情而入胎，結胎的感覺諸多相異，業力清淨者們，感覺胎藏是精舍；有的懷著貪鄙意識而入胎；有的寄託希望而入胎。受生爲旁生等部分中陰有情，感到被雪、風、雨驅趕，尋覓躲藏處所。受生爲地獄有情，和餓鬼的大多數意生身之感覺，是被地獄卒解押，地獄卒向各個意生身，授記其業後，衆意生身困苦地結生相續。他們大多也是七天後化生。

同樣，雖有其他受生處，但略而不述。

胎生者們入胎後，雖不是中陰有情了。但是，（佛）說受生爲諸欲天，也在第七天入胎。關於中有身的形體，受生於何處，就具有相應的行相，轉趨善趣者，頭向上；往生惡趣者，頭朝下。他們顏色各異，往生色界、無色界和阿鼻地獄的情況，上文已述。

以上內容，一切智（如來名號之一）在許多顯密經典中有述。我確知後，作了

粗略的轉述，因此不要狐疑。雖然佛有諸多論說，但恐行文冗長，不再贅述。

詩云：

中陰世間的關節，
貪愛什麼即受生，
成就三界初中陰，
有緣者們現在要，
生起精進之氣勢，
淨治感覺應珍惜。
二中有的此時候，
修練夢境爲中陰，
轉變感覺且守持，
成就世界中陰事。
現在尾隨那迷亂，
煩惱妄貪隨其便，
欲獲中陰之功德，
愚痴迷亂未束縛。
故應不懈生精進，
行身語意的善業，
供施聖者和有情，
恆常守持妙乘戒。
克服忿怒和傲慢，
修習靜慮要精勤，
經常精研諸妙法，
修練自心得自在，
修習諸佛淨土後，

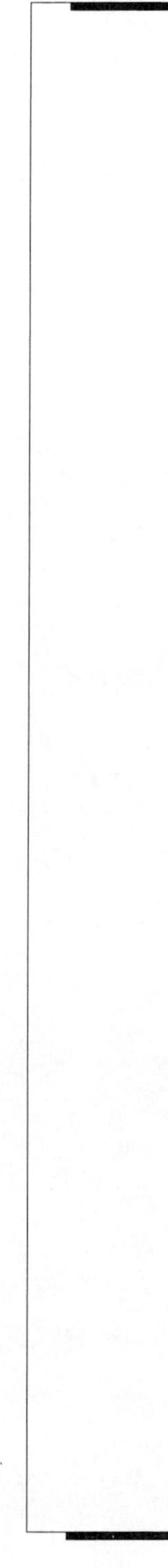

希冀迅速登佛土，
以及證得大菩提。

第十章

轉識——道位護送者之教誡

◆正行六法之6◆

轉識——道位護送者之教誡。具德那洛巴大師說：

身體八門輪迴的天窗，
一道門是大印瑜伽道，
關閉八門打開一道門，
神志之箭搭在風息弦，
用力拉動嘻迦二音弦【註10-1】，
靈魂出入超越那本性，
具有受用圓滿身自性，
名叫轉識成就法秘訣，
譯師及時關閉風息否？

密勒尊者說，轉識點金露，以先前如斯之法，越過彼道，假若時間到了就轉識。此有兩點：共通和特殊。

共通的轉識成就法。轉化吝嗇爲布施、轉化貪欲爲守戒、轉化忿怒爲忍耐、轉化懶惰爲精進、轉化散逸爲靜慮、轉化愚痴爲智慧、轉化私欲爲利他、轉化妄念爲生起次第。

特殊的轉識成就法有二：轉識至何處、以何種辦法轉識。

轉識至何處分三點：轉識無戲論法身、轉識有戲論色身、轉識悅意空行城。

【譯註】

10-1 嘻、迦二音，靈魂升降聲。佛教徒修往生法時，高聲哼出的嘻、迦二音，前者表靈魂出竅，後者表入竅。

第一節 轉識辦法

轉識辦法分三點：上等者在光明中轉識，中平者轉識為幻化身，下劣者在生起次第中轉識。

◈◈◈上等者在光明中轉識

有二：自性光明和靜慮光明。

在自性光明中轉識。一切有情臨終時，外氣斷絕至內氣未斷之間，出現光明。認證此光明，心不散逸地安住光明境界，同道位光明融為一體，隨即成佛為法身。對此法而言，應現在守持夢境光明。若對此不太熟練，則在靜慮光明中轉識，即臨終時，身體要點盡量作得舒適；認證無生光明，刹那也不散逸；在呼吸長短氣時，張嘴哈氣出聲，神志同虛空融合呼氣，遂成佛為法身。

◈◈◈中平者轉識爲幻化身

有二：自性幻化身和靜慮幻化身。

自性幻化身。熟悉並修練先前的幻身成就法，了知所修一切均是幻變，在此狀態中，沒有絲毫耽著和貪欲，遂成佛爲報身。若對此不太熟練，則轉識爲幻化身。耽著平常之身的對治是，感覺自己是本尊身，觀想其無自性；耽著平常語的對治是，念誦「阿里噶里」（ཨ་ལི་ཀཱ་ལི）；耽著普通心的對治是，懂得諸法無自性，色爲現空，聲爲聞空，分別心是明空，諸法是幻術。在幻變之狀態中再三渴望，隨順風息而轉識，成佛爲幻術似的報身。

◈◈◈下劣者 在生起次第中轉識

在生起次第中轉識有二：經修練而轉識和強制轉識。

1 經修練而轉識

經修練而轉識有二：以憶念之雲消除失誤之過失、「ཧཱུྃ」字宛若幼獅在雪山跳

躍。

1.以憶念之雲，消除失誤之過失

設想自己將死亡，命終時就這樣死去，爲了有情應修轉識法；否則，產生非時殺本尊的罪過。觀想自己生起爲佛母，中脈約箭桿長，頂間囟門被紫紅色的「ཀྵ」【註10-2】字阻塞，心間風、心會合之本體是藍色的「ས」字，以須根塡滿它。

2.「ས」字猶如幼獅在雪山跳躍

觀想在上方天空中上師和本尊渾然一體，其心間呈妙蓮開放之狀，祈求道：「請賜給熟悉轉識成就法的加持！」呼出濁氣，猛吸長氣，壓抑上體氣息，使心間的氣息下行，觀想它與臍下的「ཤ」字會合。逼迫下行風，蜷曲無名指，鬆散盤腸，念誦「ཧིཀ་ཀ་ཧིཀ」（念爲「嘿迦嘿」），「ས」字在中脈內上行，值遇頭頂的「ཀྵ」字，顱骨縫隙鬆動，一個拇指寬的骨頭，連同血遠遠領先到達上師的心間。再次吸氣，觀想「ས」字下降，騎在如鬚根的生命流上，觸及心間，停留在那裏。同樣，練氣二十一次，或五十五次。下座時，觀想上師融入自己，「ས」字做幼獅跳躍後，永遠安放於本質之眞情。若不能把握，則以轉識法控制。

【譯註】

10-2「ཀྵ」，讀爲「叉」。

熟練的標準是，頭頂凸起，發熱、跳動、腫脹、冒血和黃水、神志奮進、氣上湧、感到心痛。一旦出現如斯狀況，隨即停止修練。臨終時間，因能集中心思，故應信許轉識。

轉識。由上師之言，可知死兆齊全和分析死兆。觀想在天空上師，與本尊無別，其具備智慧與大樂的胸間呈八瓣妙蓮開放之狀。照舊將靈魂斂入「ཨ」字，頭頂的「 གཿ 」字清晰，擠壓下體風息，轉移至心間，上師之心——無二智慧同我的神識，融合無別，它向外擴張，生命流如鬢根一樣被梳斷。由於擠壓風息，一部分宿業，必定使自己轉識。此時，上師或友人，應念誦道：「安住於樂空吧！」若不能修練風，則做獅子臥姿。其他方面同於前文。

2 強制轉識

強制轉識分三點：憑依身體要點，斷絕往來生死輪迴、樹立智慧之靶、「迦、嘿」二音射箭，轉識所欲之處。

1.憑依身體要點，斷絕往來生死輪迴

發心、祈禱，靈魂從九竅中，任何孔穴離去，佛不阻攔它受生於這裏或那裏。

此獅子解脫之幻輪極端深奧。忿怒羅刹面，是通往地獄之門，用脚踵覆蓋，以約束下體風息。雞足【註10-3】是通往旁生趣之門，應挾在兩踝骨之間，對婦人而言，應以脚踵阻塞。漏洞是通往餓鬼道之門，應以小指阻塞。鼻孔是通往夜叉道之門，應以無名指封閉；若不能，就捨棄左鼻。用中指封閉能見之眼，它是通往人趣之門。用食指堵塞耳，它是通往天趣之門。

2. 樹立智慧之靶

觀想上師或本尊，安住於頭頂，極爲明亮，高約一尺，其心間呈妙蓮之狀。

3. 以「迦、嘿」二音之弦射箭，至所欲之處

背負繩索或棍子，默念「嘿、迦」，引發神識至智慧之靶，一次加行必能轉識；兩次或三次加行不可能不轉識。

塔波寶師尊者說：觀想用黃色的「ཀ」字堵塞囟門，分別以藍色的「ས」字封閉兩眼，分別以藍色的「ཧཱུྃ」【註10-4】字堵塞耳，以藍色的「ཧྲཱིཿ」【註10-5】字封閉兩只鼻孔，以白色的「ཧཱུྃ」【註10-6】字覆蓋舌頭，以藍色的「ཧཱུྃ」字分別封閉眉間和心間，以黃色的「ཀ」字分別堵塞肛門和尿道口，以藍色的「ས」字封閉臍間。

【譯註】

10-3 原註：所謂雞足，指秘密金剛。

10-4「ཧཱུྃ」，讀爲「雍」。

10-5「ཧྲཱིཿ」，讀爲「穆」。

10-6「ཧཱུྃ」，讀爲「松」。

第二節 正行修持與最勝往生

◈◈◈正行修持

正行修持有二：無依轉識的轉識正行、有依轉識是轉識奪舍。

無依轉識有三，其中上乘是轉識光明。

塔波寶師說，一個具有光明的證悟者，臨終時，專注於自己所修的光明而死去，它雖無轉趨，但取名爲轉識。

《六法詳論》云，此時修習心事——三摩地的要點。繼而，何時出現隱沒的徵象時，轉趨爲何，轉識爲誰，誰轉識，如何轉識，均是無所得的。故所轉能轉如實地在緣起之上，無所立能立地，保持原狀【註10-7】。

觀想上師，坐於天空三重，或四重坐褥之上，如《上師瑜伽法》所述，生起信心，連續地向上師，敬獻財用，強烈悲痛地祈禱說：「請賜給加持，使我在死時，現證光明法身；請賜給加持，使我頃刻，

【譯註】

10-7 藏文編輯註：此處原文缺一頁，原書爲珍本，迄今僅覓得一部古老的手抄本，未獲得別的版本，故無法補充。今後若得別的版本，再續此處。

也不看中陰的恐怖；請賜給加持，使我剎那之間，逝往所欲前往的這個，或那個淨土；請賜給加持，使我以甚深秘訣爲道，不出現釀成災難的違緣。」

接著，又想像匯集加持。繼而，守持心於過去上師的坐姿。再次觀想在喉間中脈內「ཨ・ཧ・ར・ད」四字圍繞白色的「ཨོཾ」字旋轉，或者風息的綠色種字四個「ཡཾ」抬舉「ཨོཾ」字，値遇修練瓶氣，遂進入氣息之中。同時，由「ཨོཾ」字生出藍色的「ཧཱུྃ」字，安住於心間中脈；從「ཧཱུྃ」字生出紅色的「ཨ」字，安住於臍間中脈。心內住【註10-8】，在氣息尙存之前傾注之。呼氣的同時，臍間的「ཨ」字、心間的「ཧཱུྃ」字、喉間的「ཨོཾ」字，即由四個「ཡཾ」字抬舉爲「ཨོཾ」字，或四種字圍繞的「ཨོཾ」字，從囟門離去，融入上師的心間，從而視自己與上師，平等一味。

再次觀想從上師的胸間，及身體有白色的「ཨོཾ」字及隨從字，從自己的頂間，進入體內，安住喉間。「ཧཱུྃ」字和「ཨ」字等，也照舊次第安置，値遇吸氣。再者，當咒字安住和移動時，守持心於所緣，不散逸於別的妄念。到了修行各座中的休息時間，放置三字於三個依止處，迎請具德上師，安住頂間至心口之間，不以三字爲所緣，以晶石交杵金剛，封閉囟門，守

【譯註】
10-8心內住，從外境中內斂其心，使之內住。

持心，於如明空水月的上師之身。這對意念活動敏捷者們來說，不會立即作障，是生起珍貴功德的所緣。

關於益壽的觀想活動。蓮花生大師說，在宛若紅綢搭設的帳幕之空明身體內，精脈、血脈和遍動脈（中脈別名）三脈，如豎立的柱子，分別端正直立，於頂間至私處。正中遍動脈內紅色的「…… ཨཿ 」明亮，右側血脈內白色的「ཨོཾ」字明亮，左側精脈內藍色的「ཧཱུྃ」字明亮，口念三字（阿，嗡，吽），或者觀想伴隨著聲音三個字，分別放光，三個字亮堂堂地，充盈空明的整個紅色體內，盡量安住於既不流散又不收攝的境界中，修習根本定。妄念從此種境界旁騖，或欲下座【註10-9】時，收斂所有咒字，於此三根本咒字，收斂左右二字、二脈和身體於「ཨ」字，「ཨ」字與紅色明點合而為一，傾注片刻。由此左側的紅色明點，融入法界，在什麼也不觀想的狀態，修習等引。上師的心間放光，從十方眾善逝的心間吸引來，無數具有白色「ཨ」字形象的不死智慧甘露，融入自己心間具德上師之身。由此，流出智慧甘露流，自己體內各處，充滿無漏智慧甘露。稍稍住持柔和之風息，最後保持無所緣的境界，迴向淨善。座間的行為，應符合妙法。

【譯註】

10-9 下座，修行者念經完畢，起身休息。

如是，劃爲四座或六座修行，易於精通風、脈。若是一個資質上等者，約五天或七天，確知轉識成就法；資質中平或下劣者，也能在十一天，或二十一天內成就此法。

熟練的標準是，頭和上體不舒服、頭頂發熱和跳動，眞正從囟門冒血和黃水，等等。

羯磨加行能夠達到的標準是，手掌繞膝旋轉三次，繼之彈指三次。同樣的動作做三十次、七十次、一百零八次，是爲下、中、上之標準。達到標準後，不忘秘訣而安住。

死亡之期來到時，罹重病，摒棄藥物和經懺佛事。清楚看見隱沒次第的諸徵象時，如是思忖：「唉！從無始以來我無數次受生，雖已捨棄軀體，卻是徒勞。現在眞正捨棄此肉體的時候到了。先前神聖上師賜予的甚深秘訣，我圓滿無缺地經常修持，這使我死亡，變得有意義，最好臨終證悟光明法身。另外，能夠在自己所希求的處所，頃刻受生。因此應懷著無限喜悅來讚頌心，不耽著此生的善惡，和中品等任何事，施捨所有器物【註10-10】是訣竅。然後，若根本師健在，甚好，迎請來，提醒自己記憶教誡；若不在，則在其脚迹等處獻供品，通過追憶神聖上師的方式，來

【譯註】

10-10藏俗施捨病人用具，以祈求祛病。

懺悔舊罪，防止新犯，立誓守戒。繼之，說道：「時候到了就轉識；非時就殺諸天。」

死兆確實齊全後，若身體虛弱，不能修練前文所述的瓶氣，則回憶自己的崇仰。與此同時，回憶以往修練時的所緣。

轉識時，身結跏趺，或端坐，或做獅子臥姿。心中明白觀想自身，具備本尊行相、空明和中脈三者，上師們坐於頭頂，收攝體內所有赤分，於臍間「ཨ」字。同樣，收攝體內所有白分，於喉間「ཧཾ」字，收攝所有風和識於心間的「ཧཱུྃ」字。三字合而爲一，融合於上師的心間，隨即轉識。安置上師之身，或者作意於逝往所欲淨土的宏偉計謀；或者，全然貫注上師的心間。這些，應結合自己的勝解緣分，珍惜之。

◈◈◈最勝往生

關於最勝轉識，都松欽巴尊者說：「將所緣轉移至文字，轉識幻化身；轉移至上師、本尊無別，轉識報身；消散於虛空，轉識法身。」如所說，將諸法斂入三字，以此爲道，成就善逝身語意三金剛，又成就三身，是轉識法最爲殊勝神聖之所緣。

學者修習，無絲毫作障之緣，和惡劣的中介一事，一般說來，以甚深密咒爲道的瑜伽師們，上等者不死；中等者如獸王，他人不知其死於何處；平庸者結交信奉佛教的朋友，其死亡有三種。但是，此時五濁橫流，平庸者居多，以此爲主。

（佛）說仔細分析惡劣的中介，或任何外緣，隨即全力斷除之，是至關重要的。縱然下世，將獲得最爲妙善的受生形式，卻因些微惡劣的中介，引發至惡趣中，十分卑微之處受生；縱然不善之業力，極爲猛烈，但（佛）說，具有稍許中介，則能控制業力，受生殊勝。所以，臨終時優劣之中介，極端重要，應極端注意。

以上出自瞻林・曲季扎巴的著作。

詩曰：

唉！現在菩薩們，
悲憫事迹如大海，
引導衆生辦法多。
至爲深奧此六法，
浩瀚續部的精華，
歷代衆多證果者，
恰到好處地修持。
猶如金液此教誡，
今後有緣衆行者，
首先發心爲衆生，

灌頂成熟自己心。
根除世間諸貪戀，
精勤不懈地修持，
方便次第雖無量，
勝此一籌無其他。
根本教誡爲四種【註10-11】，
消除四位的迷亂，
心定證得那四身。
俱生和合大手印，
捨棄貪著方便道，
現在尚未得果報，
二種支分【註10-12】便結生。
爲了利他身語意，
廻向發那清淨願，
此生必定得功德。
願此淨善於有情，
清淨迷亂的污垢，
修持六法此教誡，
別的傳人不了知。
心想利濟後來人，
禪師讓尚多吉寫，
吉祥威光照瞻洲！

年梅塔波寶師說：「由於受用貪欲、憎恨和愚痴三者，從而誤入三惡趣。其對治是，體驗那洛巴大師的六法，轉貪欲爲安樂，轉憎恨爲光明，轉愚痴爲無分別意

【譯註】

10-11原註：即拙火、幻身、夢境和光明。

10-12原註：兩種支分，即中陰和轉識。

。若耽著後三者，據說要在三界受生，故不得貪著，憑依屢屢修習，將證得三身之果報。因此，應以安樂證得報身，以光明證得幻化身，以無分別意證得法身。」

噶瑪拔希寶師說：「若貪著樂明無分別意的滋味，則非究竟的果報。因此，在未通達俱生心之前，講說和修習無上大瑜伽父續、母續者們，有墮入中有世間的顧慮。故勿貪著樂空無別、明空無別、了空無別、現空無別、聞空無別等五無別，不把因位、道位二者認作果報，通達萬物——世間出世間諸法為俱生智，串習力圓滿，即是金剛持。」

《六法詳論》說：「如是，一一修習六法，修道的功德圓滿；若具備次第修習的緣分，循序漸進地修習，或者無次序地越級修習，所希求的任何一種法，均可以。而不具備一一完整地修習之緣分，隨意修習任何兩種，或三種法，也將自然成功。這猶如打開國王之府庫，設立施捨室一樣，滿足了各種期望。若欲以具備眞實甚深信心所攝爲道，清淨影像的正中三脈道、四脈輪和『ཨ』、『ཧཾ』等咒字清晰，修習修練所依的風息和幻輪，生起體會後，回憶並產生『將彼視爲眞正的幻術，此即夢境』的感覺，把樂空無別的眞情，確定爲光明，從而通達中陰智慧。短暫修習

，引發心至密嚴刹土的所緣加行，廻向淨善，座間修習所修關鍵之道。如是，一座之內可修習全部六種成就法。此係以拙火爲基礎的修法。應知以幻身爲基礎，進行修習，其情也是如此。」

六法包含全部基、道、果。它分爲四根本和二支分。作爲引導所化的方法，前輩尊者的教誨，和形象在門生的心中，相傳不斷。

下面介紹護持後得位的感受。具德那洛巴大師說：

夢境時候的情景，
夢見男人和婦人，
分別視爲男女鬼。
夢見歡喜傲氣大，
夢見丑惡心不悅。
根本不知鬼是心，
妄念鬼怪無窮盡。
一般聽受內外法，
理解之後斷二邊。
解除是非疑團時，
不畏迷誤有定準。
沒有錯處中觀道，
此道何有生與滅？【註10-13】

如是，關於那洛巴大師六成就法的教

【譯註】

10-13原註：無論出現何種喜憂愛憎，不耽著安樂，不執明亮爲性相，不專門修習無分別意，縱然出現惡劣的體會，也不斷除；即使出現妙好的體驗，也不貪著。總之，無論出現好壞的內心感受，均不取捨，轉所遇景象爲道用。

誠，經崇敬噶舉派的烏斯仲巴等人勉勵，心想連我這樣的一些愚笨人，也要利濟，一切智讓尚多吉的講義中，稍許不明白之處，憑依部分領納法主通哇頓丹的甘露語，爲顯揚和便於理解噶舉派前輩大德們的教法，編著了此補遺，使班覺頓珠我等衆有情，覓得並跨入金剛乘妙道。願從令人滅亡的所有煩惱束縛中，解脫出來，成爲迅速獲得金剛持果報的種子。

此書，是一切教誡之王，四續部之根本，明白闡述了母續的精華，生起次第俱生母，圓滿次第風心無二，叫做《具德那洛巴之六法・修持明炬》。寫於令人歡愉愜意、噶舉派上師、本尊和空行加持，和寓居之聖地。